古籍

圖録

《江蘇第五批國家珍貴古籍名録圖録》
編輯委員會成員單位

江蘇省文化廳
江蘇省古籍保護中心（南京圖書館）
蘇州圖書館
無錫市圖書館
鎮江市圖書館
江蘇省海安縣圖書館
南京大學圖書館
南京博物院
蘇州博物館

江蘇第五批國家珍貴古籍名録圖録

江蘇省文化廳　江蘇省古籍保護中心　編

主　編　楊樹發　全　勤

副主編　宋偉敏　陳　立

執行主編　武心群

編　輯　王英姿　汪　勵　武心群　徐亞玲　張琪敏　張小仲

（按姓氏筆劃排）

鳳凰出版社

圖書在版編目（CIP）數據

江蘇第五批國家珍貴古籍名録圖録／江蘇省文化廳，江蘇省古籍保護中心編. -- 南京：鳳凰出版社，2018.6

ISBN 978-7-5506-2806-9

Ⅰ.①江… Ⅱ.①江… ②江… Ⅲ.①古籍—圖書館目録—江蘇 Ⅳ.①Z838

中國版本圖書館CIP數據核字（2018）第165443號

書　　名	江蘇第五批國家珍貴古籍名録圖録
編　　者	江蘇省文化廳　江蘇省古籍保護中心
責任編輯	郭馨馨
美術編輯	姜　嵩
出版發行	鳳凰出版社（原江蘇古籍出版社） 發行部電話025-83223462
出版社地址	南京市中央路165號，郵編：210009
出版社網址	http://www.fhcbs.com
照　　排	南京新華豐製版有限公司
印　　刷	南京新世紀聯盟印務有限公司 南京市建鄴區南湖路27號春曉大厦5樓，郵編：210017
開　　本	889×1194毫米 1/16
印　　張	9.5
版　　次	2018年6月第1版　2018年6月第1次印刷
標準書號	ISBN 978-7-5506-2806-9
定　　價	240.00圓

（本書凡印裝錯誤可向承印廠調换，電話025-68566588）

2017年，在“中華古籍保護計劃”實施十周年之際，江蘇省繼續扎實推進古籍保護工作，編輯出版了《江蘇第五批國家珍貴古籍名録圖録》，這是繼2008年出版《江蘇首批國家珍貴古籍名録圖録》後，第五次將江蘇省入選《國家珍貴古籍名録》的古籍以圖録的形式公諸於世，展示江蘇省古籍保護事業所取得的豐碩成果。

開展國家級和省級珍貴古籍名録評審工作，對古籍實行分級保護、精準管理是江蘇省落實“中華古籍保護計劃”的重點工作之一。在國務院從2008年至2016年公布的五批《國家珍貴古籍名録》中，江蘇省共有1295部古籍入選，占全部12274部珍貴古籍的10.6%。江蘇省政府自2009年始至2017年，先後公布了四批全省珍貴古籍名録，至此全省入選珍貴古籍名録的古籍已達到2806部，在全國同級範圍内保持前列。對於入選珍貴古籍名録的古籍，多家單位都投入古籍保護專項經費，爲珍貴古籍增加保護設施、購置保護設備，並出版珍貴古籍圖録，以飨社會。

此次入選《江蘇第五批國家珍貴古籍名録圖録》的古籍版本類型豐富，除包含珍稀的宋元刻本、刻印精善的内府刻本外，還收録了諸多名人稿本、抄本及名家題跋本。無錫市圖書館藏《華啓直詩文集》出自明代無錫人華啓直本人之手，華啓直是無錫華氏家族中有名的文人，此文集爲其手稿，當時并未付梓，因此更顯珍貴。鎮江市圖書館藏《古今全史一覽》是由舒弘諤、李漁、黄中道接力完成的中國古代通史，全書由澹寧齋用極工巧的蠅頭細楷抄録而成，有羅振常、秦更年跋語，精美絶倫。南京圖書館藏稿本《石洲詩話》、明洪武刻本《書史會要》、清影元抄本《清庵先生中和集》等60餘部古籍善本入選名録。其中《清庵先生中和集》還被選爲五批名録代表性成果，參加在北京舉辦的“民族記憶　精神家園——國家珍貴古籍特展”。

從2012年全面開始古籍普查工作至今，江蘇省已有115家單位完成古籍普查任務，古籍書目數據量達20餘萬條，其中徐州市圖書館等21家單位目録已經正式出版。至2017年底，江蘇將全面完成全省古籍普查任務，屆時全省古籍書目數據量有望達到21萬條。

江蘇省古籍收藏單位充分發揮古籍在學術研究和文化建設方面的積極作用，加强古籍的整理出版和數字化工作。至今，全省參與或出版整理影印的古籍已近千種，其中多個項目獲得國家重點古籍整理項目、國家出版基金資助項目。在《金陵全書》《無錫文庫》《揚州文庫》《泰州文獻》等政府文化項目的編製中，圖書館發揮了重要的文獻保障作用。2014年，江蘇省古籍保護中心牽頭全省各古籍收藏單位申報“江蘇經籍志”項目並獲得立項，在該項目基礎上，組織多家單位參與了重大文化工程“江蘇文脉整理與研究”。在古籍數字化方面，省内多家圖書館均開發了地方特色古籍數據庫；全省共完成200多萬拍古籍的數字化拍攝。全省性的整理影印出版和數字化工作對文化的傳承和保護具有重大意義。

江蘇各古籍收藏單位，不斷通過舉辦大型專題展覽、系列知識講座、古籍修復展示等方式，加大對古籍保護工作的宣傳力度，普及保護知識，展示保護成果，培養公衆的保護意識，營造全社會共同保護古籍的良好氛圍。

江蘇是中華文化的重要發祥地之一，獨特的地理優勢和深厚的文化底藴給江蘇留下了豐厚的文獻典籍。一代代藏書家爲中華典籍的積累、保存、整理和流傳做出了巨大貢獻。這些珍貴的文獻典籍數量龐大、分布廣泛、内容豐富，是保存江蘇文化、延續江蘇文脉的重要文獻資源。“十三五”期間，江蘇省將在古籍保護與搶救、古籍整理再造與開發利用、古籍保護人才培養等方面實現新突破，努力挖掘民族傳統文化的精華，把握民族發展的脉絡，使塵封千載的古文獻煥發新的生命力，促進江蘇古籍保護事業邁上新的臺階。

江蘇省古籍保護中心

二〇一七年十月

目録

目録

先秦時期

殷墟安陽小屯甲骨文

商代後期龜甲獸骨2200片。南京博物院藏。國家名録號11376。

先秦時期

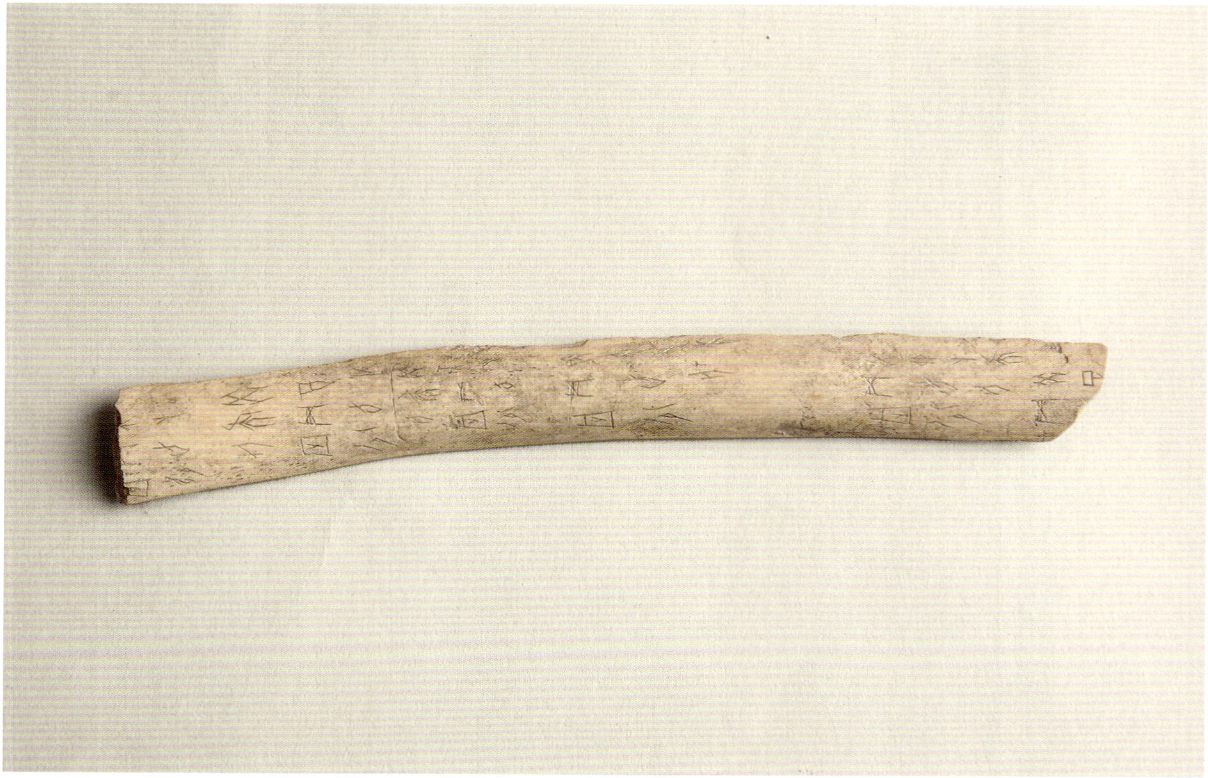

宋遼夏金元時期

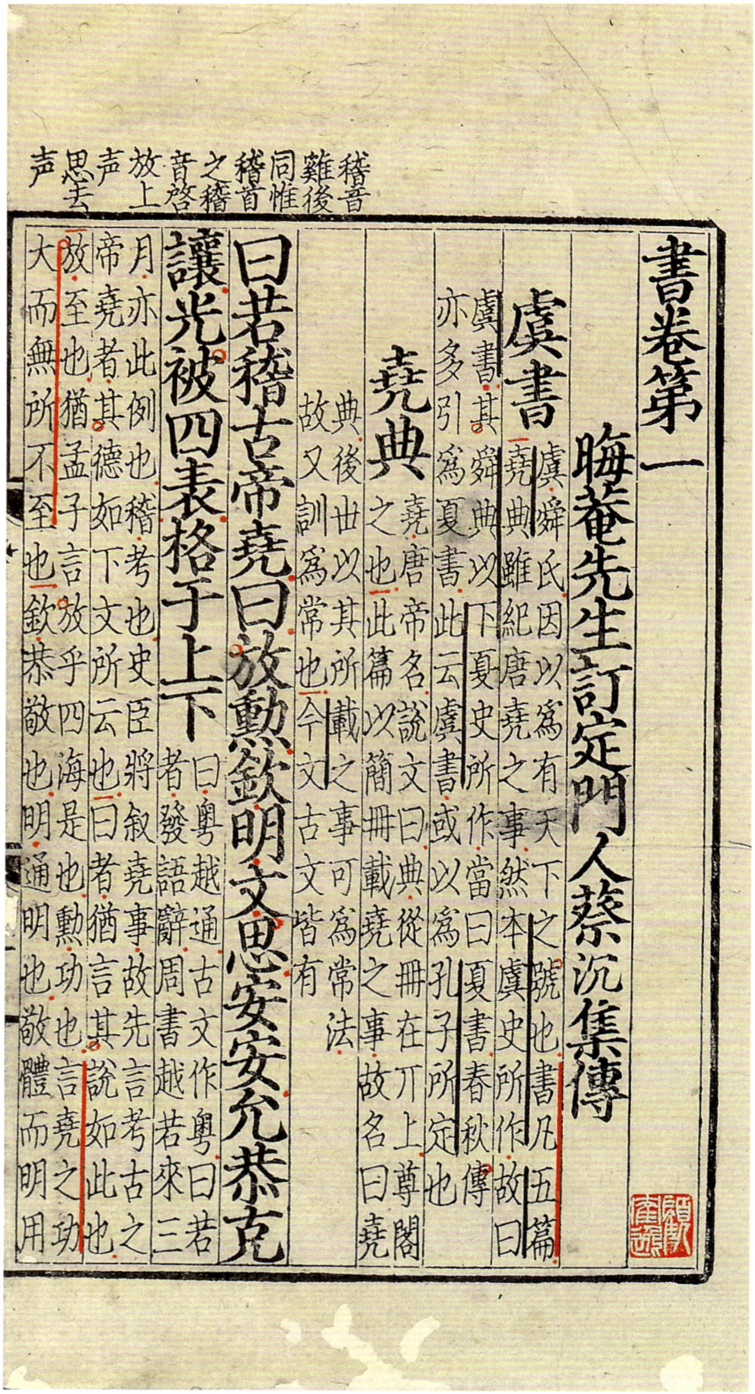

稽音雞後同惟稽首之稽音啓放上声思去声

書卷第一

晦菴先生訂定門人蔡沈集傳

虞書 虞舜氏因以爲有天下之號也書凡五篇堯典雖紀唐堯之事然本虞史所作故曰虞書其舜典以下夏史所作當曰夏書春秋傳亦多引爲夏書此云虞書或以爲孔子所定也

堯典 堯唐帝名說文曰典從冊在丌上尊閣之也此篇以簡冊載堯之事故名曰堯典後世以其所載之事可爲常法故又訓爲常也今文古文皆有

曰若稽古帝堯曰放勳欽明文思安安允恭克讓光被四表格于上下 曰粵越通古文作粵曰若者發語辭周書越若來三月亦此例也稽考也史臣將敘堯事故先言考古之帝堯者其德如下文所云也曰者猶言其說如此也放至也猶孟子言放乎四海是也勳功也言堯之功大而無所不至也欽恭敬也明通明也敬體而明用

書集傳六卷　宋蔡沈撰　尚書纂圖一卷　書序一卷

元刻本。半葉10行，行18字，小字雙行，行20字，黑口，四周雙邊，框高20.3厘米，寬13.2厘米。南京圖書館藏。國家名録號11422。

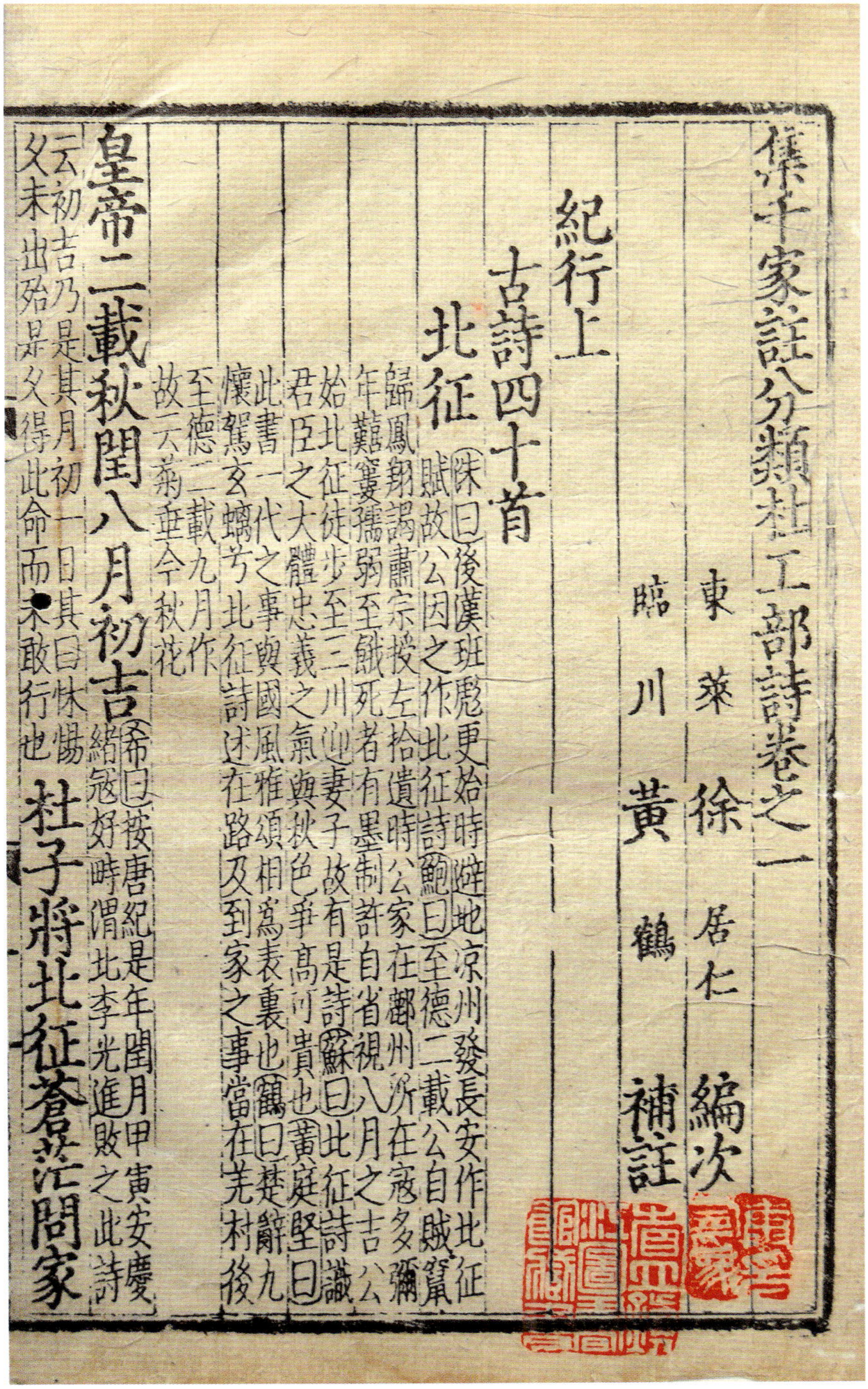

集千家註分類杜工部詩卷之一

東萊 徐 居仁 編次

臨川 黃 鶴 補註

紀行上

古詩四十首

北征 洙曰後漢班彪更始時避地涼州發長安作北征賦故公因之作北征詩鮑曰至德二載公自賊黨歸鳳翔謁肅宗授左拾遺時公家在鄜州所在寇多彌年艱窶孺弱至餓死者有墨制許自省視八月之吉公始北征徒步至三川迎妻子故有是詩蘇曰此征詩識君臣之大體忠義之氣與秋色爭高可貴也黃庭堅曰此書一代之事與國風雅頌相爲表裏也鮑曰楚辭九懷駕驂玄螭兮北征詩述在路及到家之事當在羌村後至德二載九月作故云菊垂今秋花

皇帝二載秋閏八月初吉希曰按唐紀是年閏月甲寅安慶緒寇好畤渭北李光進敗之此詩一云初吉乃是其月初一日其曰怵惕久未出殆是久得此命而未敢行也 杜子將北征蒼茫問家

集千家注分類杜工部詩二十五卷　文集二卷　唐杜甫撰　宋徐居仁編次宋黄鶴補注　年譜一卷　宋黄鶴撰

元刻明修本。康有爲題記。半葉詩 12 行，行 20 字，文集 12 行，行 23 字，年譜 13 行，行 23 字，小字雙行，行 26 字，黑口，四周雙邊，框高 19.8 厘米，寬 13.3 厘米。鎮江市圖書館藏。國家名録號 11467。

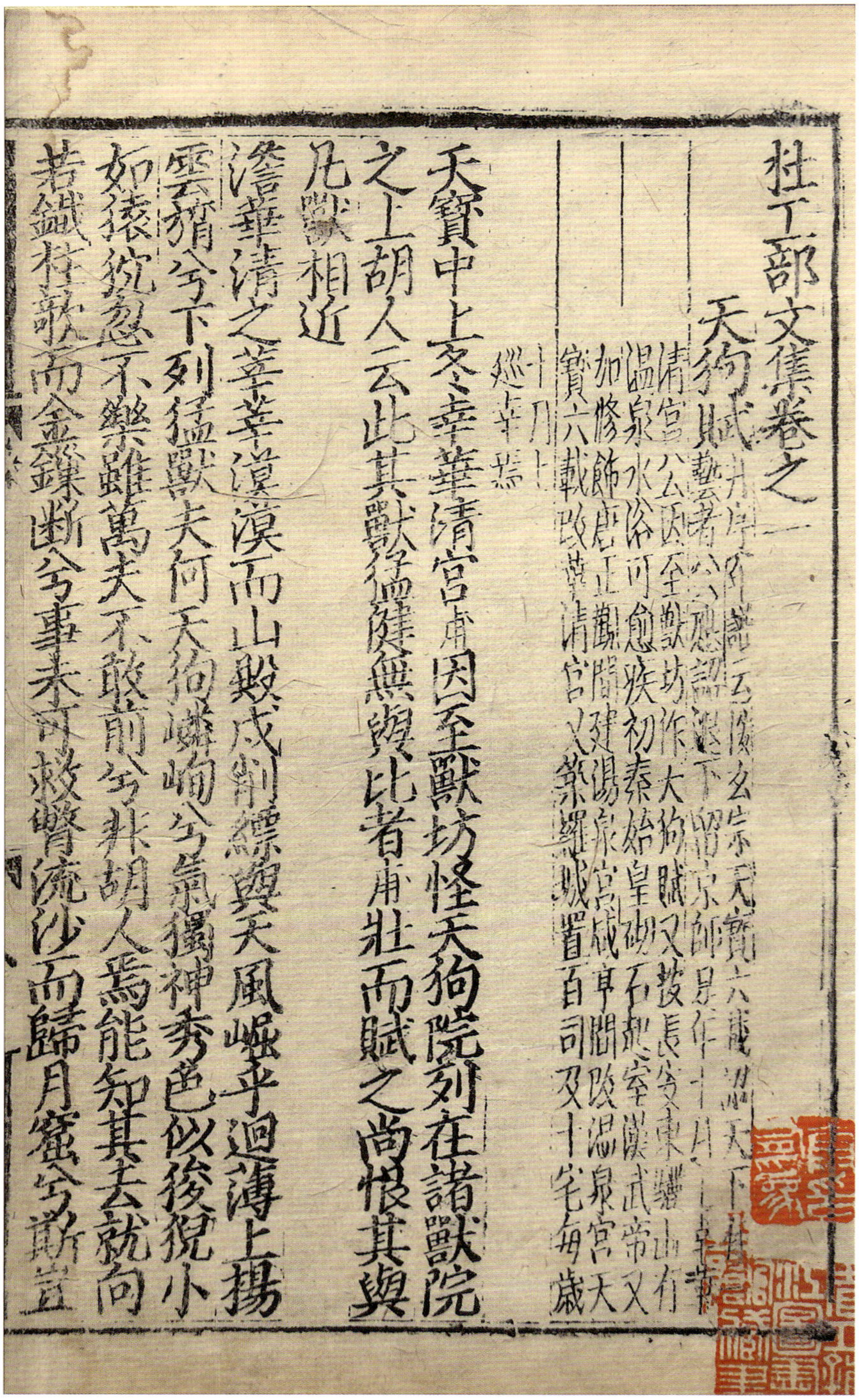

杜工部文集卷之一

天狗賦并序舊注云唐玄宗天寶六載詔天下有一藝者公應詔退下詔京師是年十月上幸華清宮公因至獸坊作天狗賦又按長安東驪山有溫泉水浴可愈疾初秦始皇砌石起宇漢武帝又加修飾唐正觀間建湯泉宮咸亨間改溫泉宮天寶六載改華清宮又築羅城置百司及十宅每歲十月上巡幸焉

天寶中上冬幸華清宮甫因至獸坊怪天狗院列在諸獸院之上胡人云此其獸猛捷無與比者甫壯而賦之尚恨其與凡獸相近

澹華清之莘莘漠漠而山殿戌削縹焉天風崛乎迴薄上揚雲旓兮下列猛獸夫何天狗嶙峋兮氣獨神秀色似狻猊小如猿狖忽不樂雖萬夫不敢前兮非胡人焉能知其去就向若鐵柱欹而金鏁斷兮事未可救㬩流沙而歸月窟兮斯豈

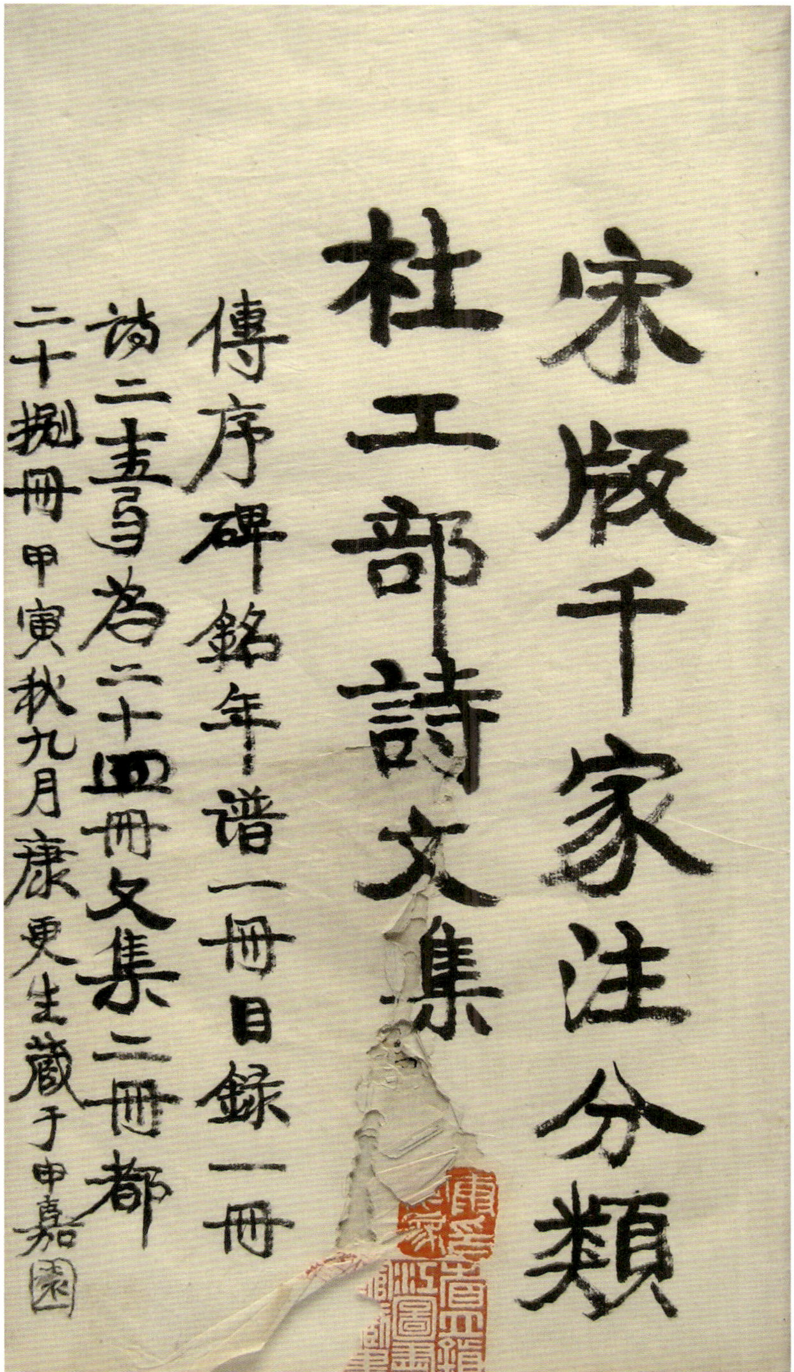
宋版千家注分類
杜工部詩文集
傳序碑銘年譜一冊目錄一冊
詩二十五卷爲二十四冊文集二冊都
二十捌冊 甲寅秋九月康更生藏于申嘉園

明清時期

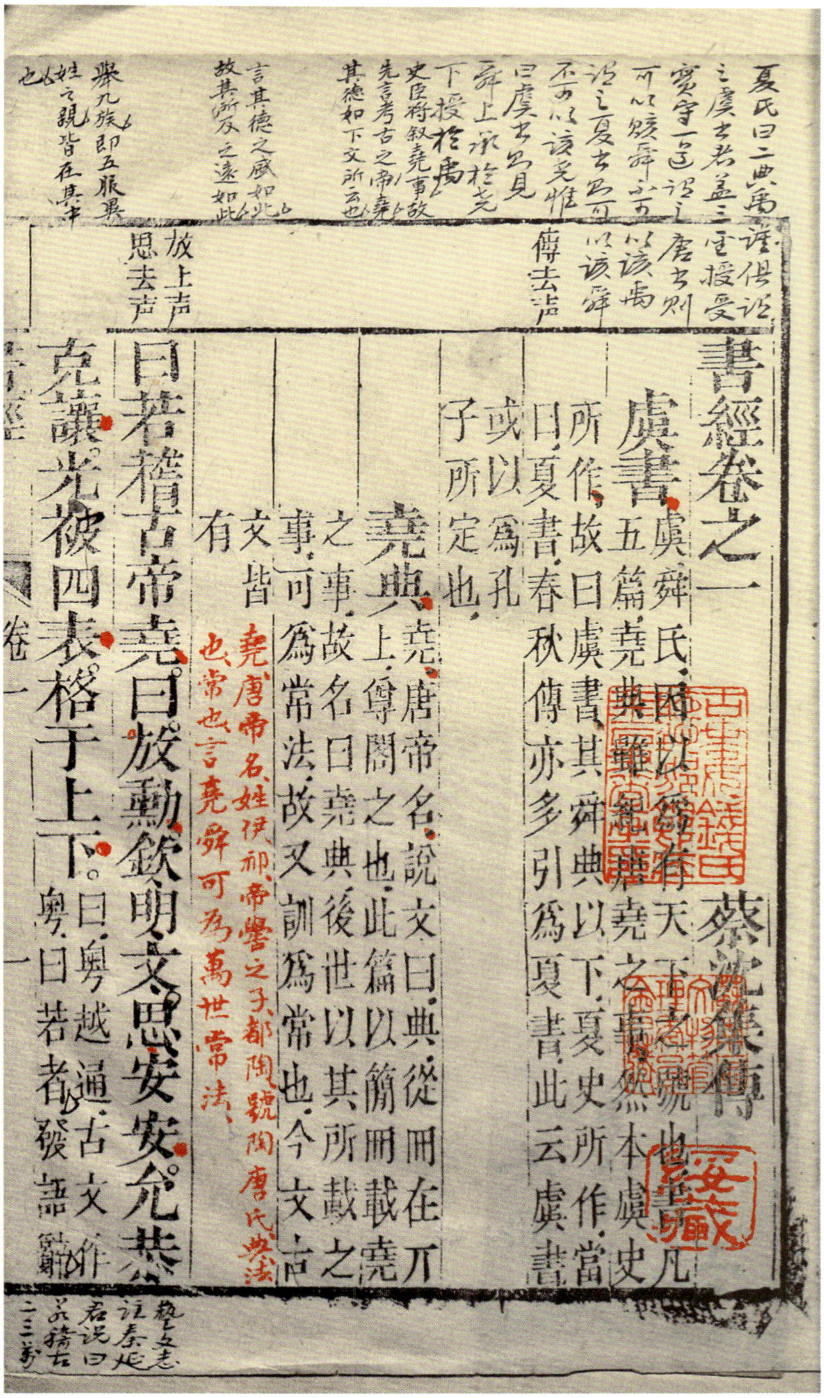

書經集傳六卷　宋蔡沈撰

清嘉慶五年（1800）掃葉山房刻本。季錫疇批，錢式嘉題識。半葉9行，行17字，小字雙行，字數同，白口，左右雙邊，框高20.6厘米，寬14.8厘米。南京圖書館藏。國家名録號11488。

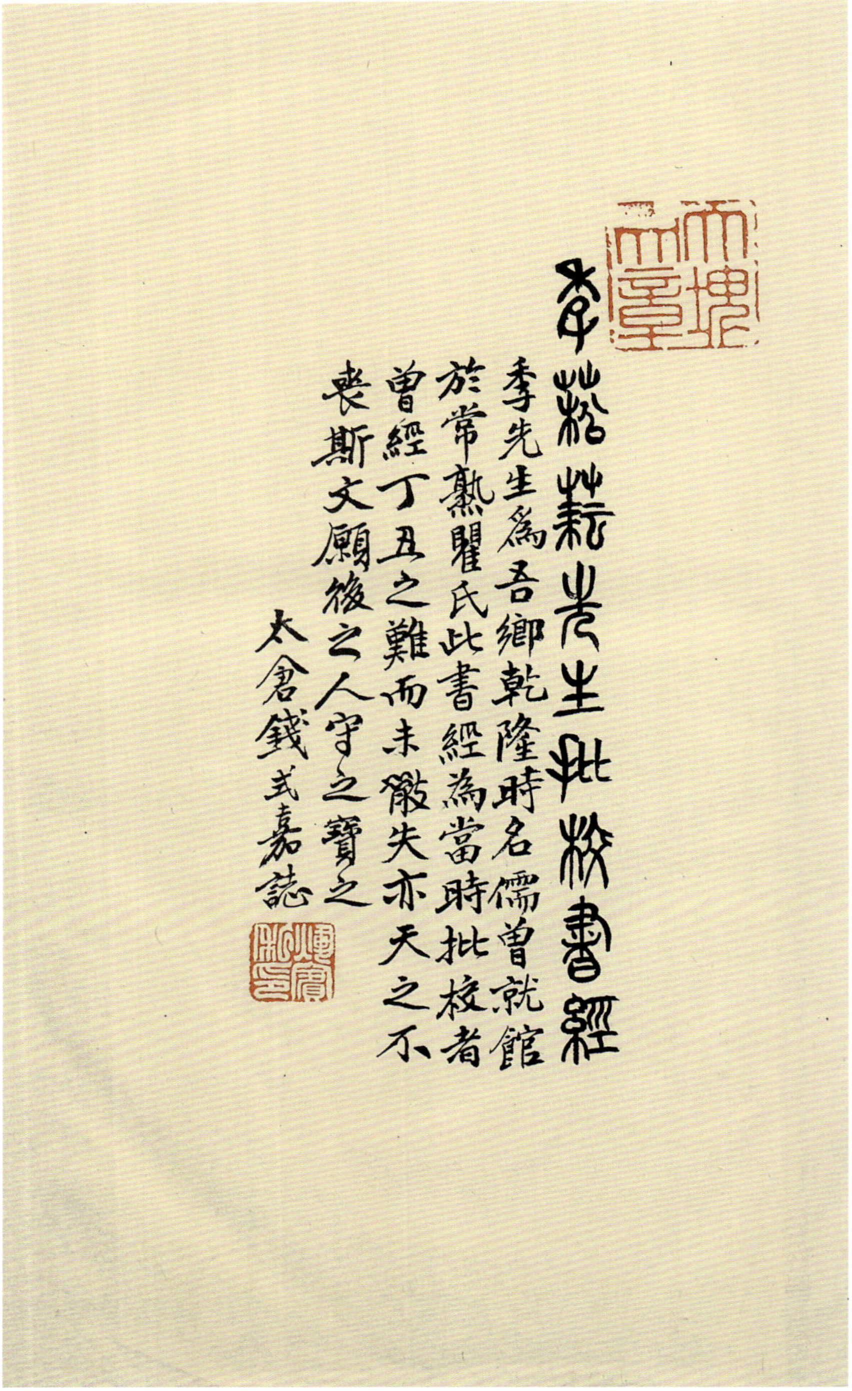
季菘耘先生批校書經

季先生爲吾鄉乾隆時名儒曾就館於常熟瞿氏此書經爲當時批校者曾經丁丑之難而未徹失亦天之不喪斯文願後之人守之寶之

太倉錢式嘉誌

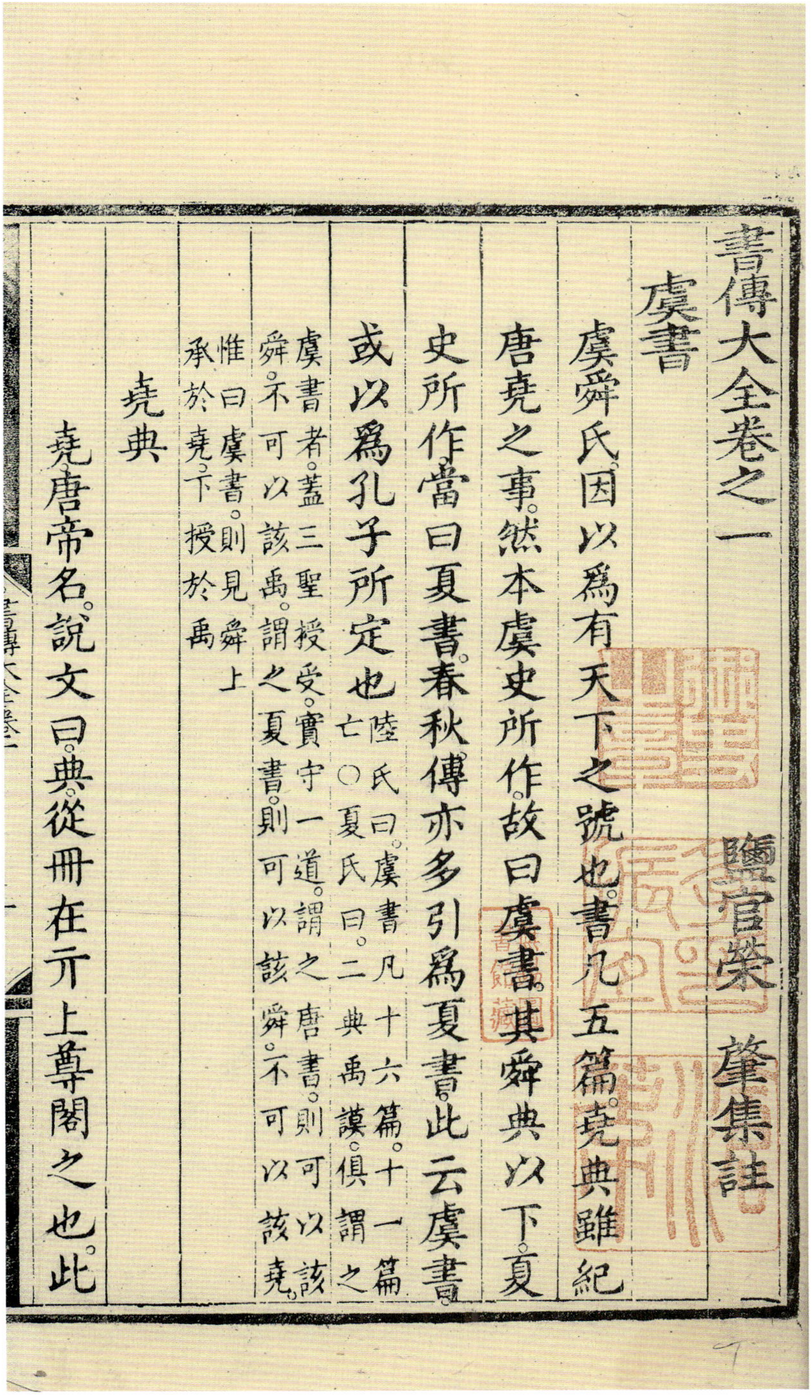

書傳大全卷之一

虞書　　蔡　集註

虞舜氏因以爲有天下之號也。書凡五篇。堯典雖紀唐堯之事。然本虞史所作。故曰虞書。其舜典以下夏史所作。當曰夏書。春秋傳亦多引爲夏書。此云虞書。或以爲孔子所定也。陸氏曰。虞書凡十六篇。十一篇亡。〇夏氏曰。二典禹謨。俱謂之虞書者。蓋三聖授受。實守一道。謂之唐書。則可以該舜。不可以該禹。謂之夏書。則可以該舜。不可以該堯。惟曰虞書。則見舜上承於堯。下授於禹。

堯典

堯。唐帝名。說文曰。典從冊在丌上。尊閣之也。此

書傳大全十卷　綱領一卷　圖一卷　明胡廣等輯

明刻本。半葉10行，行22字，小字雙行，字數同，黑口，四周雙邊，框高26.1厘米，寬18.1厘米。無錫市圖書館藏。國家名録號11491。

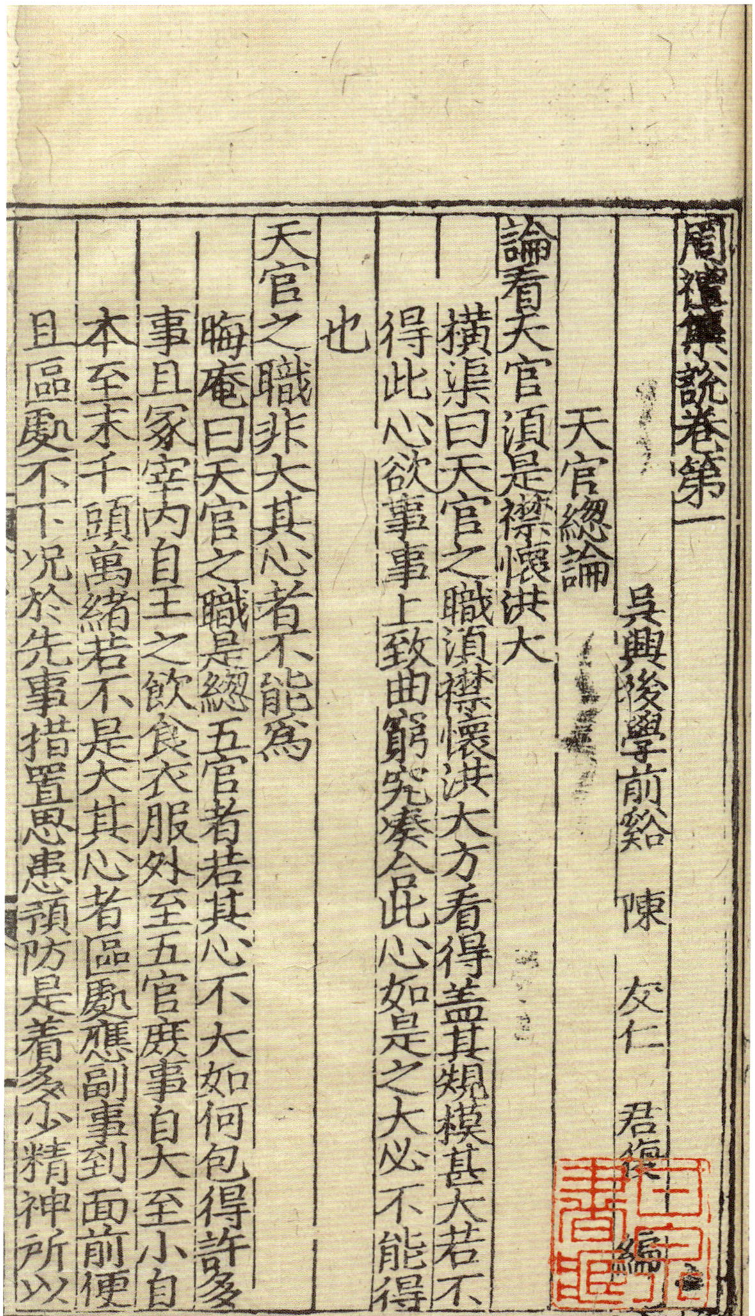

周禮集說卷第一

吳興後學前谿 陳 友仁 君復 編

天官總論

論看天官須是襟懷洪大

横渠曰天官之職須襟懷洪大方看得蓋其規模甚大若不得此心欲事事上致曲窮究湊合此心如是之大必不能得也

天官之職非大其心者不能為

晦庵曰天官之職是總五官者若其心不大如何包得許多事且冢宰内自王之飲食衣服外至五官庶事自大至小自本至末千頭萬緒若不是大其心者區處應副事到面前便且區處不下况於先事措置思患預防是着多少精神所以

周禮集説十一卷　綱領一卷　春官綱領一卷　夏官綱領一卷　秋官綱領一卷　元陳友仁輯　復古編一卷　宋俞庭椿撰

明成化十年（1474）張瑄刻本（卷六、十至十一配明刻本）。丁丙跋。半葉12行，行25字，黑口，四周雙邊，框高20.6厘米，寬13.1厘米。南京圖書館藏。國家名録號11503。

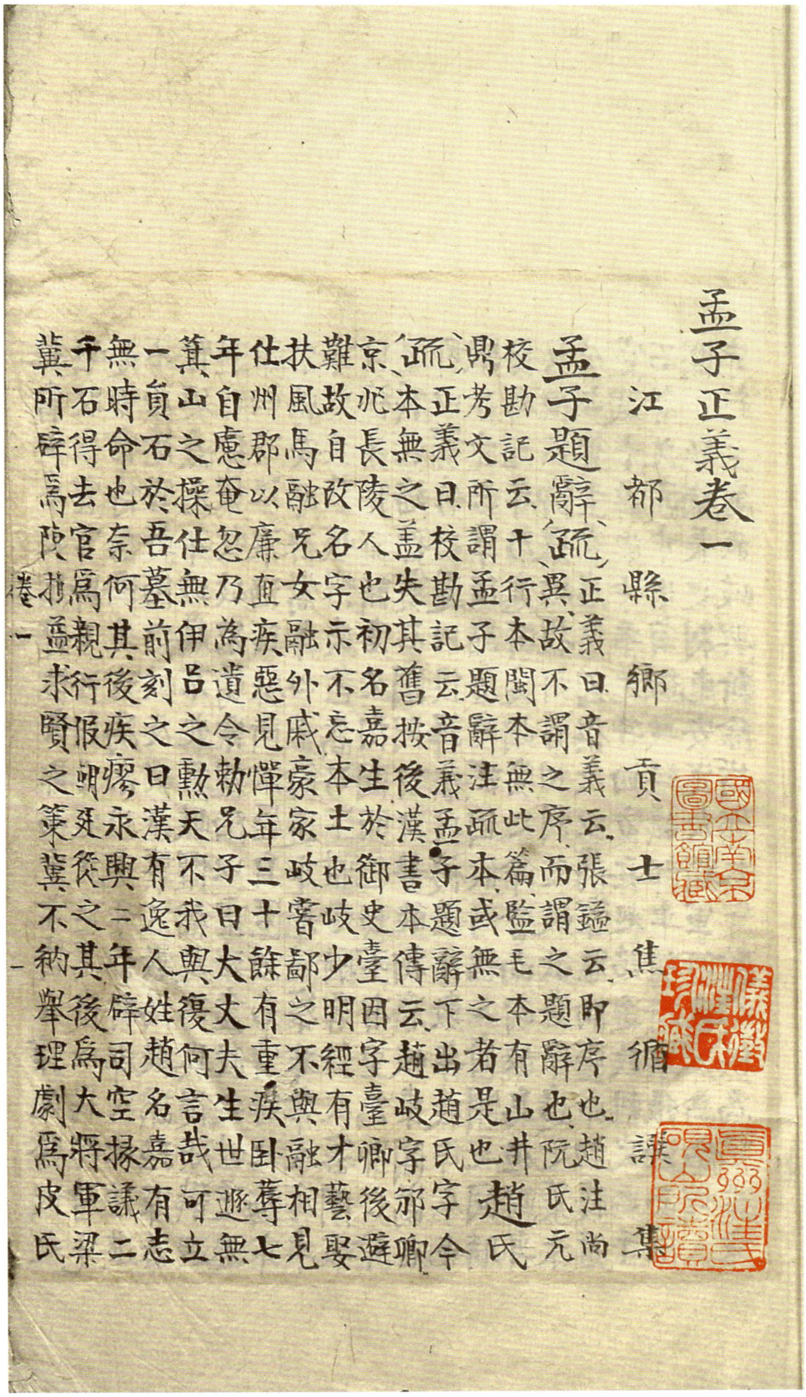

孟子正義卷一

江都縣鄉　貢士焦循譔集

校勘記
疏正義曰音義云張鎰謂之云
本題有孟子題辭序而監本或謂之
孟子題辭異正義曰本篇題或出趙氏也井
孟子題辭疏正義曰音義無此序而張鎰
疏本無所謂辭記曰辭之義也
孟子題辭疏校勘記

孟子題辭
京兆長陵人也漢書藝文志趙氏
難風故馬融改陵兄名失諱避卿字令
仕州郡以廉直見稱為郡吏趙卿字令
年自應奉案以廉改名岐字邠卿後避
箕山之應於操吾名乃直女避諱出為
一箕貞石之操吾名乃直女子見令勳
無時命也前後刻之今見勳
千石得去官奈何為親行服求賢之策冀
冀所辟焉陵官卷一孟親行服求賢之策冀
不納其後辟司空掾大將軍梁冀
舉理劇為大空掾何生言世有可志二
為皮氏梁氏注元尚

孟子正義三十卷　清焦循撰
　　稿本。汪瑬跋。半葉 10 行，行 21 字，小字雙行，字數同，紅格，紅口，左右雙邊，框高 18.2 厘米，寬 13.4 厘米。南京圖書館藏。國家名錄號 11518。

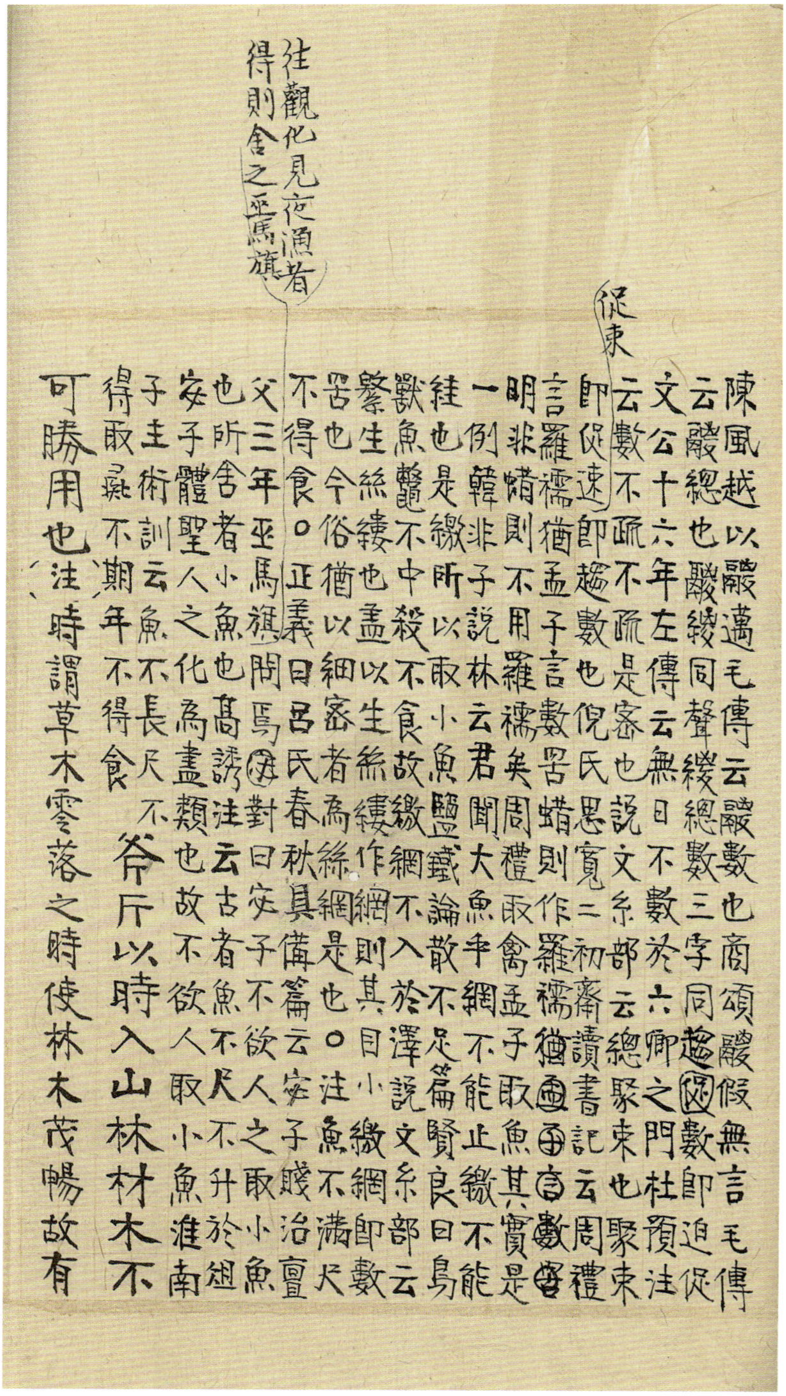

往觀化見夜漁者得則舍之巫馬旗

促束

陳風越以嚴邁毛傳云嚴數也商頌嚴假無言毛傳云嚴總也嚴緵同聲緵總數三字同趨促數即迫促文公十六年左傳云無日不數於六卿之門杜預注云數不疏不疏是密也說文糸部云總聚束也聚束即促速即趨數也倪氏思寬二初齋讀書記云周禮言羅襦猶孟子言數罟蜡則作羅襦猶孟子言數罟是明非蜡則不用羅襦矣周禮取禽孟子取魚其實是一例韓非子說林云君聞大魚手網不能止繳不能絓也是繳所以取小魚鹽鐵論散不足篇賢良曰鳥獸魚鼈不中殺不食故繳網不入於澤說文糸部云繁生絲縷也盡以生絲縷作網則其目小繳網即數罟也今俗猶以細密者為絲網是也○注魚不滿尺不得食○正義曰呂氏春秋具備篇云宓子賤治亶父三年巫馬旗問馬期對曰宓子不欲人之取小魚也所舍者小魚也高誘注云古者魚不尺不升於組宓子體聖人之化為盡類也故不欲人取小魚淮南子主術訓云魚不長尺不得取彘不期年不得食

斧斤以時入山林材木不可勝用也注時謂草木零落之時使林木茂暢故有

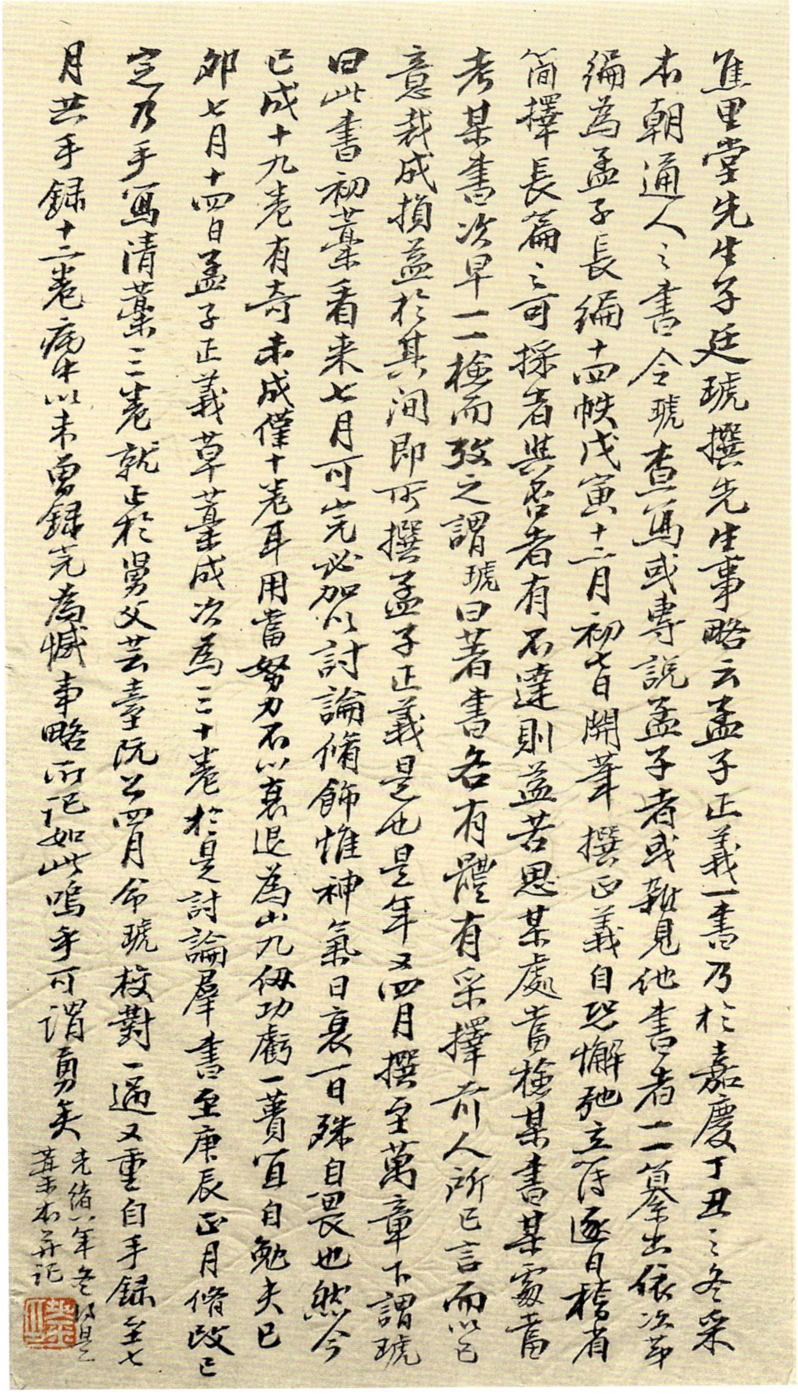
焦里堂先生子廷琥撰先生事略云孟子正義一書乃於嘉慶丁丑之冬采
本朝通人之書令琥查寫或專說孟子者或雜見他書者一一簽出依次第
編爲孟子長編十四帙戊寅十二月初七日開草撰正義自恐懈弛立程逐日稽省
簡擇長篇之可採者其存者有不達則益苦思某處當檢某書某處當
考某書次早一一檢而致之謂琥曰著書各有體有采擇前人所已言而以己
意裁成損益於其間即所撰孟子正義是也是年又四月撰至萬章下謂琥
曰此書初稾看來七月可完必加以討論脩飾惟神氣日衰一日殊自畏也然今
已成十九卷有奇未成僅十卷耳用當努力不以衰退爲山九仞功虧一簣宜自勉矣已
卯七月十四日孟子正義草稾成次爲三十卷於是討論羣書至庚辰正月修改已
定乃手寫清稾二卷就正於舅父芸臺阮公四月命琥校對一過又重自手錄至七
月共手錄十二卷病中以未曾錄完爲憾事略所記如此嗚乎可謂勇矣
光緒八年冬以旦之
葉書本齋記

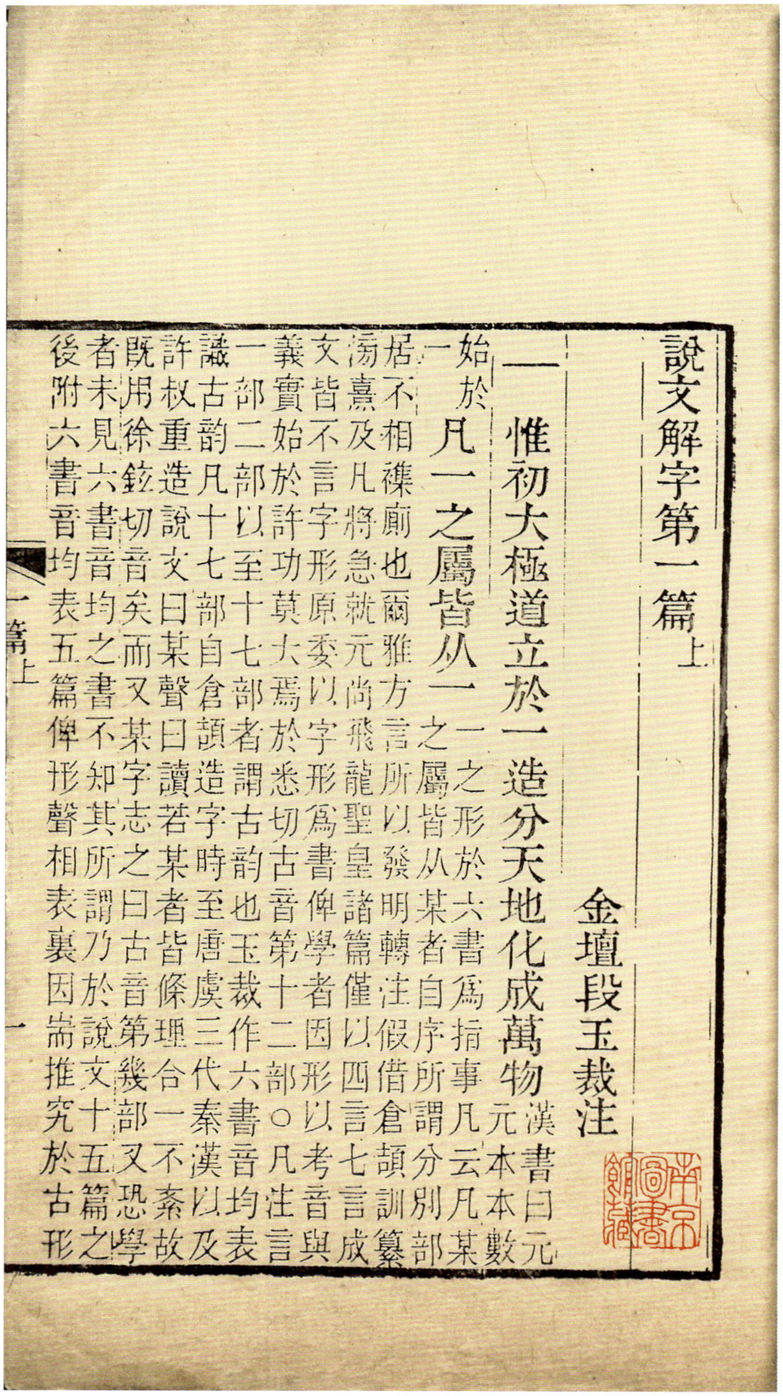

說文解字第一篇上

金壇段玉裁注

一 惟初大極道立於一造分天地化成萬物 漢書曰元元本本數始於一 凡一之屬皆从一 一之形於六書爲指事凡云凡某之屬皆从某者自序所謂分別部居不相襍廁也爾雅方言所以發明轉注假借倉頡訓纂滂熹及凡將急就元尚飛龍聖皇諸篇僅以四言七言成文皆不言字形原委以字形爲書俾學者因形以考音與義實始於許功莫大焉於悉切古音第十二部○凡注言一部二部以至十七部者謂古韵也玉裁作六書音均表識古韵凡十七部自倉頡造字時至唐虞三代秦漢以及許叔重造說文曰某聲曰讀若某者皆條理合一不紊故既用徐鉉切音矣而又某字志之曰古音第幾部又恐學者未見六書音均之書不知其所謂乃於說文十五篇之後附六書音均表五篇俾形聲相表裏因耑推究於古形

一篇上 一

說文解字注三十卷　清段玉裁撰

清乾嘉間段氏經韻樓刻本。翁同書批並跋。存十八卷（一、三至十九）。半葉9行，行22字，小字雙行，字數同，白口，左右雙邊，框高19.1厘米，寬13.4厘米。南京圖書館藏。國家名録號11530。

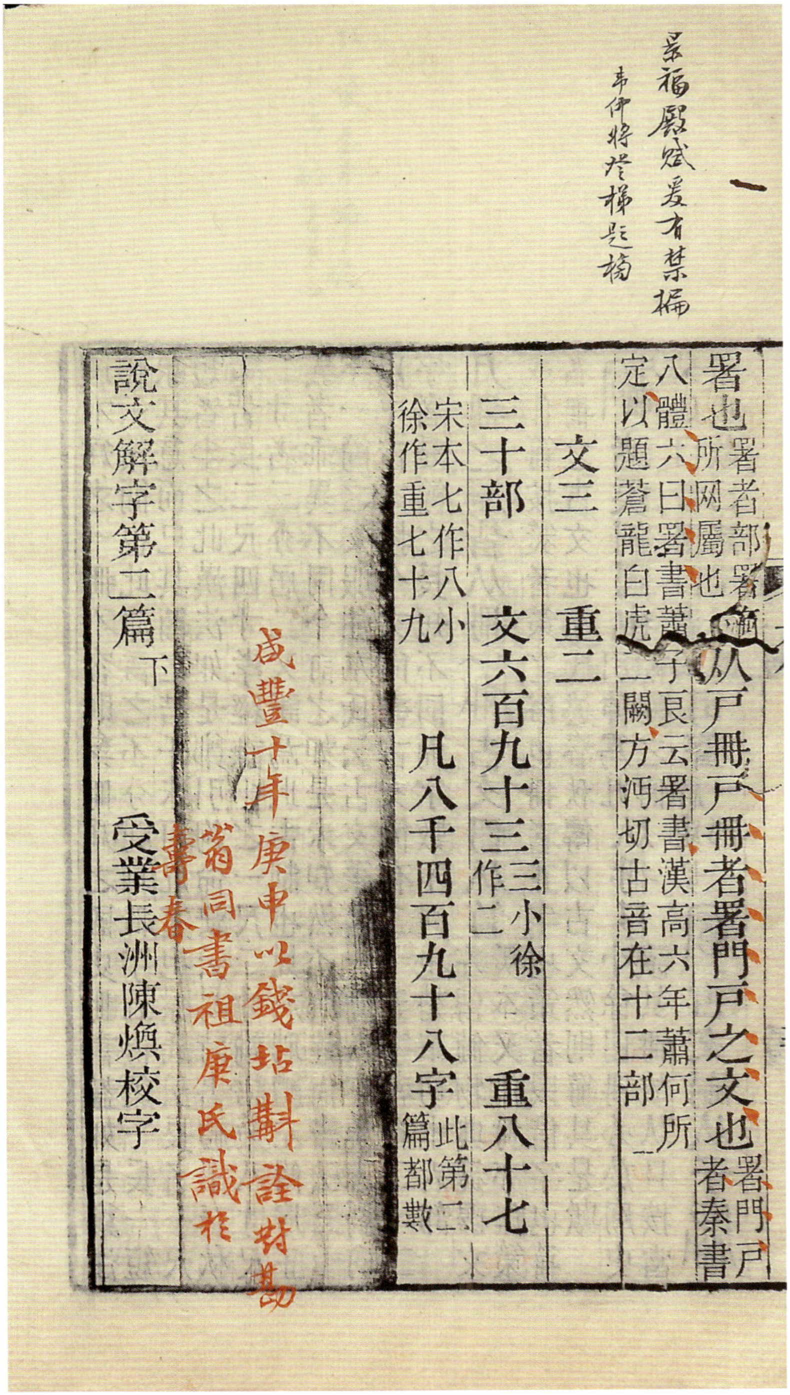

景福殿賦爰有禁楄
韋仲將登梯題榜

署也署者部署所网屬也从戶冊戶冊者署門戶之文也署門戶者秦書八體六曰署書蕭子良云署書漢高六年蕭何所定以題蒼龍白虎二闕方沔切古音在十二部

文三　重二

三十部　文六百九十三三小徐作二　重八十七

宋本七作八小徐作重七十九　凡八千四百九十八字此第二篇都數

說文解字第二篇下　受業長洲陳煥校字

咸豐十年庚申以錢坫斠詮對勘
翁同書祖庚氏識於
壽春

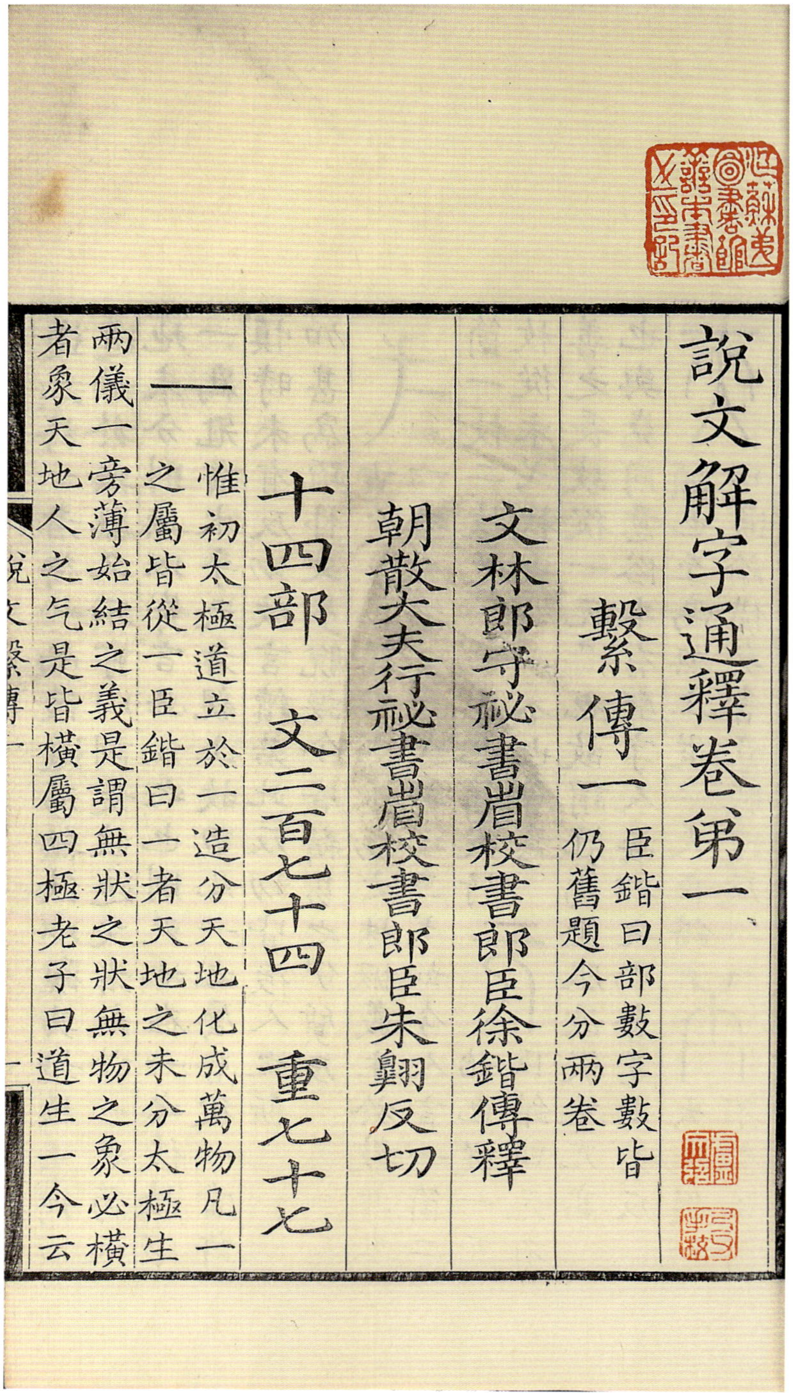
說文解字通釋卷第一

繫傳一　臣鍇曰部數字數皆仍舊題今分兩卷

文林郎守祕書省校書郎臣徐鍇傳釋

朝散大夫行祕書省校書郎臣朱翺反切

十四部　文二百七十四　重七十七

一　惟初太極道立於一造分天地化成萬物凡一之屬皆從一臣鍇曰一者天地之未分太極生兩儀一旁薄始結之義是謂無狀之狀無物之象必橫者象天地人之气是皆橫屬四極老子曰道生一今云

說文繫傳一

說文解字繫傳四十卷　南唐徐鍇撰　附録一卷

清乾隆四十七年（1782）汪啓淑刻本。盧文弨、汪啓淑、梁同書校，丁丙跋。半葉7行，大字不等，小字雙行，行21字，黑口，左右雙邊，框高20.1厘米，寬15.4厘米。南京圖書館藏。國家名録號11531。

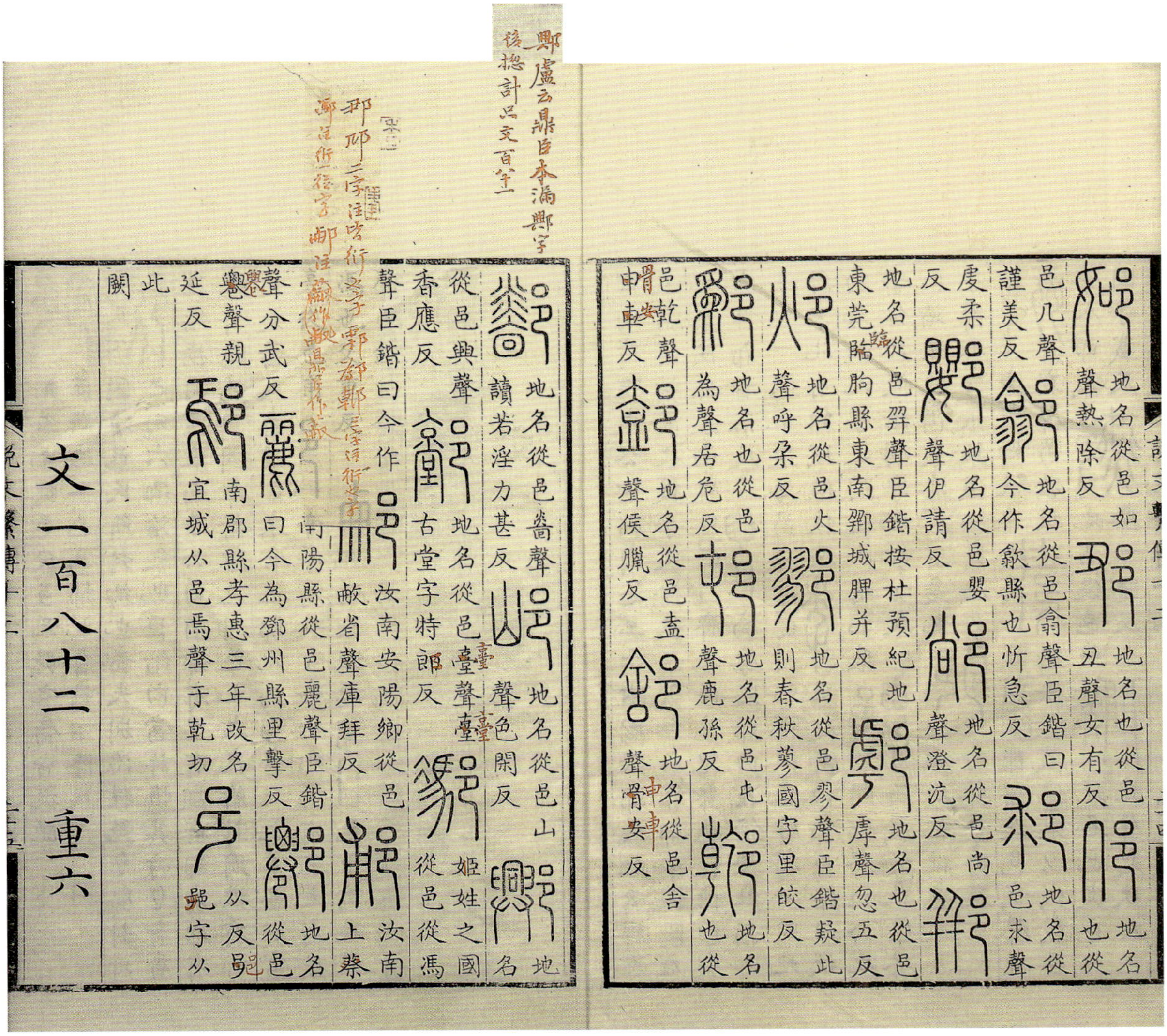
鄤盧云鼎臣本漏鄤字
後總計只文百八十一

郱邟二字注皆衍之字 郪都鄣三字注衍之字
鄊注衍一從字 郵注[illegible]作[illegible]

地名從邑如聲熱除反
地名也從邑丑聲女有反
地名也從邑几聲謹美反
地名從邑翕聲臣鍇曰今作歙縣也忻急反
地名從邑求聲虔柔反
地名從邑嬰聲伊請反
地名從邑尚聲澄沆反
地名從邑羿聲臣鍇按杜預紀地東莞臨朐縣東南郱城脾并反
地名也從邑虖聲忽五反
地名從邑火聲呼朵反
地名從邑翏聲臣鍇疑此則春秋蓼國字里皎反
地名也從邑為聲居危反
地名從邑屯聲鹿孫反
地名也從邑乾聲申車反
地名從邑盍聲侯臘反
地名從邑舍聲胥安反

地名從邑嗇聲讀若淫力甚反
地名從邑山聲色開反
地名從邑興聲香應反
地名從邑臺聲臺古堂字特郎反
姬姓之國從邑從馮聲臣鍇曰今作
汝南安陽鄉從邑𢿱省聲庫拜反
汝南上蔡
地名從邑䣈聲分武反
南陽縣從邑麗聲臣鍇曰今為鄧州縣里擊反
南郡縣孝惠三年改名宜城从邑焉聲于乾切
从反䢳字从䣈聲親延反
此闕

文一百八十二 重六

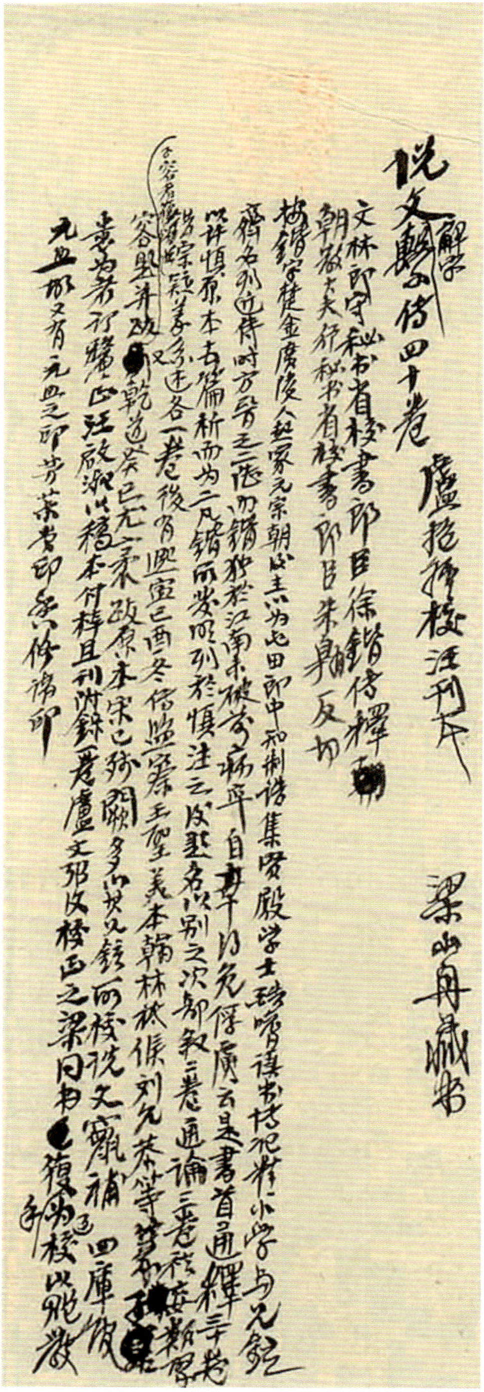

說文解字繫傳四十卷　盧抱經校汪刊本　梁山舟藏書

文林郎守秘書省校書郎臣徐鍇傳釋

朝散大夫行秘書省校書郎臣朱翺反切

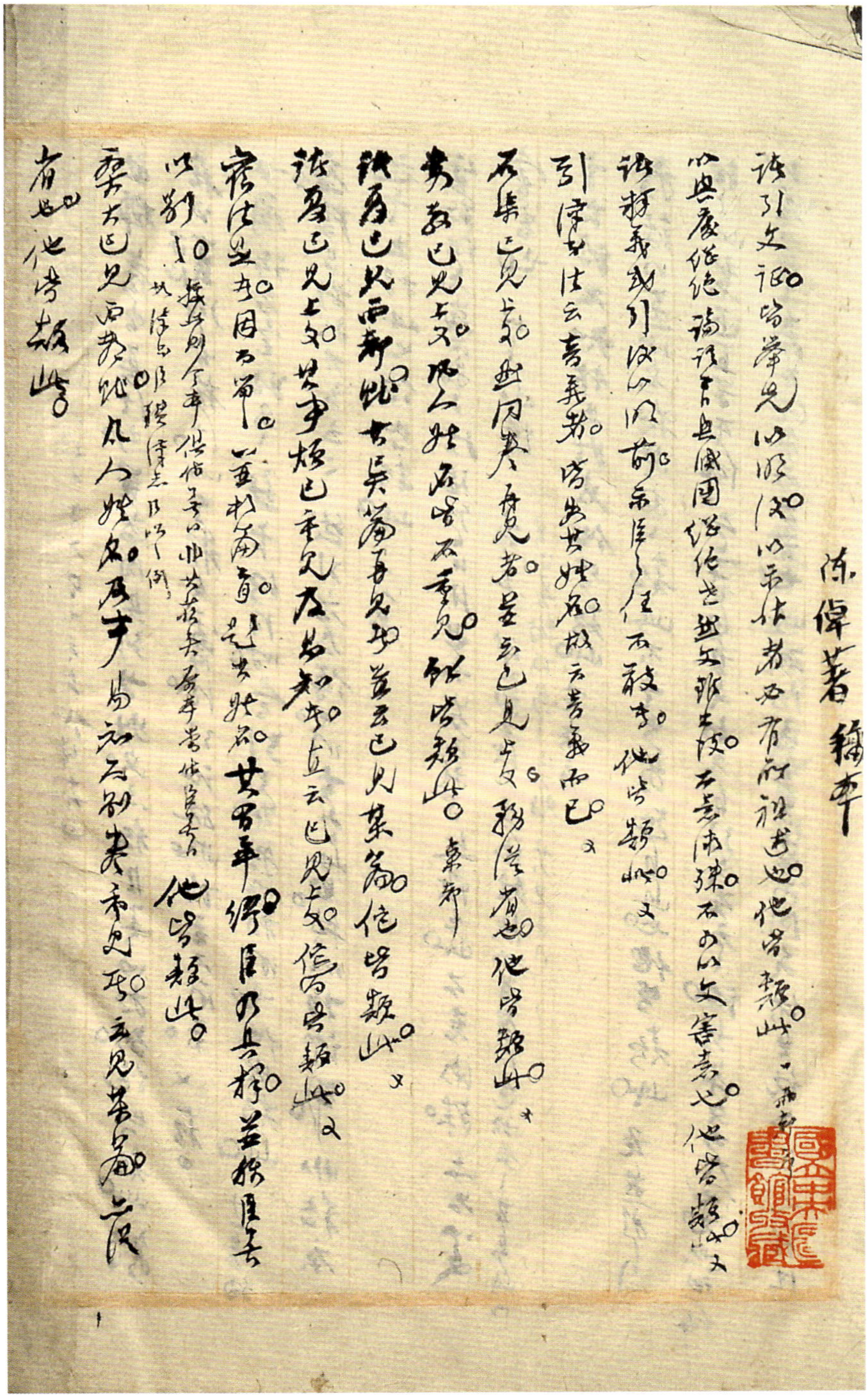

說文義例徵訂不分卷　清陳倬撰

稿本。半葉12行，字無定數，左右雙邊，框高19.6厘米，寬13.7厘米。南京圖書館藏。國家名録號11534。

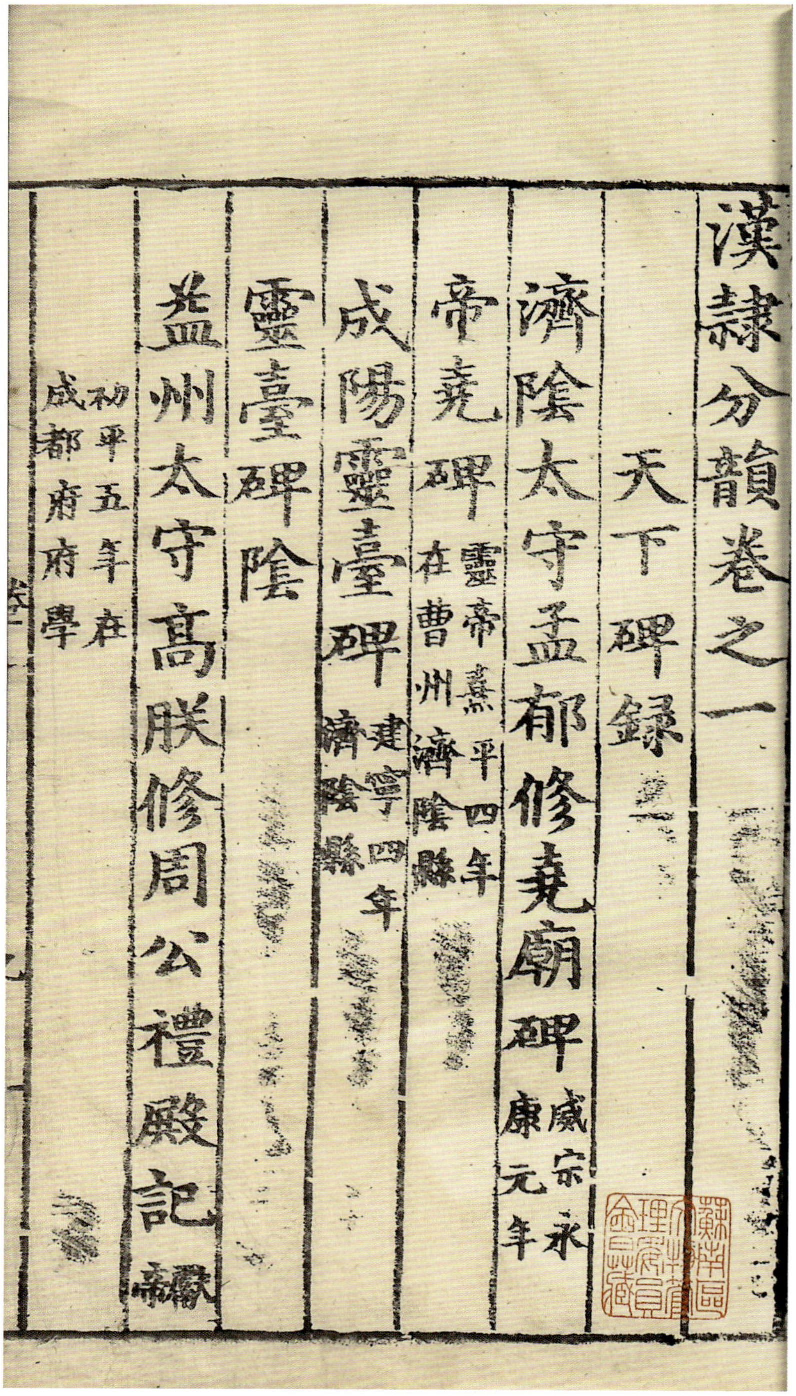

漢隸分韻卷之一

天下碑録之一

濟陰太守孟郁修堯廟碑 威宗永康元年

帝堯碑 靈帝熹平四年在曹州濟陰縣

成陽靈臺碑 建寧四年濟陰縣

靈臺碑陰

益州太守高朕修周公禮殿記 獻帝初平五年在成都府府學

漢隸分韻七卷

明正德十一年（1516）刻本。半葉6至8行，行字不等。框高21.3厘米，寬14厘米。南京圖書館藏。國家名録號11540。

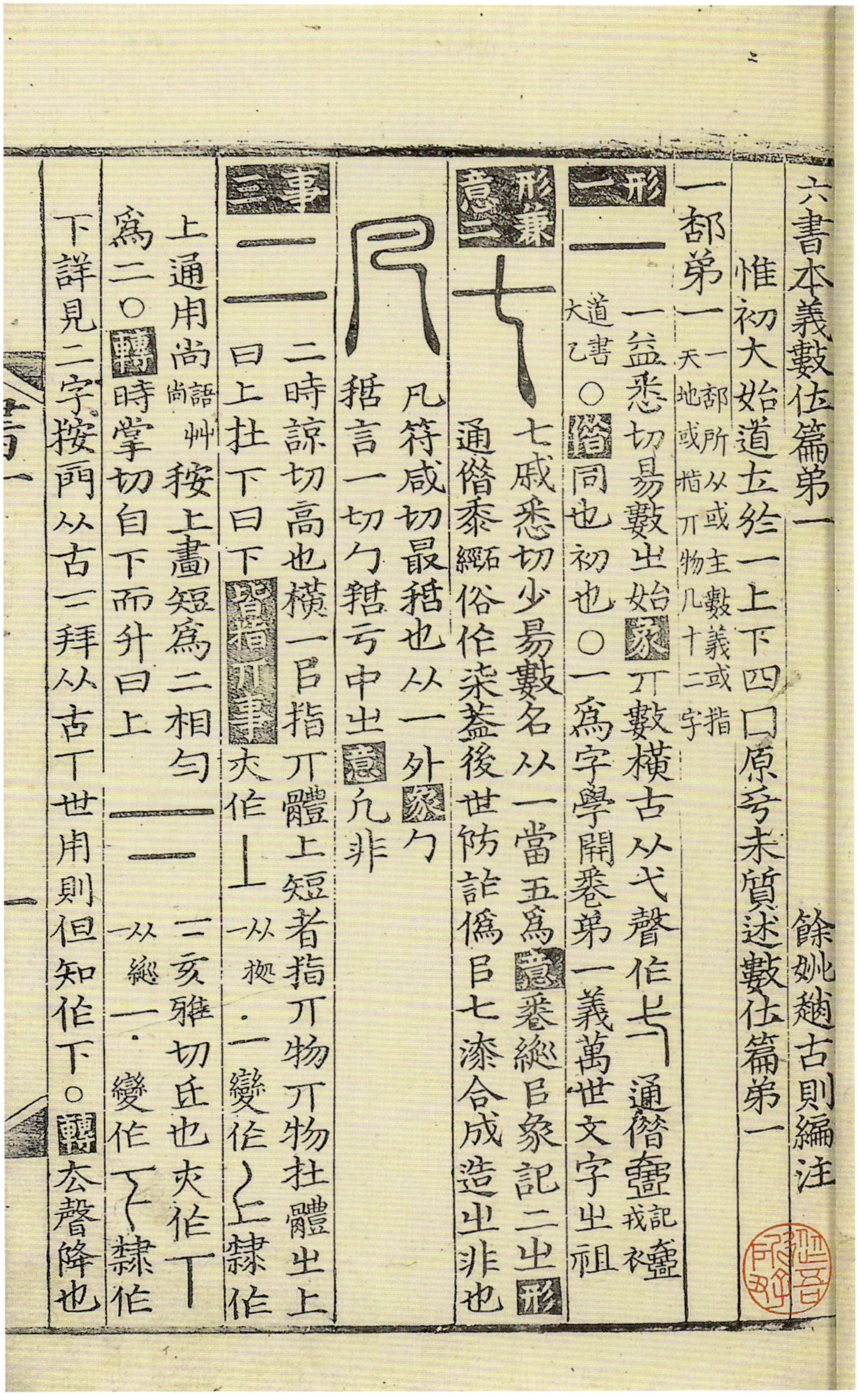
六書本義數位篇第一
惟初大始道立於一上下四口原兮未質述數位篇第一　餘姚趙古則編注
一部第一　一部所从或主數義或指天地或指万物凡十二字
一　形一　一益悉切易數出始 象 丌數橫古从弋聲作弌 通俗壹 記壹 道書大乙○ 俗 同也初也○一爲字學開卷弟一義萬世文字出祖
七　形兼意　七戚悉切少易數名从一當五爲 意 叅總目象記二出 形 通俗桼緅俗作柒蓋後世彷詐僞目七漆合成造出非也
凡　凡符咸切最括也从一外 象 勹 括言一切勹括亏中出 意 凡非
二　事三　二時諒切高也橫一目指丌體上短者指丌物丌物扗體出上曰上扗下曰下 皆指丌事 夨作丄 一从一 變作上 隸作
上通用尚 語尚艸 按上畫短爲二相勻 爲二○ 轉 時掌切自下而升曰上
二　二亥雅切氐也夨作丅 一从一 變作下 隸作
下詳見二字按丙从古丅拜从古丅世用則但知作下○ 轉 亥聲降也

六書本義十二卷圖一卷　明趙撝謙撰

明正德十五年（1520）胡東皋刻本。曹元忠跋。半葉寬格7行窄格14行，行28字，小字雙行，字數同，白口，四周單邊，框高21.3厘米，寬15厘米。南京圖書館藏。國家名録號11541。

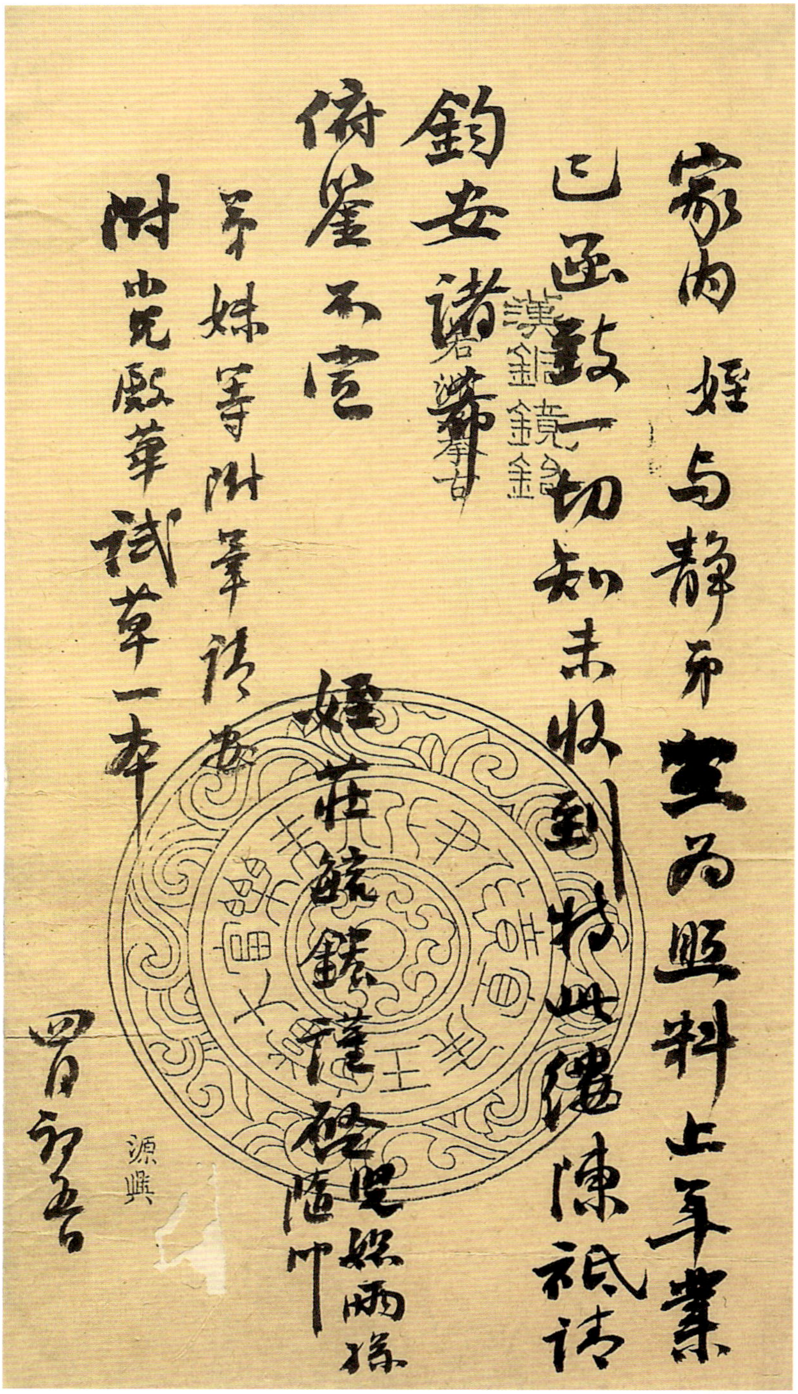
家内　姪與靜亦寶為照料上年業
已函致一切如未收到特此備陳祗請
鈞安諸希
俯鑒不宣
姪莊毓鋐謹稟
兒照兩孫隨叩
弟妹等附筆請安
附呈殿華試草一本
四月初五
源興

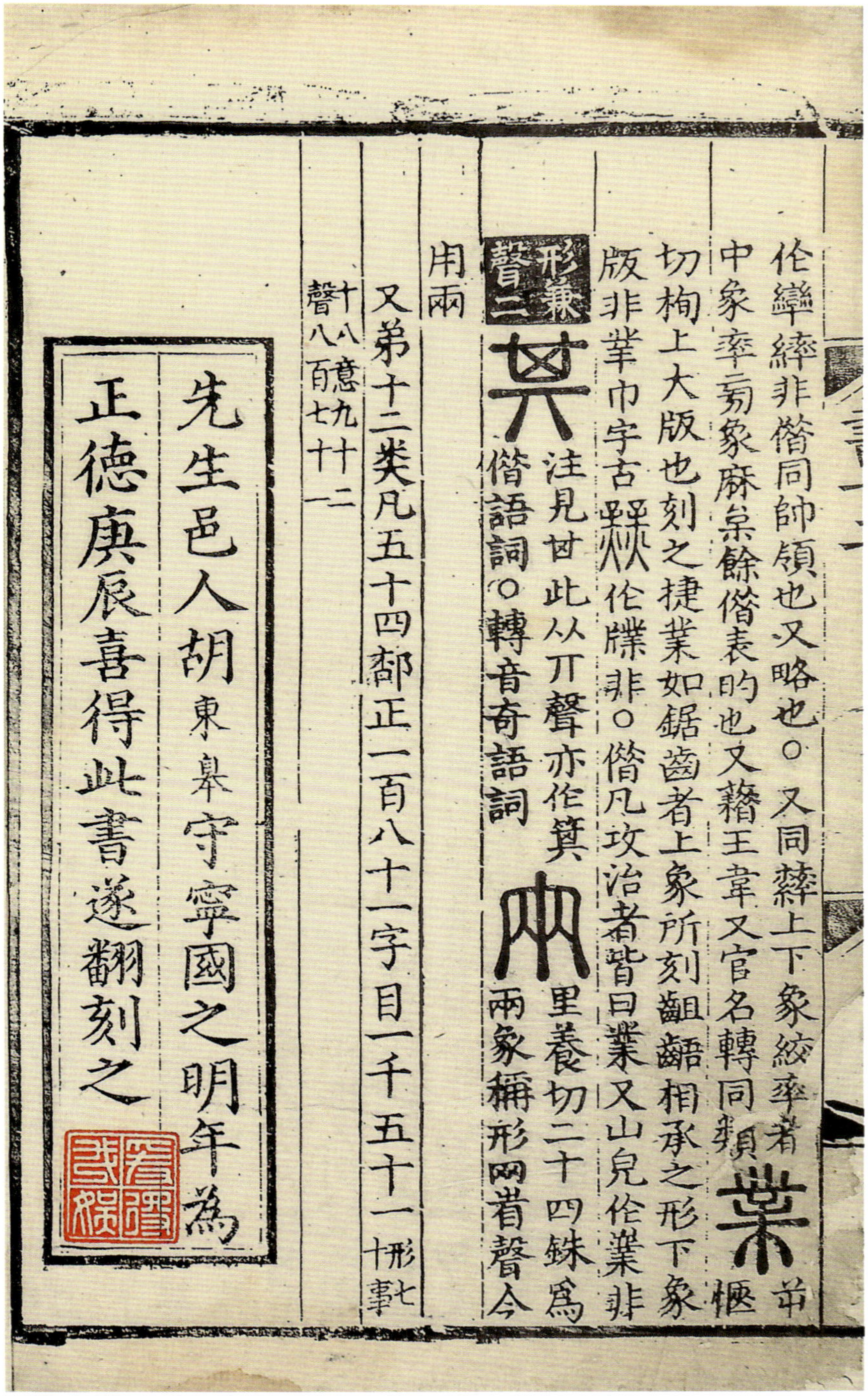
佗縡綷非僭同帥領也又略也〇又同𦃇上下象絞𢆶者 業 𦍌
中象𢆶𦍒象𣏟𣎆餘僭表的也又𦤎王韋又官名轉同類 極
切栒上大版也刻之捷業如鋸齒者上象所刻𪙛齬相承之形下象
版非丵巾字古𡾊佗𦏺非〇僭凡攻治者皆曰業又山皃佗嶪非
形兼聲二 其 注見甘此从丌聲亦佗箕 丙 里養切二十四銖為
用兩 僭語詞〇轉音奇語詞 兩象稱形㒳昔聲今
又第十二类凡五十四部正一百八十一字目一千五十一 形七十事
十八意九十二 聲八百七十一

先生邑人胡東皐守寧國之明年為
正德庚辰喜得此書遂翻刻之

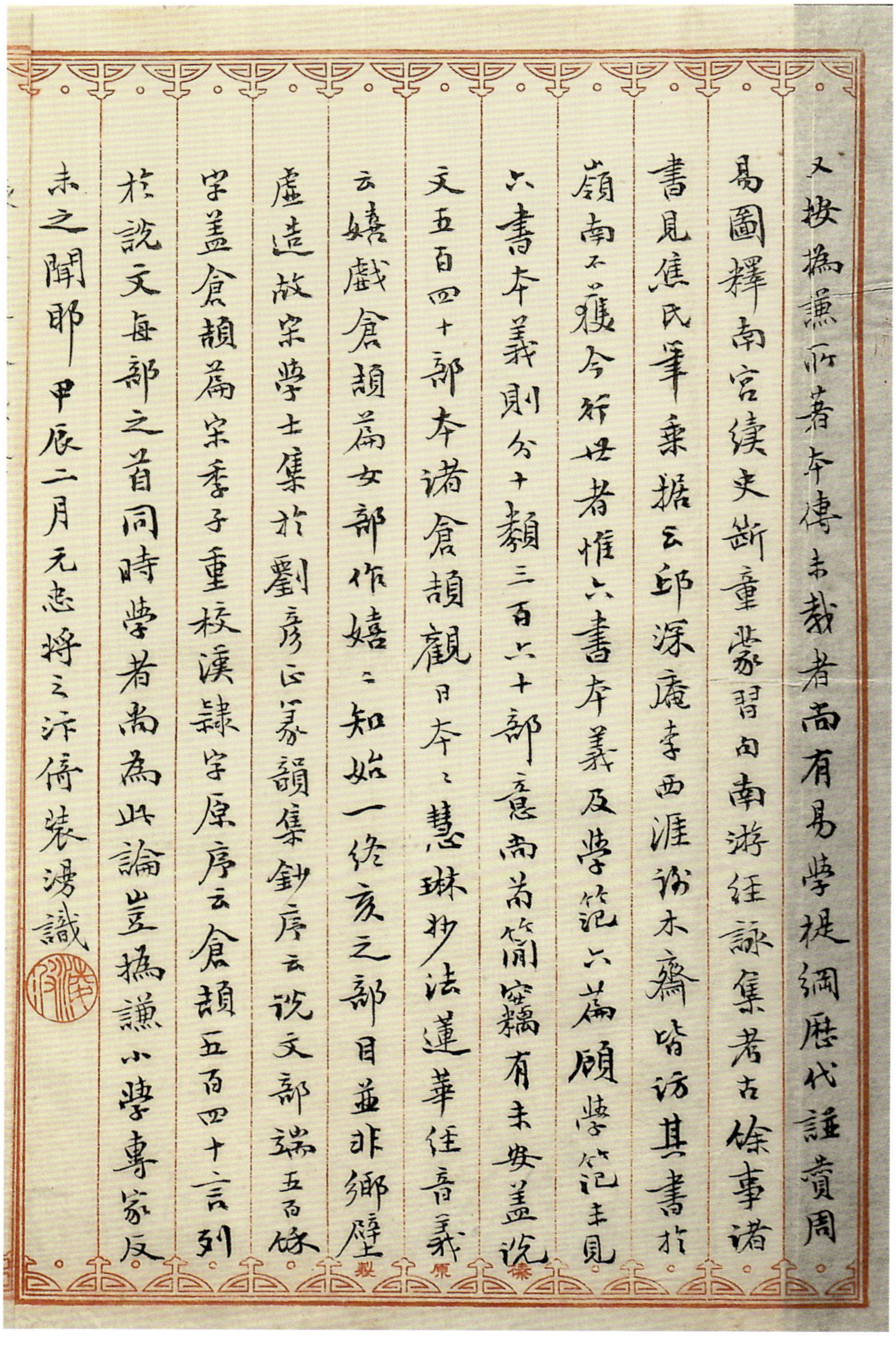
又按撝謙所著本傳未載者尚有易學提綱歷代諡賁周
易圖釋南宮續史斷童蒙習句南游紀詠集考古餘事諸
書見侯氏筆乘據云邱深庵李西涯謝木齋皆訪其書於
嶺南不獲今行世者惟六書本義及學範六篇願學範未見
六書本義則分十類三百六十部意尚為簡密竊有未安蓋說
文五百四十部本諸倉頡觀日本之慧琳妙法蓮華經音義
云嬉戲倉頡篇女部作嬉之知始一終亥之部目並非鄉壁
虛造故宋學士集於劉彥正篆韻集鈔序云說文部端五百餘
字蓋倉頡篇宋季子重校漢隸字原序云倉頡五百四十言列
於說文每部之首同時學者尚為此論豈撝謙小學專家反
未之聞耶 甲辰二月元忠將之汴倚裝漫識

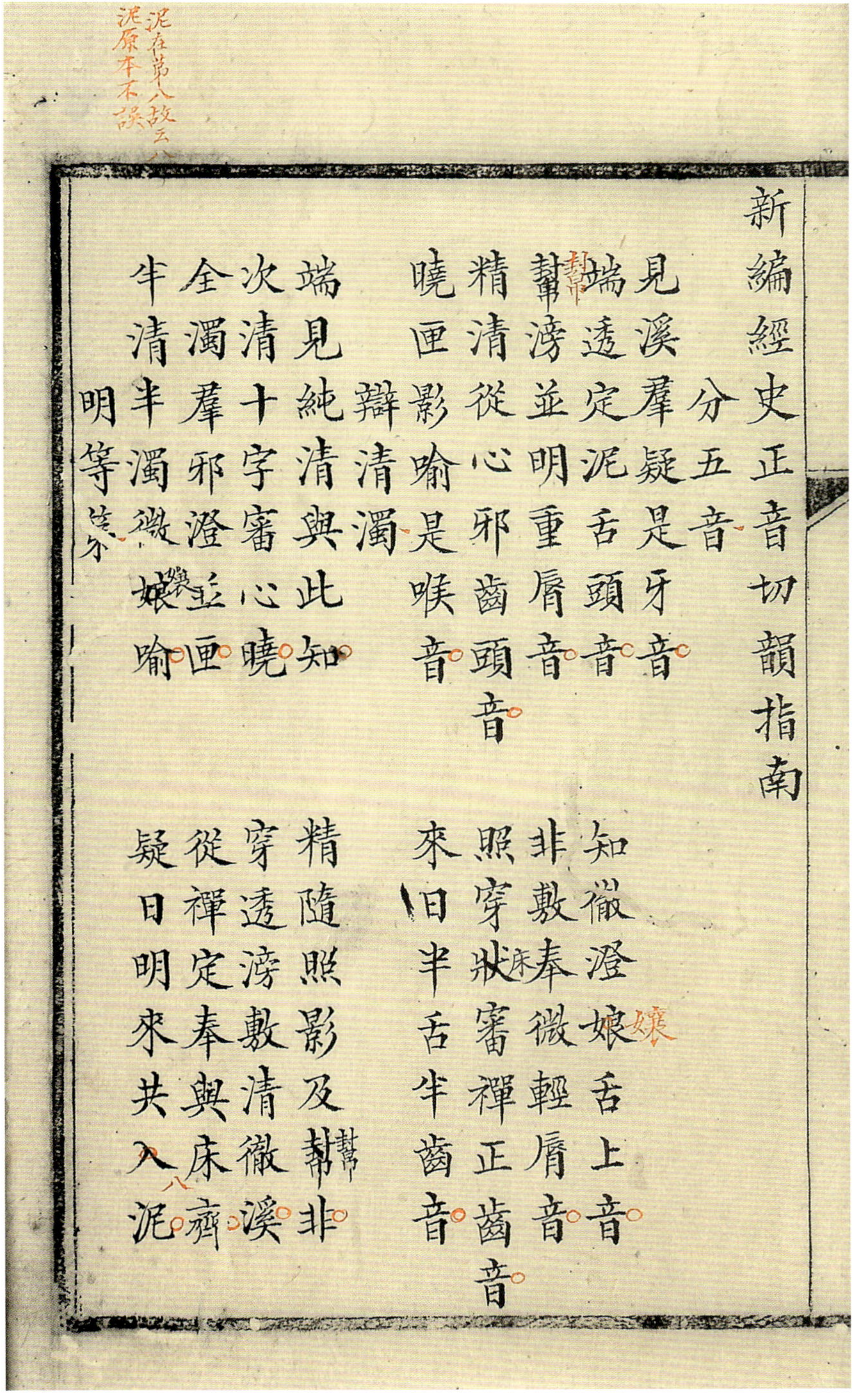
新編經史正音切韻指南
分五音
見溪羣疑是牙音
端透定泥舌頭音
幫滂並明重脣音
精清從心邪齒頭音
曉匣影喻是喉音
辯清濁
端見純清與此知
次清十字審心曉
全濁羣邪澄並匣
半清半濁微孃喻
明等第
知徹澄孃舌上音
非敷奉微輕脣音
照穿牀審禪正齒音
來日半舌半齒音
精隨照影及幫非
穿透滂敷清徹溪
從禪定奉與床齊
疑日明來共入泥

新編經史正音切韻指南一卷　元劉鑑撰

清咸豐趙同鈞抄本。趙同鈞、趙宗德校，王振聲批並跋。半葉13行，行18字，小字雙行，字無定數，白口，左右雙邊，框高20.6厘米，寬13.7厘米。南京圖書館藏。國家名録號11549。

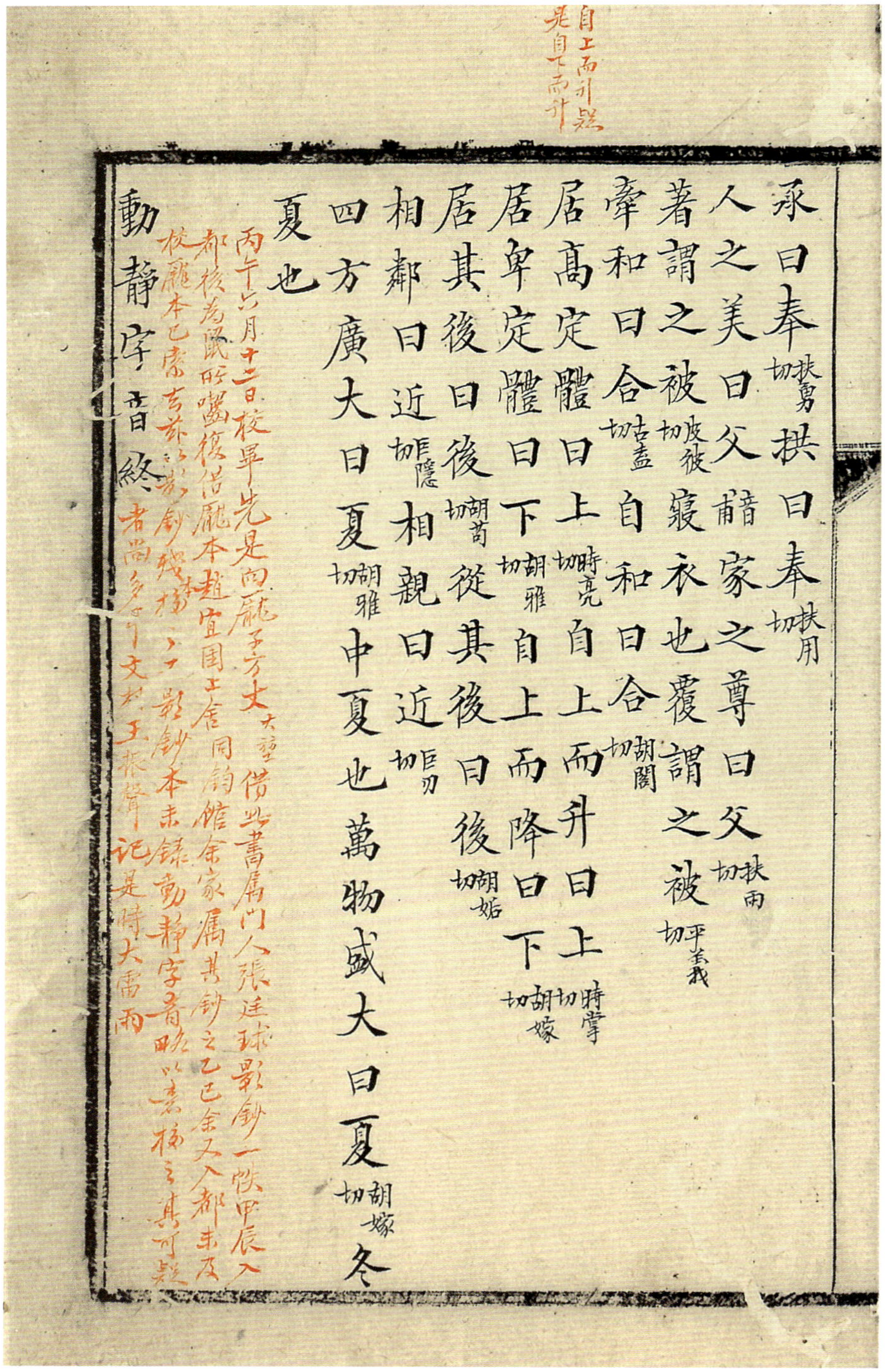
自上而升疑是自下而升

承曰奉扶勇切拱曰奉扶用切
人之美曰父甫音家之尊曰父扶雨切
著謂之被皮被切寢衣也覆謂之被平義切
牽和曰合古盍切自和曰合胡閤切
居高定體曰上時亮切自上而升曰上時掌切
居卑定體曰下胡雅切自上而降曰下胡嫁切
居其後曰後胡苟切從其後曰後胡姤切
相鄰曰近巨隱切相親曰近巨刃切
四方廣大曰夏胡雅切中夏也萬物盛大曰夏胡嫁切冬
夏也

丙午六月十二日校畢先是向麗子方丈大塋借此書屬門人張廷球影鈔一帙甲辰入
都後為鼠所嚙復借麗本趙宜園上舍同館余家屬其鈔之乙巳余又入都未及
校麗本已索去茲以前鈔殘本補之影鈔本未錄動靜字音暇以素校之其可疑
者尚多也文村王振聲記是時大雷雨

動靜字音終

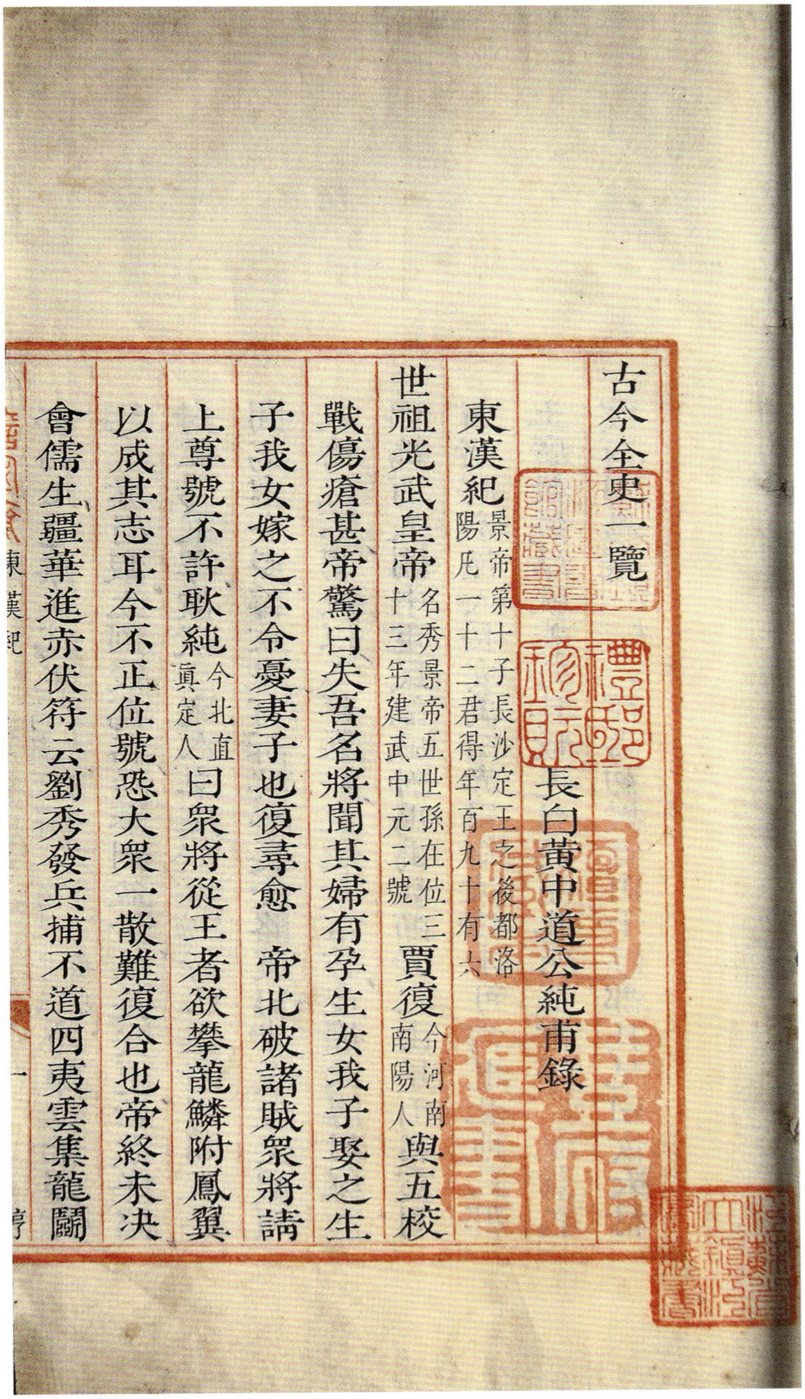
古今全史一覽

長白黃中道公純甫録

東漢紀 景帝第十子長沙定王之後都洛陽凡一十二君得年百九十有六

世祖光武皇帝 名秀景帝五世孫在位三十三年建武中元二號 賈復 今河南南陽人 與五校戰傷瘡甚帝驚曰失吾名將聞其婦有孕生女我子娶之生子我女嫁之不令憂妻子也復尋愈 帝北破諸賊衆將請上尊號不許耿純 今北直真定人 曰衆將從王者欲攀龍鱗附鳳翼以成其志耳今不正位號恐大衆一散難復合也帝終未決會儒生彊華進赤伏符云劉秀發兵捕不道四夷雲集龍鬭

古今全史一覽四卷　明舒弘諤撰　清李漁續　清黄中道删訂

清康熙三十八年（1699）澹寧齋精抄本。羅振常、秦更年跋。半葉9行，行24字，小字雙行，字數同，白口，四周雙邊，框高11.8厘米，寬8.4厘米。鎮江市圖書館藏。國家名録號11586。

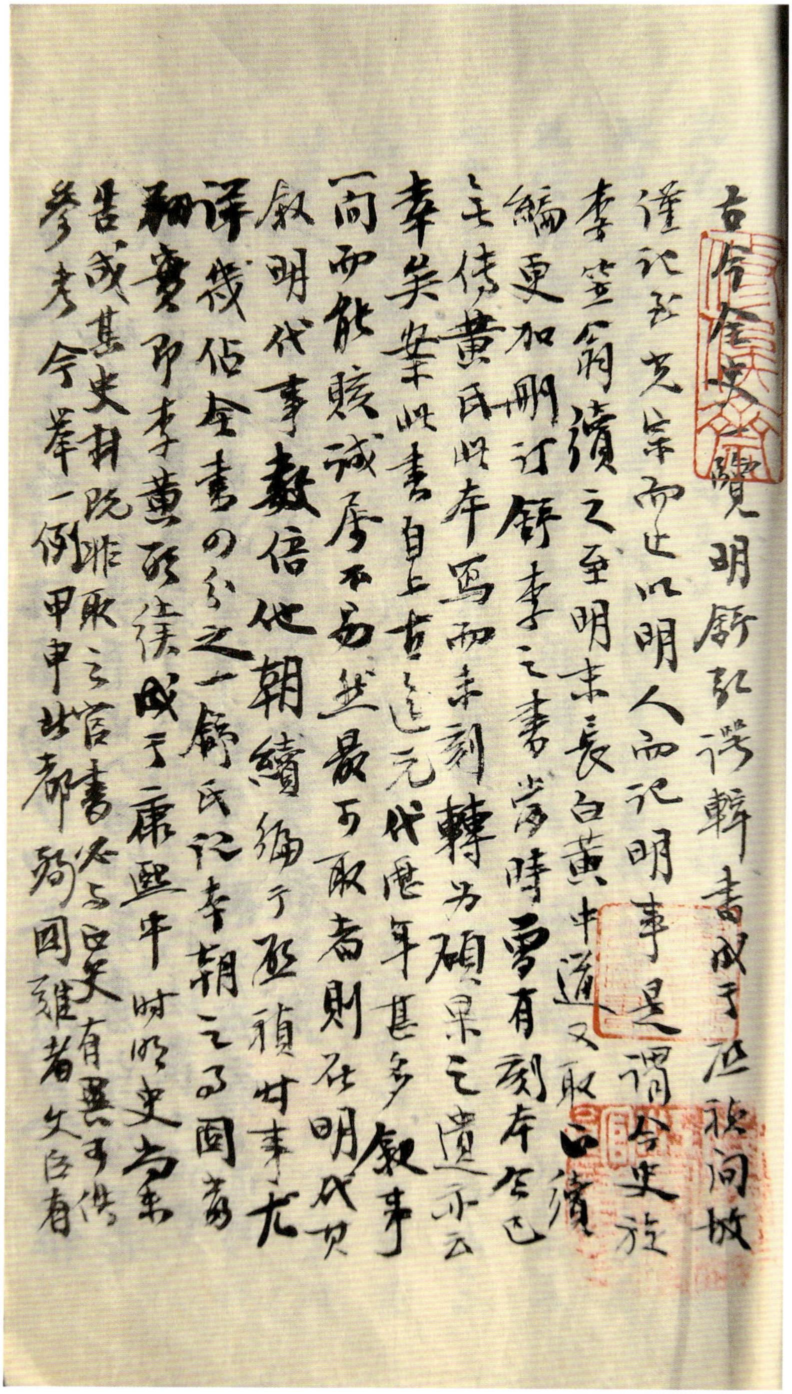
古今合史覽 明錢弘謨輯 書成于正德間故
僅訖於憲宗而止以明人而記明事是謂今史旋
李笠翁續之至明末長白黃中道又取以續
編更加刪訂錢李二書嘗時曾有刻本今已
亡佚黃氏此本寫而未刻轉爲碩果之遺亦云
幸矣案此書自上古迄元代歷年甚多敘事
簡而能賅識序不紊然最可取者則在明代只
敘明代事數倍他朝續編于崇禎廿年尤
詳幾佔全書四分之一錢氏記本朝之事固為
翔實即李黃所續成于康熙年時明史尚未
告成甚史村既非取之官書必有可以有異可供
參考今舉一例甲申出都為因難者文臣有

三十人各書均勻此書獨多卹史趙鴻一人由此推
之甚此事必與己失有出入方知笑書字墳工整
紙墨精良要藏手稷鄉易珍玩良可諫也
書中立偶皆缺末一筆紅字不缺為後雅正同所
寫壬午孟夏上竺羅振常觀正識

史家編年之書以司馬氏資治通鑑稱最清華玩讀之自喜
毘陵莊氏鍾維繩覽大塔維綱繼紹知維繩乃羅綸餘郎
狄好玩明代故事某深標如耤事卷帙浩繁閱之終歲不能卷一
此書之紗南文綱也七書乃黃中道據舒李兩家書重行歷代大事

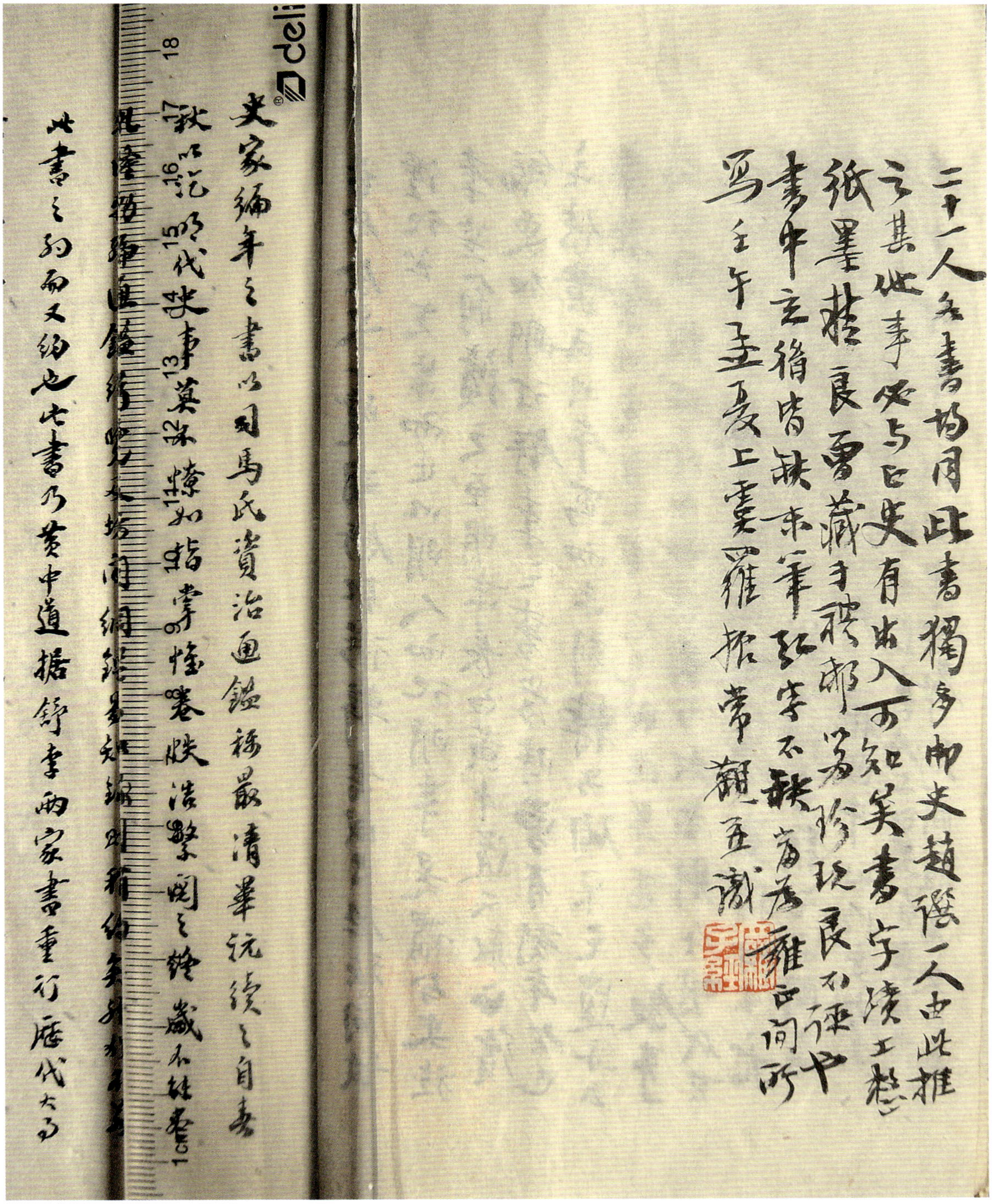

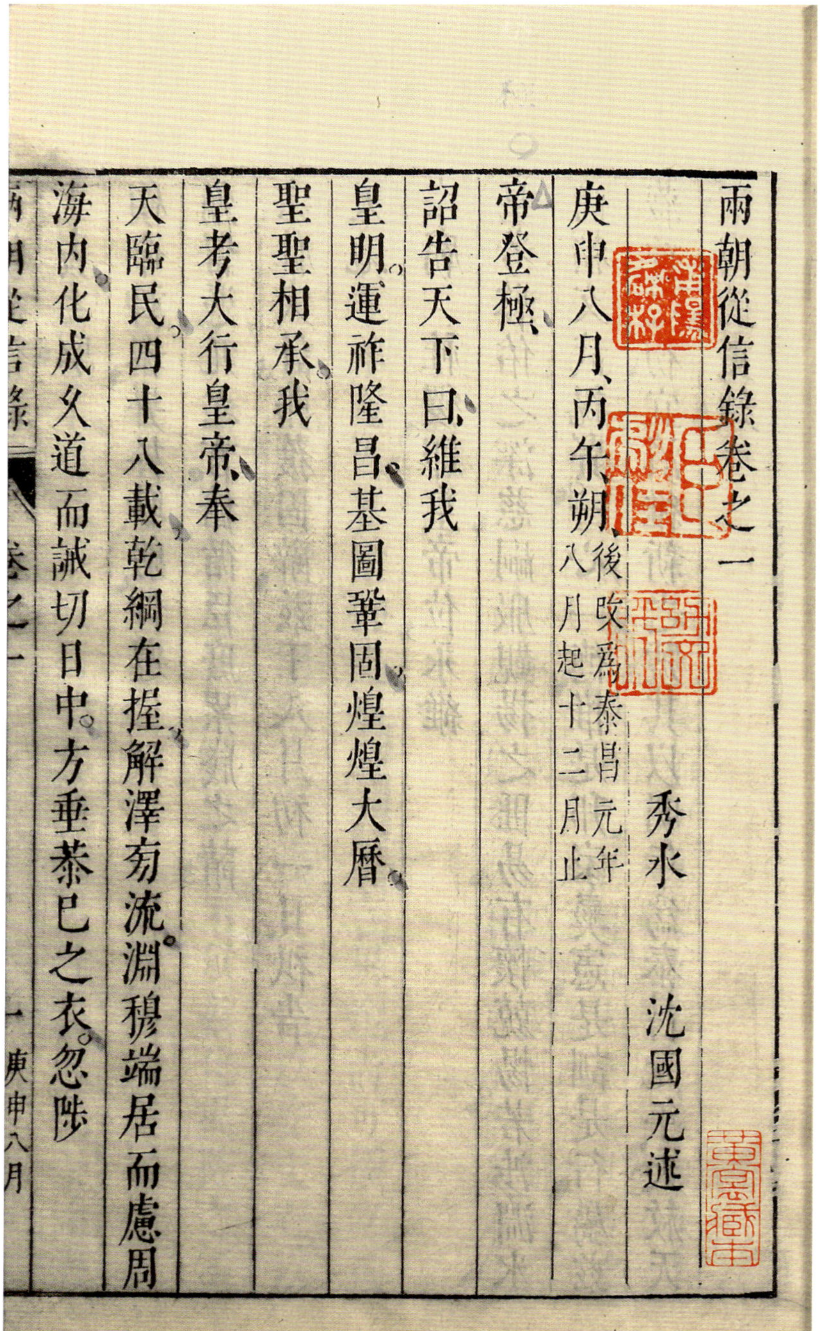

兩朝從信錄卷之一

秀水　沈國元述

庚申八月丙午朔後改爲泰昌元年八月起十二月止

帝登極

詔告天下曰維我

皇明運祚隆昌基圖鞏固煌煌大曆

聖聖相承我

皇考大行皇帝奉

天臨民四十八載乾綱在握解澤旁流淵穆端居而慮周

海内化成久道而誠切日中方垂恭己之衣忽陟

兩朝從信錄　卷之一　一　庚申八月

兩朝從信録三十五卷　明沈國元撰

明崇禎刻本。祁彪佳批並跋，黄裳跋。半葉10行，行22字，小字雙行，字數同，白口，四周單邊，框高22.1厘米，寬14.5厘米。南京圖書館藏。國家名録號11592。

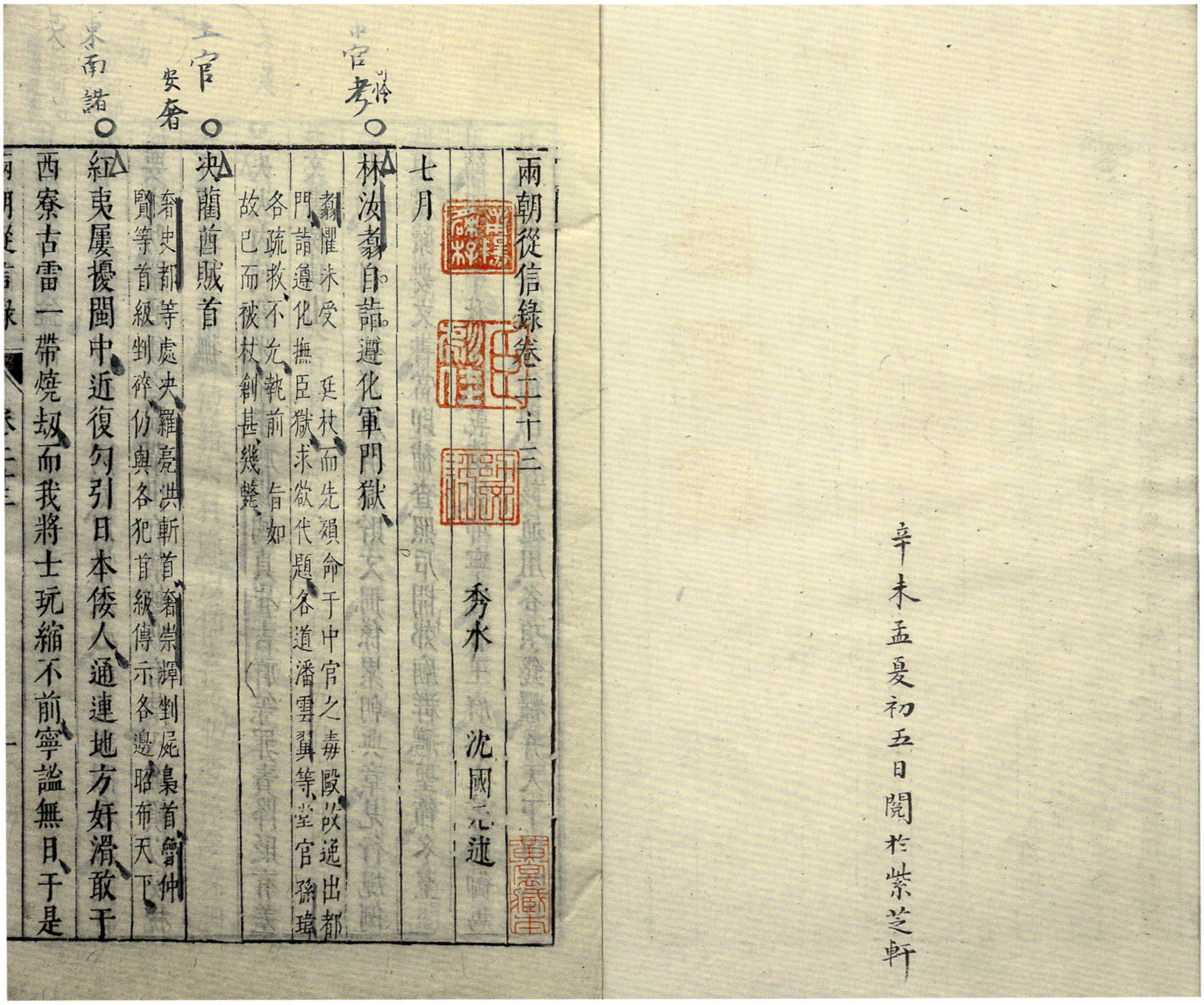

兩朝從信錄卷二十三

七月　秀水　沈國元述

林汝翥自詣遵化軍門獄

翥懼沭受　廷杖而先頒命于中官之毒毆故逃出都門詣遵化撫臣獄求欲代題各道潘雲翼等堂官孫瑋各疏救不允執前　旨如故已而被杖斛甚幾斃

夾蘭酋賊首

奢史都等處夾羅亮洪斬首奢崇揮剉屍梟首劉仲賢等首級剉碎仍與各犯首級傳示各邊昭布天下

紅夷屢擾閩中近復勾引日本倭人通連地方奸滑敢于西寮古雷一帶燒刼而我將士玩縮不前寧謐無日于是

辛未孟夏初五日閱於紫芝軒

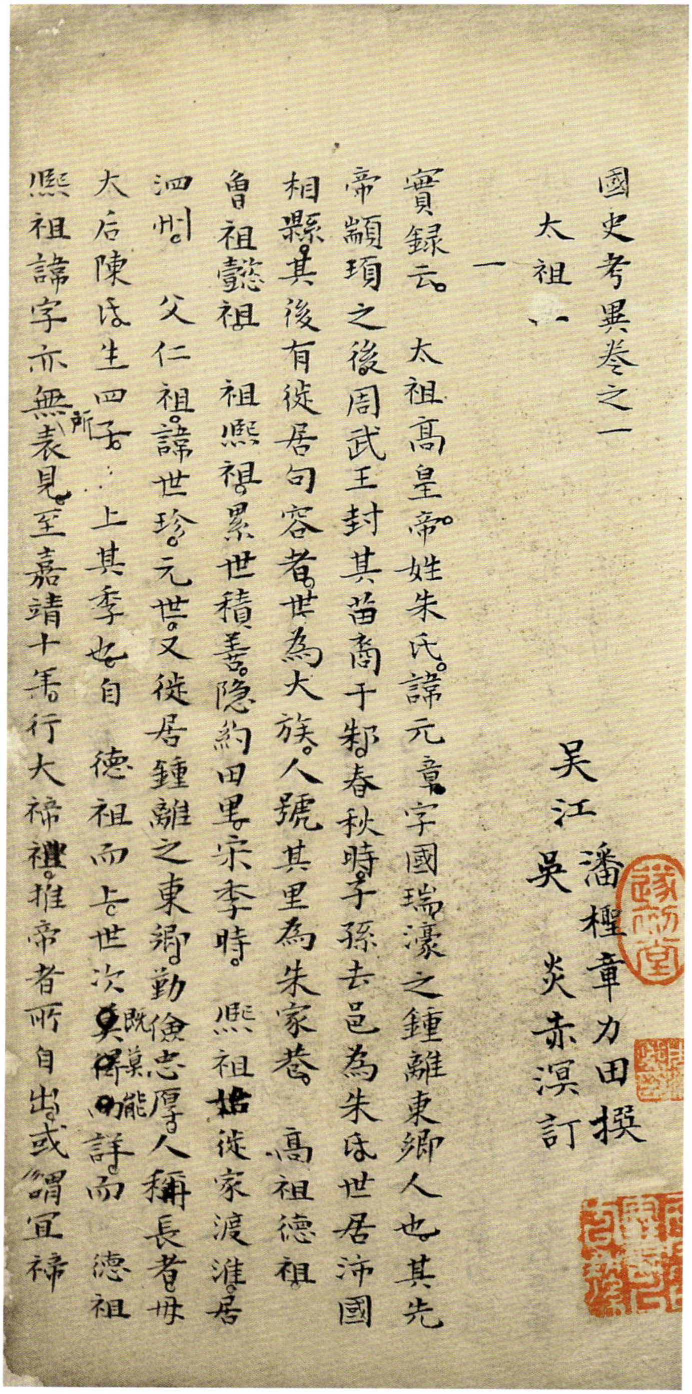

國史考異卷之一

太祖一

吳江潘檉章力田撰

吳炎赤溟訂

實録云。太祖高皇帝姓朱氏。諱元章字國瑞濠之鍾離東鄉人也其先
帝顓頊之後周武王封其苗裔于邾春秋時子孫去邑為朱氏世居沛國
相縣。其後有徙居句容者。世為大族。人號其里為朱家巷。高祖德祖
曾祖懿祖　祖熙祖累世積善。隱約田里宋季時。熙祖始徙家渡淮。居
泗州　父仁祖。諱世珍。元世。又徙居鍾離之東鄉。勤儉忠厚人稱長者。母
太后陳氏生四子。上其季也自　德祖而上世次既莫能詳而　德祖
熙祖諱字亦無所表見。至嘉靖十年。行大禘禮。推帝者所自出。或謂宜禘

國史考異六卷　清潘檉章撰

清初抄本。南京圖書館藏。國家名録號 11614。

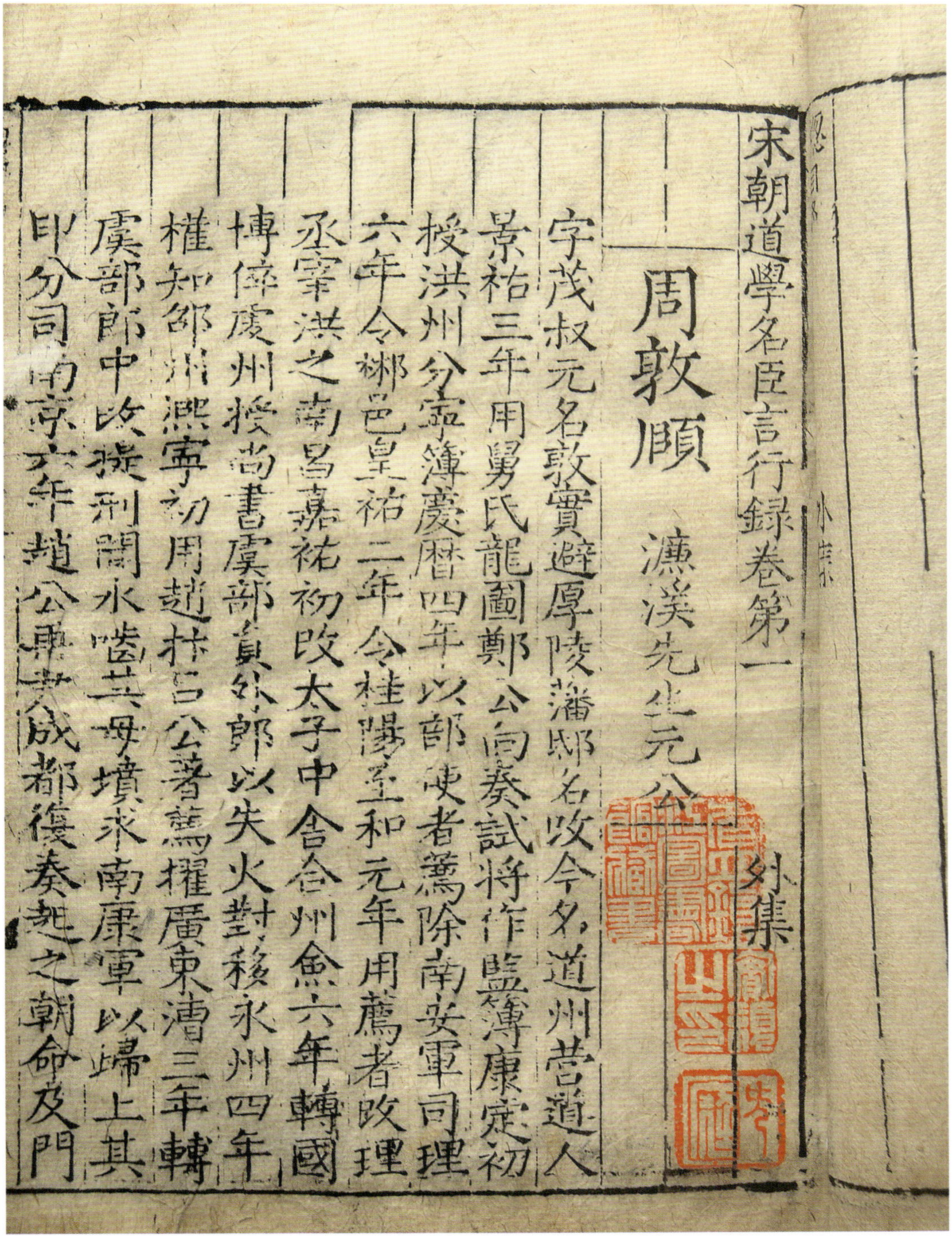

宋朝道學名臣言行錄卷第一

周敦頤　濂溪先生元公

字茂叔元名敦實避厚陵藩邸名改今名,道州營道人
景祐三年用舅氏龍圖鄭公向奏試將作監簿康定初
授洪州分寧簿慶曆四年以部使者薦除南安軍司理
六年令郴邑皇祐二年令桂陽至和元年用薦者改理
丞寧洪之南昌嘉祐初改太子中舍合州僉六年轉國
博倅虔州授尚書虞部員外郎以失火對黜永州四年
權知邵州熙寧初用趙抃呂公著薦擢廣東漕三年轉
虞部郎中以擇刑闊水嶺芋一母墳求南康軍以歸上其
即分司南京六年趙公興教成都復奏起之朝命及門

宋朝道學名臣言行錄　外集十七卷　宋李幼武輯

明張鰲山刻本。宋實穎題識,康有爲跋。半葉 12 行,行 23 字,白口,
四周單邊,框高 18.3 厘米,寬 13.5 厘米。鎮江市圖書館藏。國家名錄號
11636。

明
清
時
期

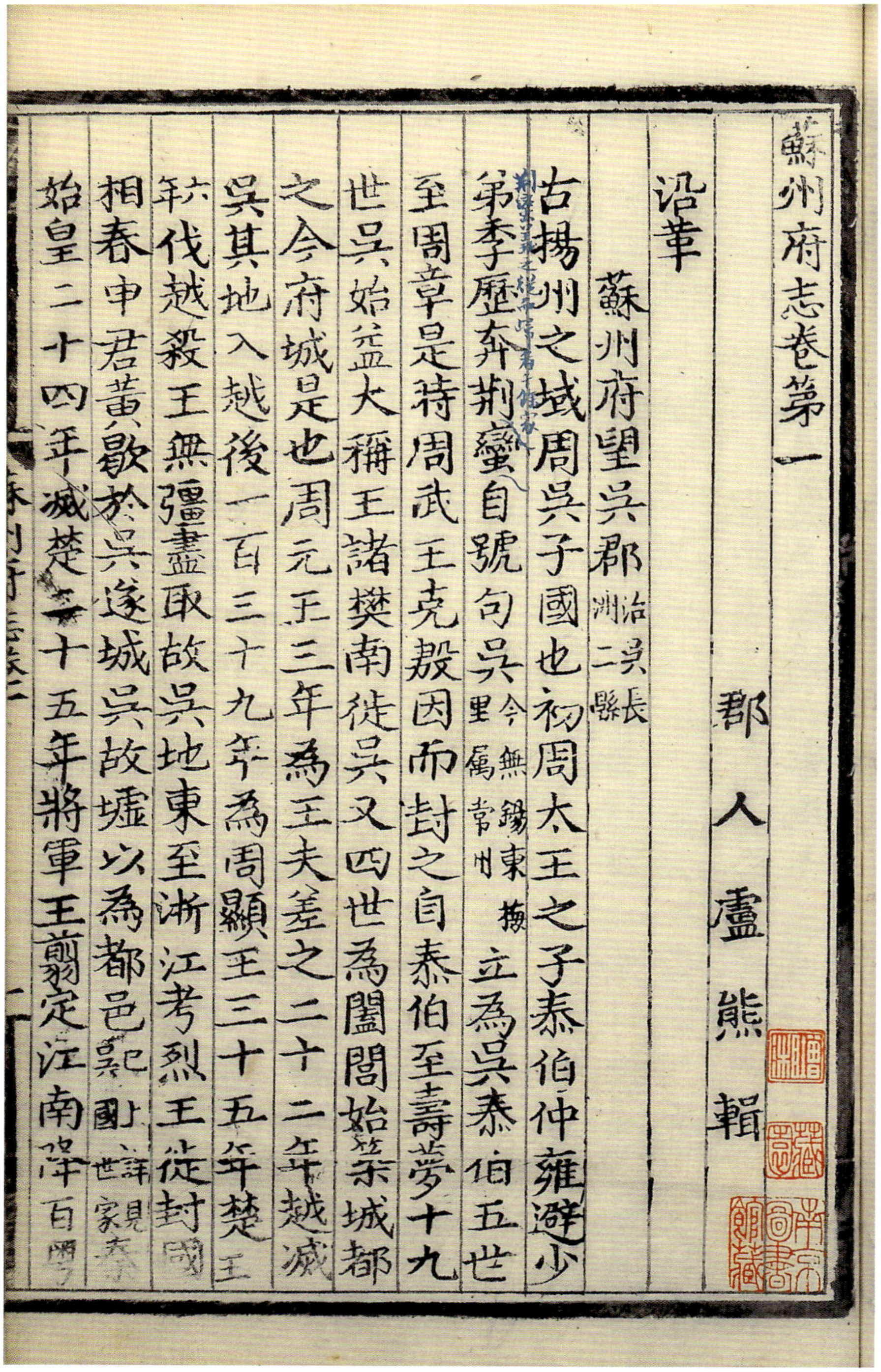
蘇州府志卷第一
郡人盧熊輯
沿革
蘇州府望吳郡治吳長洲二縣
古揚州之域周吳子國也初周太王之子泰伯仲雍避少
弟季歷奔荆蠻自號句吳今無錫東梅里屬常州立為吳泰伯五世
至周章是時周武王克殷因而封之自泰伯至壽夢十九
世吳始益大稱王諸樊南徙吳又四世為闔閭始築城都
之今府城是也周元王三年為王夫差之二十二年越滅
吳其地入越後一百三十九年為周顯王三十五年楚王
六年伐越殺王無彊盡取故吳地東至浙江考烈王徙封國
相春申君黃歇於吳遂城吳故墟以為都邑吳已國詳見世家
始皇二十四年滅楚二十五年將軍王翦定江南降百粤

[洪武]蘇州府志五十卷　明盧熊纂修

明洪武刻本。傅增湘跋，汪希董跋並録黄廷鑑校跋及顧遴士跋。半葉13行，行23字，小字雙行，字數同，黑口，四周雙邊，框高24.8厘米，寬16.6厘米。南京圖書館藏。國家名録號11660。

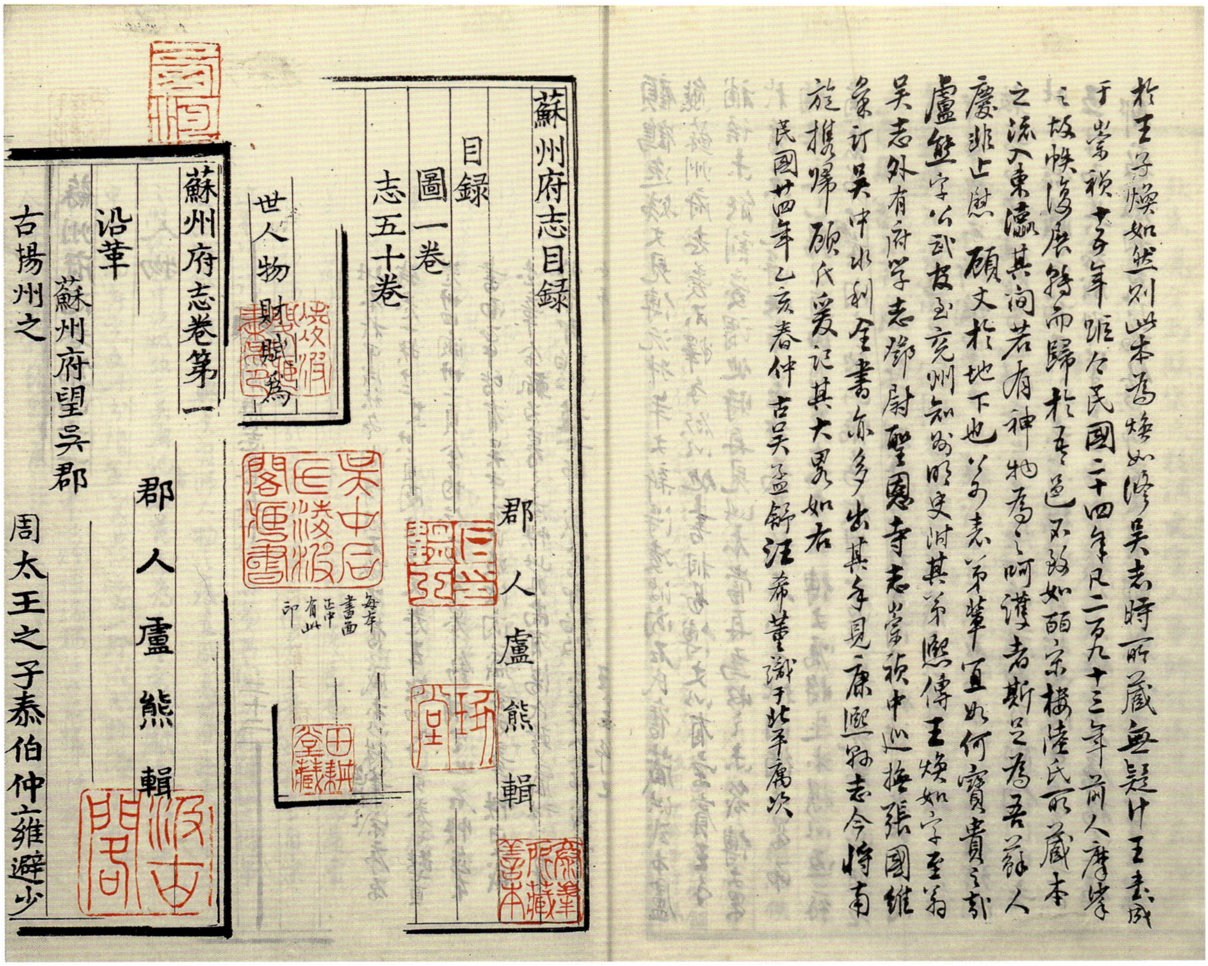

蘇州府志目録
郡人盧熊輯
目録
圖一卷
志五十卷
世人物財賦爲

每本書面上有此印

蘇州府志卷第一
郡人盧熊輯
沿革
蘇州府望吳郡
古揚州之
周太王之子泰伯仲雍避少

於王子煥如然則此本爲煥如修吳志時所藏無疑其王氏
于崇禎十五年距今民國二十四年凡二百九十三年前人摩挲
之故帙後展轉而歸於吾邑不致如皕宋樓陸氏所藏本
之流入東瀛其間若有神物爲之呵護者斯足爲吾蘇人
慶非止慰碩文於地下也公素第華直如何寶貴之哉
盧熊字公武官至兗州知府明史附其弟熙傳王煥如字至虛
吳志外有府學志鄧尉聖恩寺志崇禎中巡撫張國維
屬訂吳中水利全書亦多出其手見康熙府志今將南
旋携歸碩氏爰記其大略如右
民國廿四年乙亥春仲古吳孟舒汪希董識于北平寓次

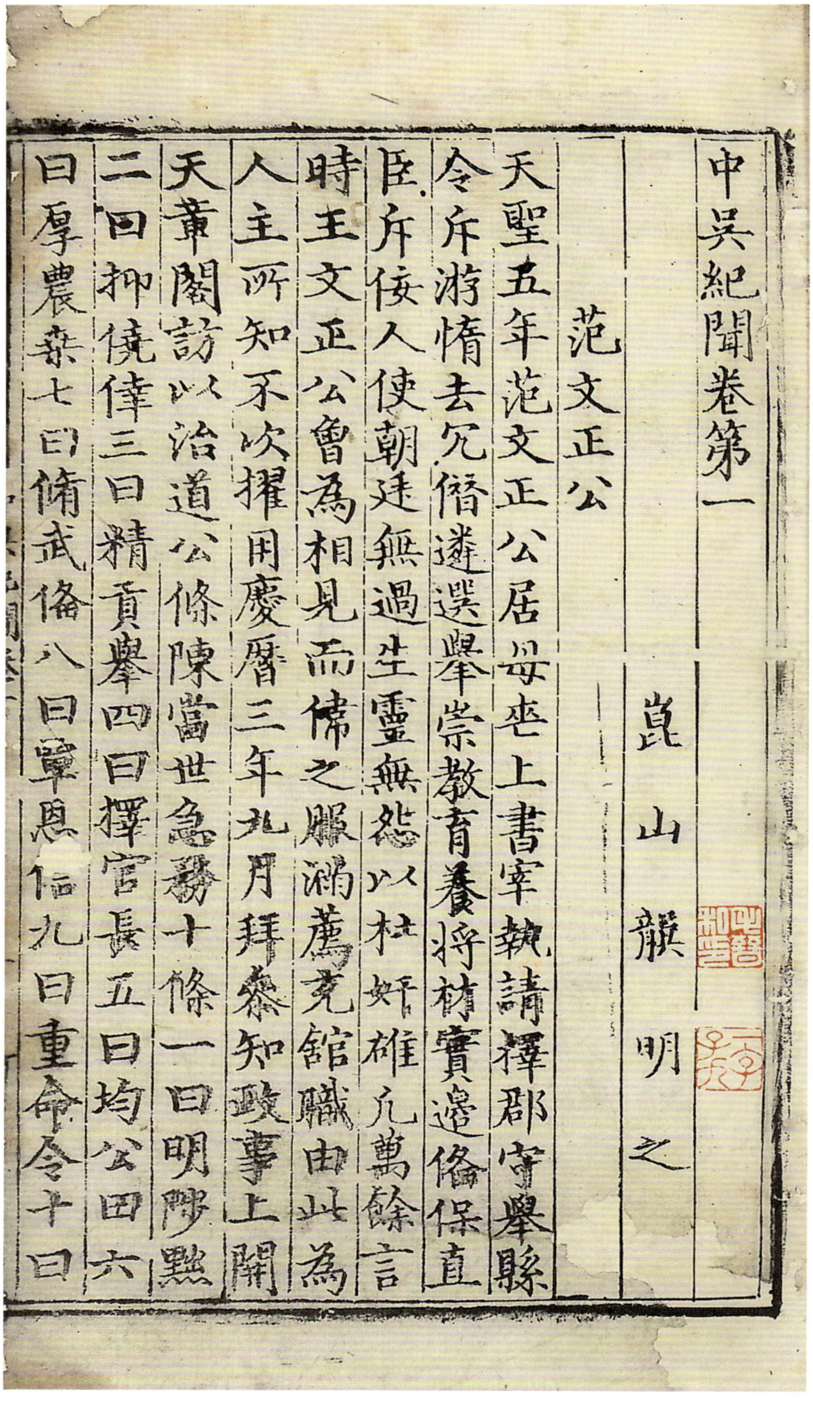

中吳紀聞卷第一

崑山龔明之

范文正公

天聖五年范文正公居母喪上書宰執請擇郡守舉縣令斥游惰去冗僭遴選舉崇教育養將材實邊備保直臣斥佞人使朝廷無過生靈無怨以杜奸雄凡萬餘言時王文正公曾爲相見而偉之縣淵薦充館職由此爲人主所知不次擢用慶曆三年九月拜參知政事上開天章閣訪以治道公條陳當世急務十條一曰明黜陟二曰抑僥倖三曰精貢舉四曰擇官長五曰均公田六曰厚農桑七曰脩武備八曰覃恩信九曰重命令十曰

中吴紀聞六卷　宋龔明之撰

明弘治七年（1494）嚴春刻本。佚名録毛晉跋，顧湄校並跋。半葉11行，行21字，小字雙行，字數同，黑口，四周雙邊，框高21厘米，寬13.2厘米。南京圖書館藏。國家名録號11675。

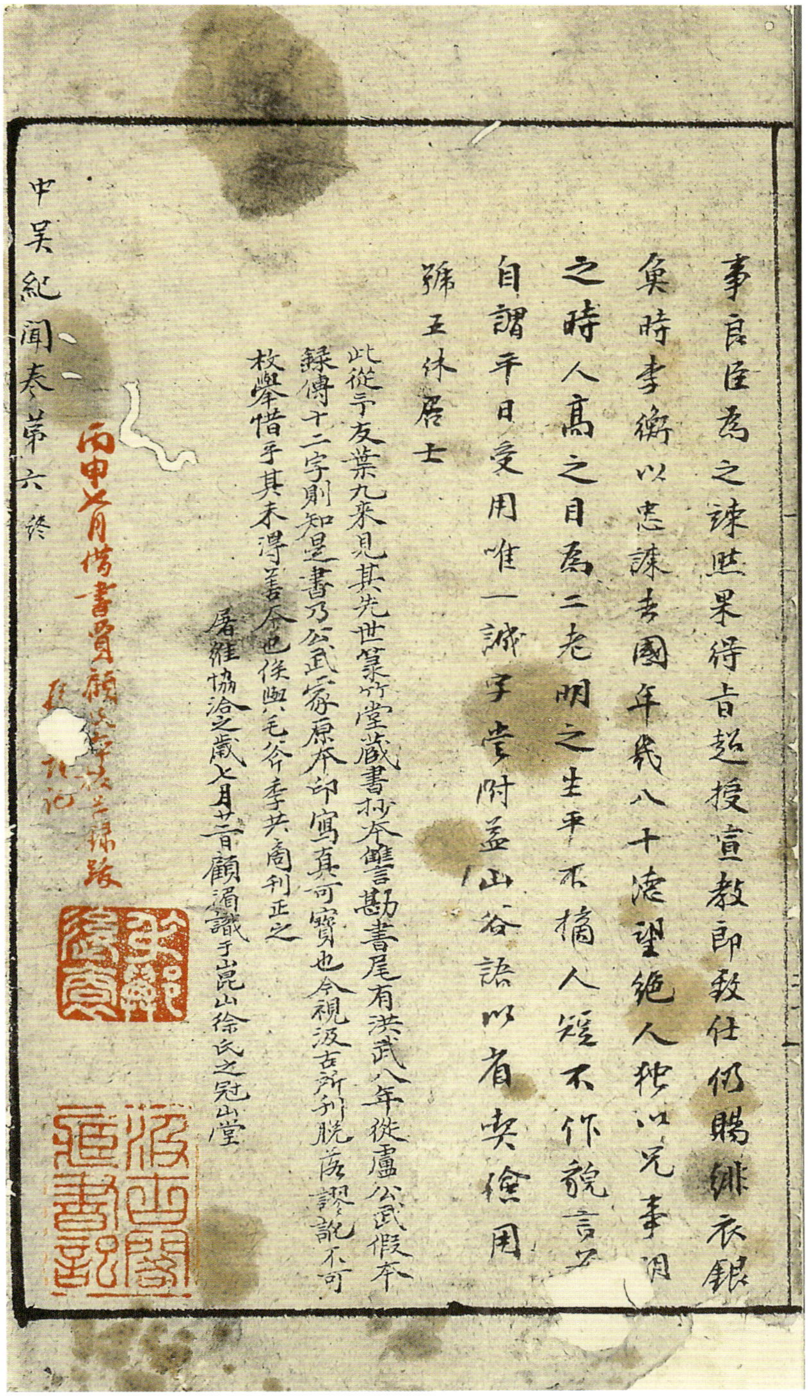
事良臣為之諫既果得旨超授宣教郎致仕仍賜緋衣銀
魚時李衡以忠諫去國年幾八十遂望絕人物以兄事渭
之時人高之目為二老明之生平不摘人短不作貌言安
自謂平日受用唯一誠字嘗附益山谷語以省吏儉用
號五休居士
此從予友葉九來見其先世菉竹堂藏書抄本讎言勘書尾有洪武八年從盧公武假本
錄傳十二字則知是書乃公武家原本卽寫真可寶也今視汲古所刊脫落譌謬不可
枚舉惜乎其未得善本也俟與毛斧季共商刊正之
屠維協洽之歲七月廿二日顧湄識于崑山徐氏之冠山堂
中吳紀聞卷第六 終
丙申廿月借書賈顧氏本校并錄跋

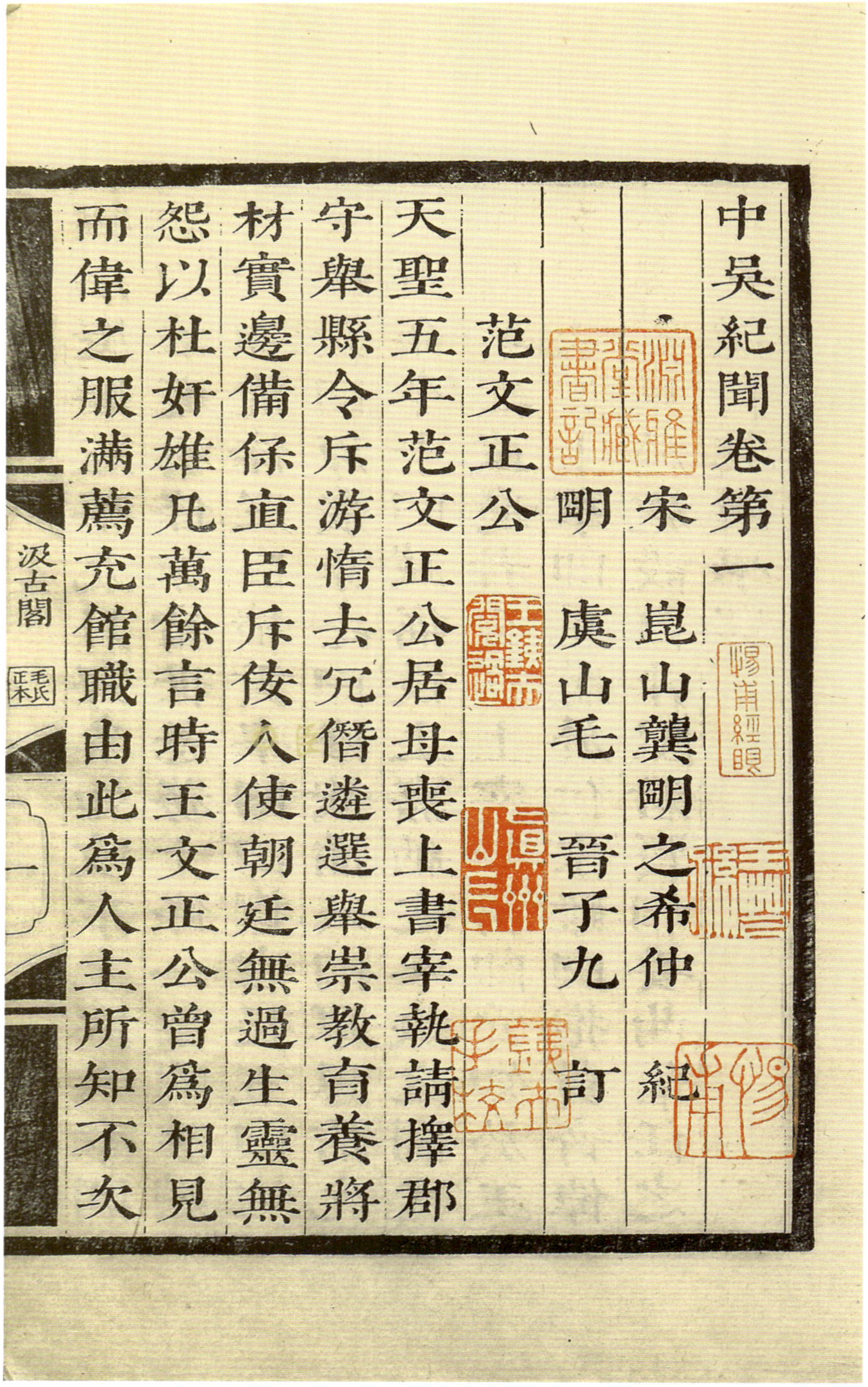

中吳紀聞卷第一

宋　崑山龔明之希仲　紀

明　虞山毛　晉子九　訂

范文正公

天聖五年范文正公居母喪上書宰執請擇郡守舉縣令斥游惰去冗僭遴選舉崇教育養將材實邊備保直臣斥佞入使朝廷無過生靈無怨以杜奸雄凡萬餘言時王文正公曾爲相見而偉之服滿薦充館職由此爲人主所知不次

汲古閣　毛氏正本

中吴紀聞六卷　宋龔明之撰

明末毛氏汲古閣刻本。王艺孫校並跋。半葉9行，行18字，小字雙行，字數同，黑口，左右雙邊，框高20.7厘米，寬14.9厘米。南京圖書館藏。國家名録號11676。

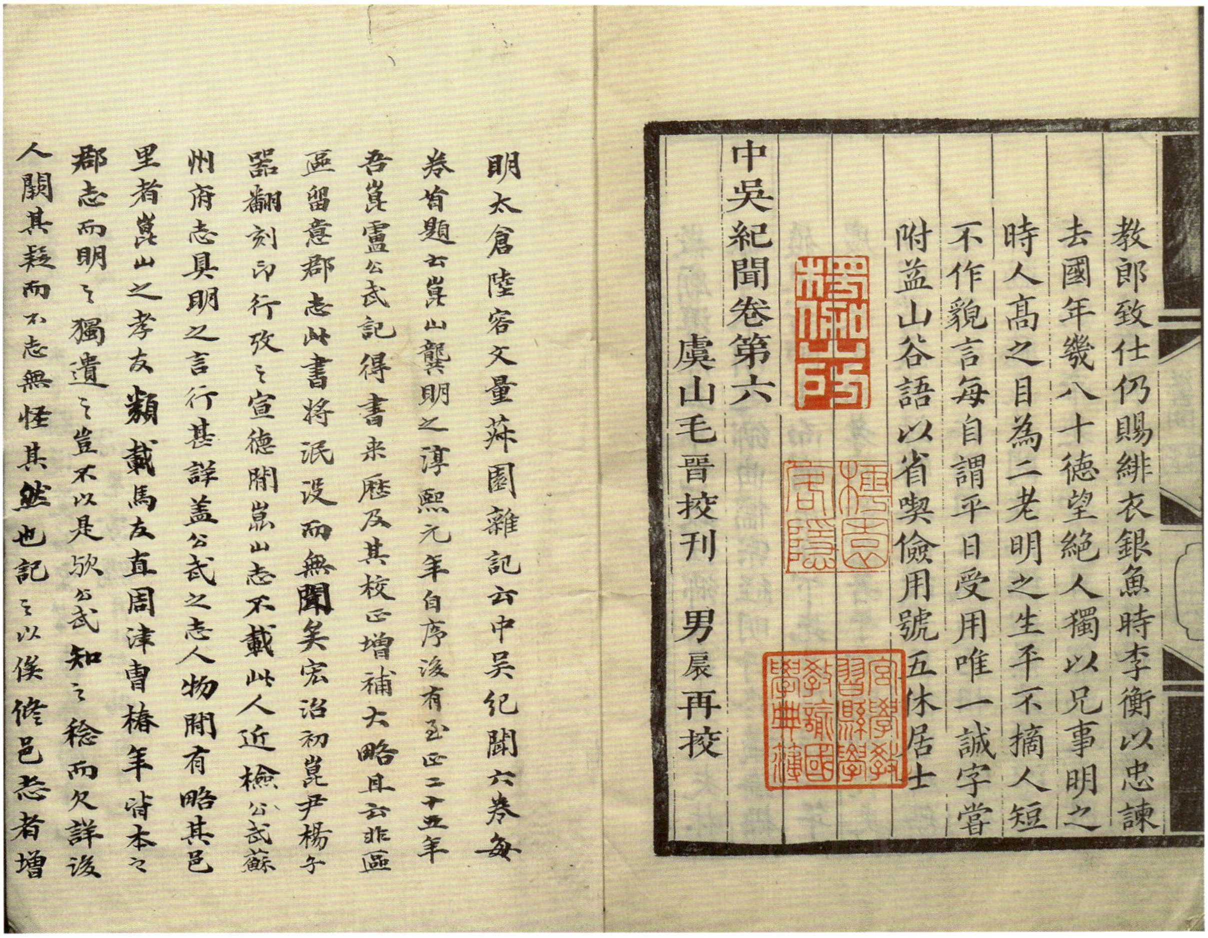
教郎致仕仍賜緋衣銀魚時李衡以忠諫
去國年幾八十德望絶人獨以兄事明之
時人高之目為二老明之生平不摘人短
不作貌言每自謂平日受用唯一誠字嘗
附益山谷語以省喫儉用號五休居士

中吳紀聞卷第六　虞山毛晋挍刊　男扆再挍

明太倉陸容文量菽園雜記云中吳紀聞六卷每
卷皆題云崑山龔明之淳熙元年自序後有至正二十五年
吾崑盧公武記得書來歷及其校正增補大略且云非區
區留意郡志此書將泯沒而無聞矣宏治初崑尹楊子
器翻刻印行攷之宣德間崑山志不載此人近檢公武蘇
州府志具明之言行甚詳蓋公武之志人物間有略其邑
里者崑山之孝友類載焉友直周津曹椿年皆本之
郡志而明之獨遺之豈不以是歟公武知之稔而欠詳後
人闕其疑而不志無怪其然也記之以俟修邑志者增

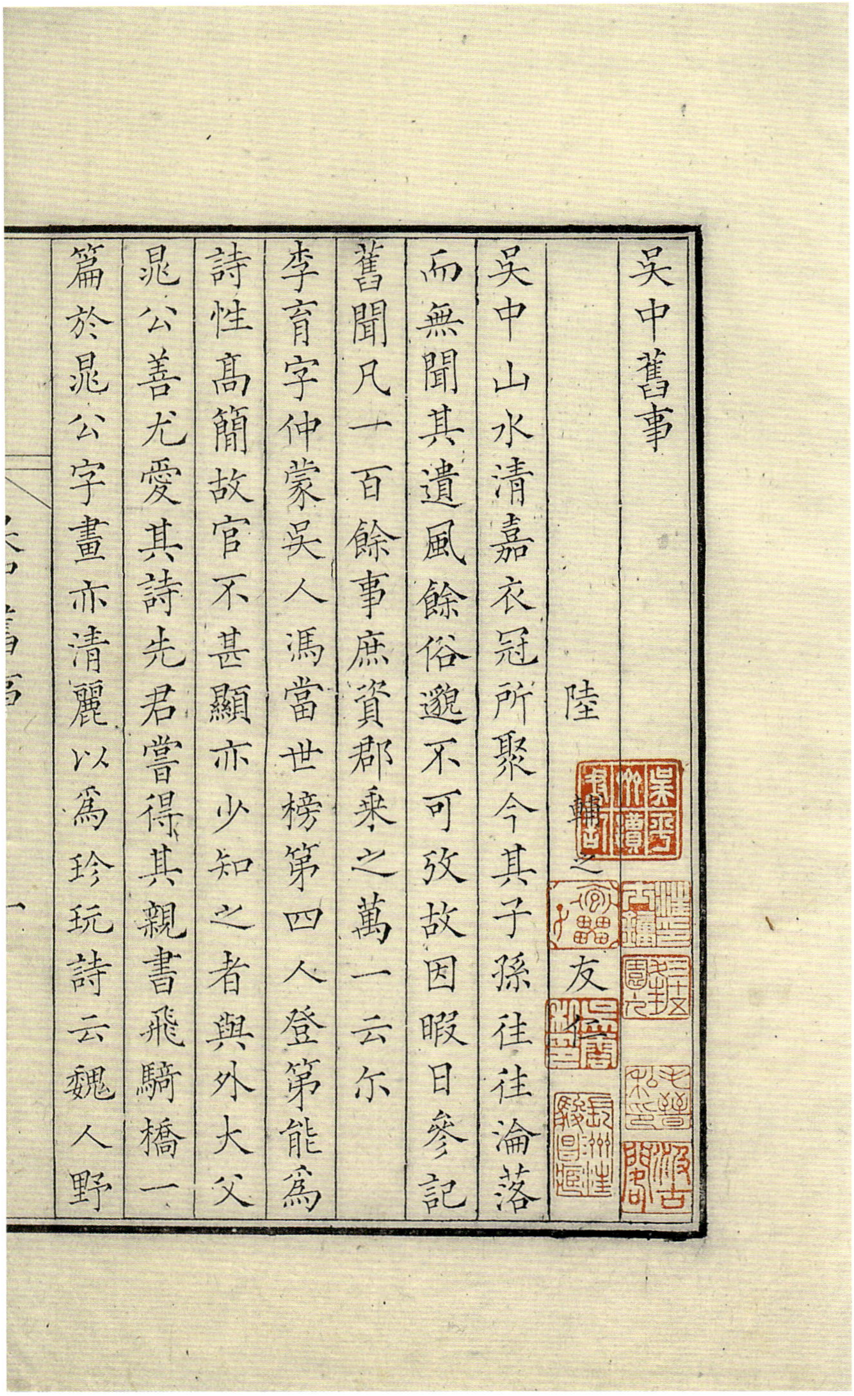
吴中舊事

陸輯之友仁

吴中山水清嘉衣冠所聚今其子孫往往淪落
而無聞其遺風餘俗邈不可致故因暇日參記
舊聞凡一百餘事庶資郡乘之萬一云尔
李育字仲蒙吴人馮當世榜第四人登第能爲
詩性高簡故官不甚顯亦少知之者與外大父
晁公善尤愛其詩先君嘗得其親書飛騎橋一
篇於晁公字畫亦清麗以爲珍玩詩云魏人野

吴中舊事一卷　元陸友仁撰

明隆慶元年（1567）居節抄本。居節跋。半葉9行，行18字，白口，四周雙邊，框高20.5厘米，寬13.7cm。南京圖書館藏。國家名録號11677。

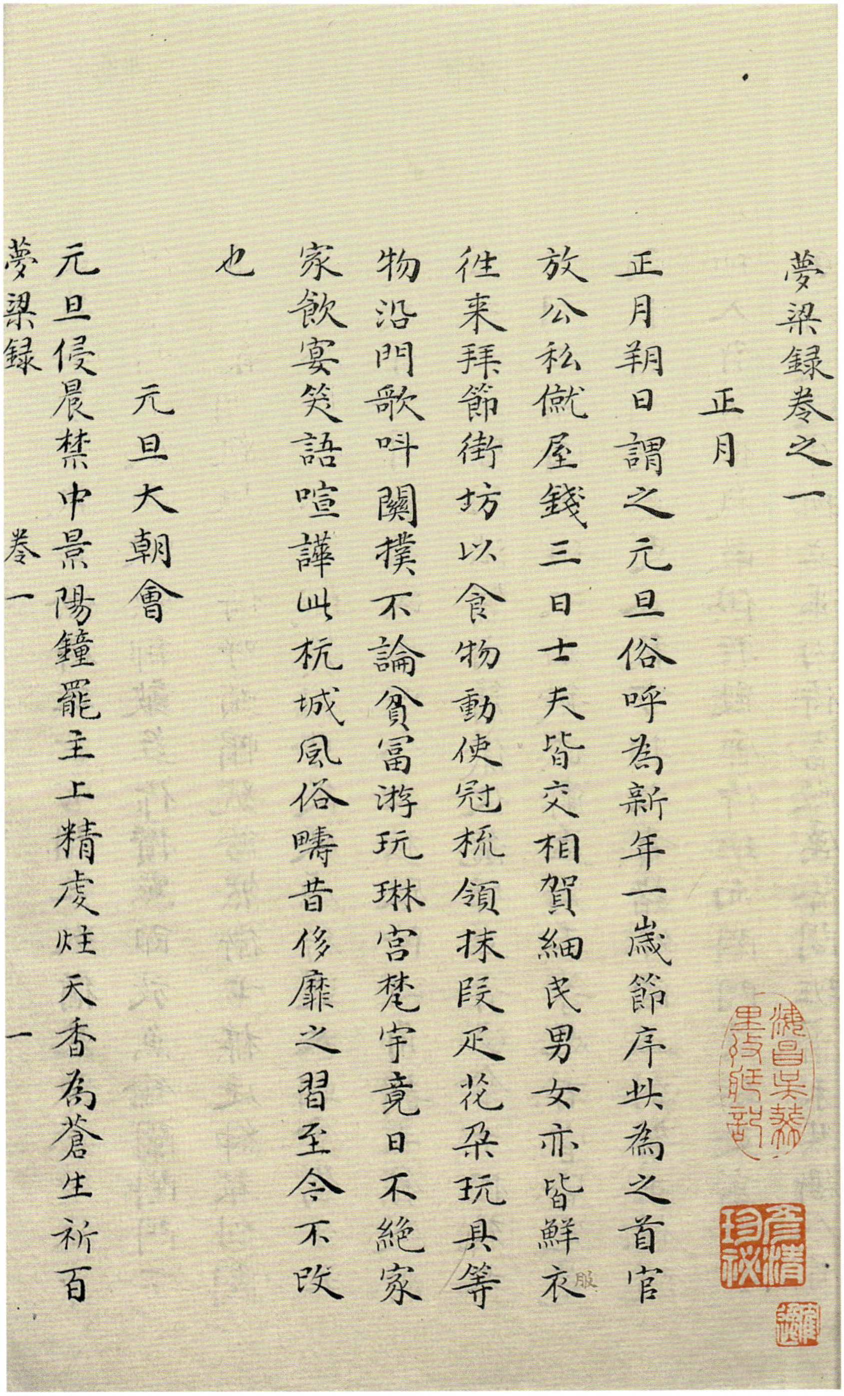
夢梁録卷之一
正月
正月朔日謂之元旦俗呼為新年一歲節序此為之首官
放公私僦屋錢三日士夫皆交相賀細民男女亦皆鮮衣服
往來拜節街坊以食物動使冠梳領抹段疋花朵玩具等
物沿門歌叫關撲不論貧富游玩琳宮梵宇竟日不絕家
家飲宴笑語喧譁此杭城風俗疇昔侈靡之習至今不改
也
元旦大朝會
元旦侵晨禁中景陽鐘罷主上精虔炷天香為蒼生祈百
夢梁録　卷一　一

夢粱録二十卷　宋吴自牧撰

清抄本。吴騫校補，劉履芬校並跋，曹元忠跋。半葉10行，行22字，小字雙行，字數同。南京圖書館藏。國家名録號 11678。

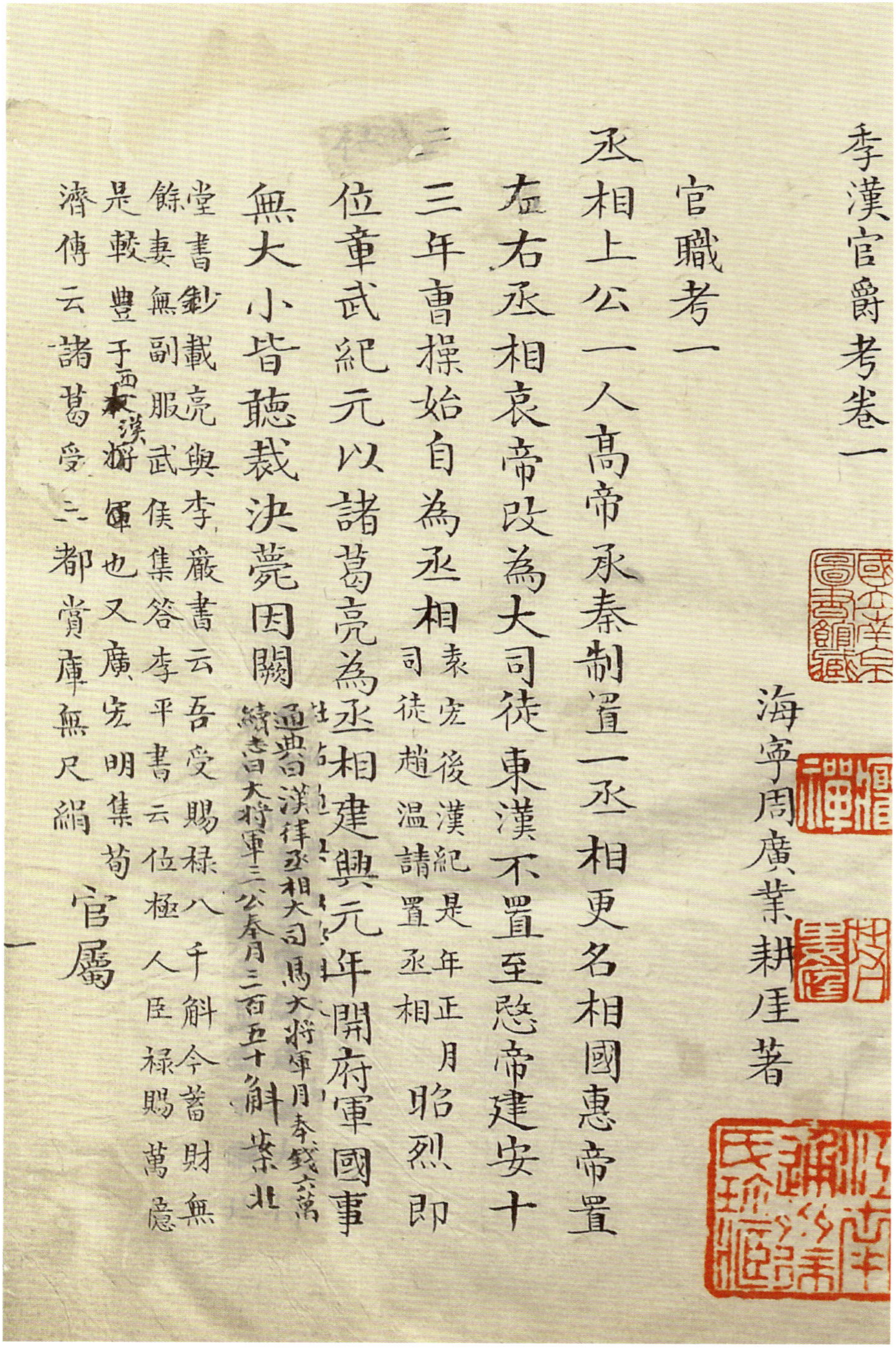

季漢官爵考卷一

海寧周廣業耕厓著

官職考一

丞相上公一人高帝承秦制置一丞相更名相國惠帝置左右丞相哀帝改為大司徒東漢不置至愍帝建安十三年曹操始自為丞相袁宏後漢紀是年正月司徒趙溫請置丞相昭烈即位章武紀元以諸葛亮為丞相建興元年開府軍國事無大小皆聽裁決蒞因闕通典晉漢律丞相大司馬大將軍月奉錢六萬續漢書大將軍三公奉月三百五十斛案北堂書鈔載亮與李嚴書云吾受賜祿八千斛今蓄財無餘妻無副服武侯集答李平書云位極人臣祿賜萬億是較豐于西漢將軍也又廣宏明集荀濟傳云諸葛受三都賞庫無尺絹

官屬

季漢官爵考三卷　清周廣業撰

稿本。半葉10行，行22字，小字雙行，字數同。南京圖書館藏。國家名録號11688。

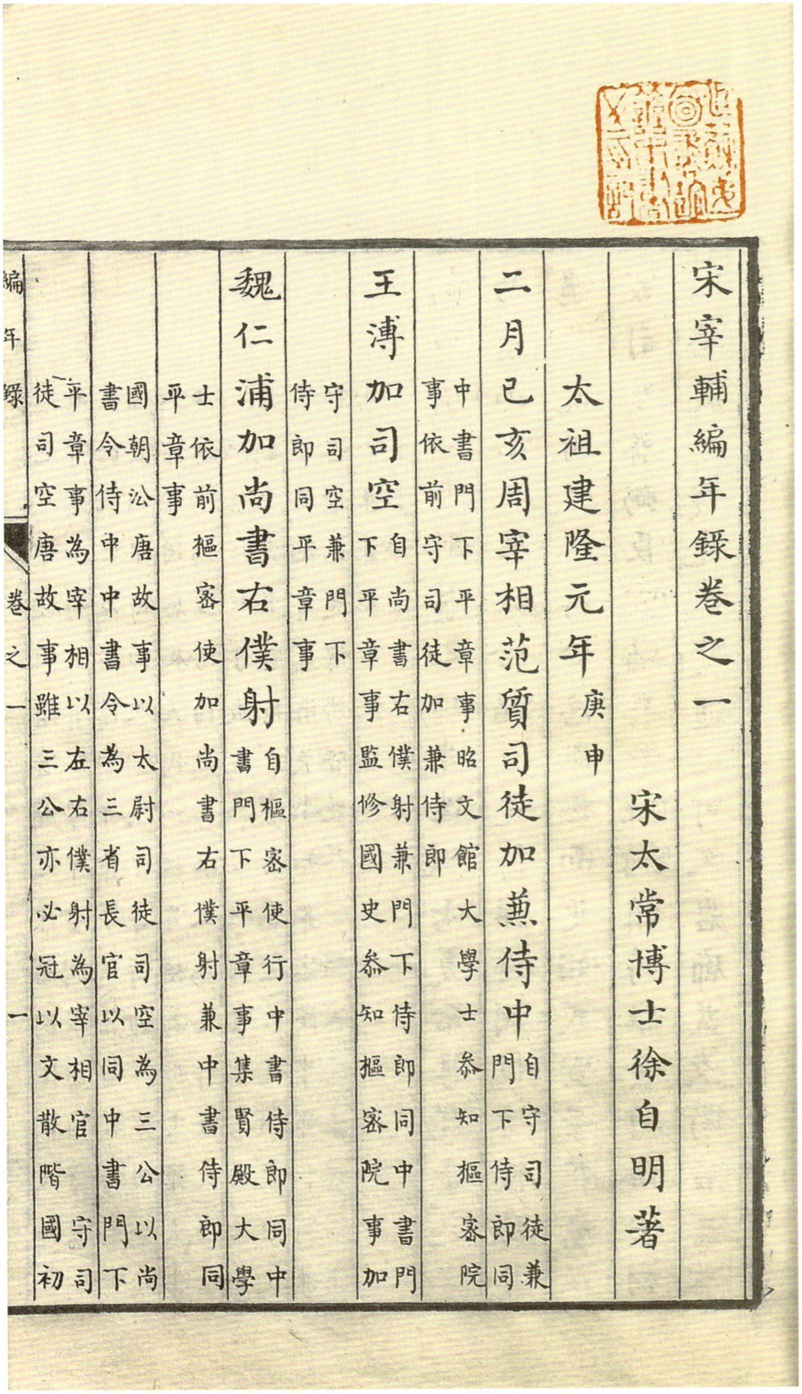
宋宰輔編年錄卷之一
宋太常博士徐自明著
太祖建隆元年庚申
二月己亥周宰相范質司徒加兼侍中自守司徒兼門下侍郎同中書門下平章事昭文館大學士參知樞密院事依前守司徒加兼侍郎
王溥加司空自尚書右僕射兼門下侍郎同中書門下平章事監修國史參知樞密院事加守司空兼門下侍郎同平章事
魏仁浦加尚書右僕射自樞密使行中書侍郎同中書門下平章事集賢殿大學士依前樞密使加尚書右僕射兼中書侍郎同平章事
國朝公唐故事以太尉司徒司空為三公以尚書令侍中中書令為三省長官以同中書門下平章事為宰相以左右僕射為宰相官守司徒司空唐故事雖三公亦必冠以文散階國初
編年錄 卷之一 一

宋宰輔編年録二十卷　宋徐自明撰

清嘉慶二年（1797）王氏十萬卷樓抄本（卷一至二配清抄本）。王宗炎校並跋，丁丙跋。半葉 11 行，行 20 字，小字雙行，字數同，白口，左右雙邊，框高 20.4 厘米，寬 13.7 厘米。南京圖書館藏。國家名録號 11689。

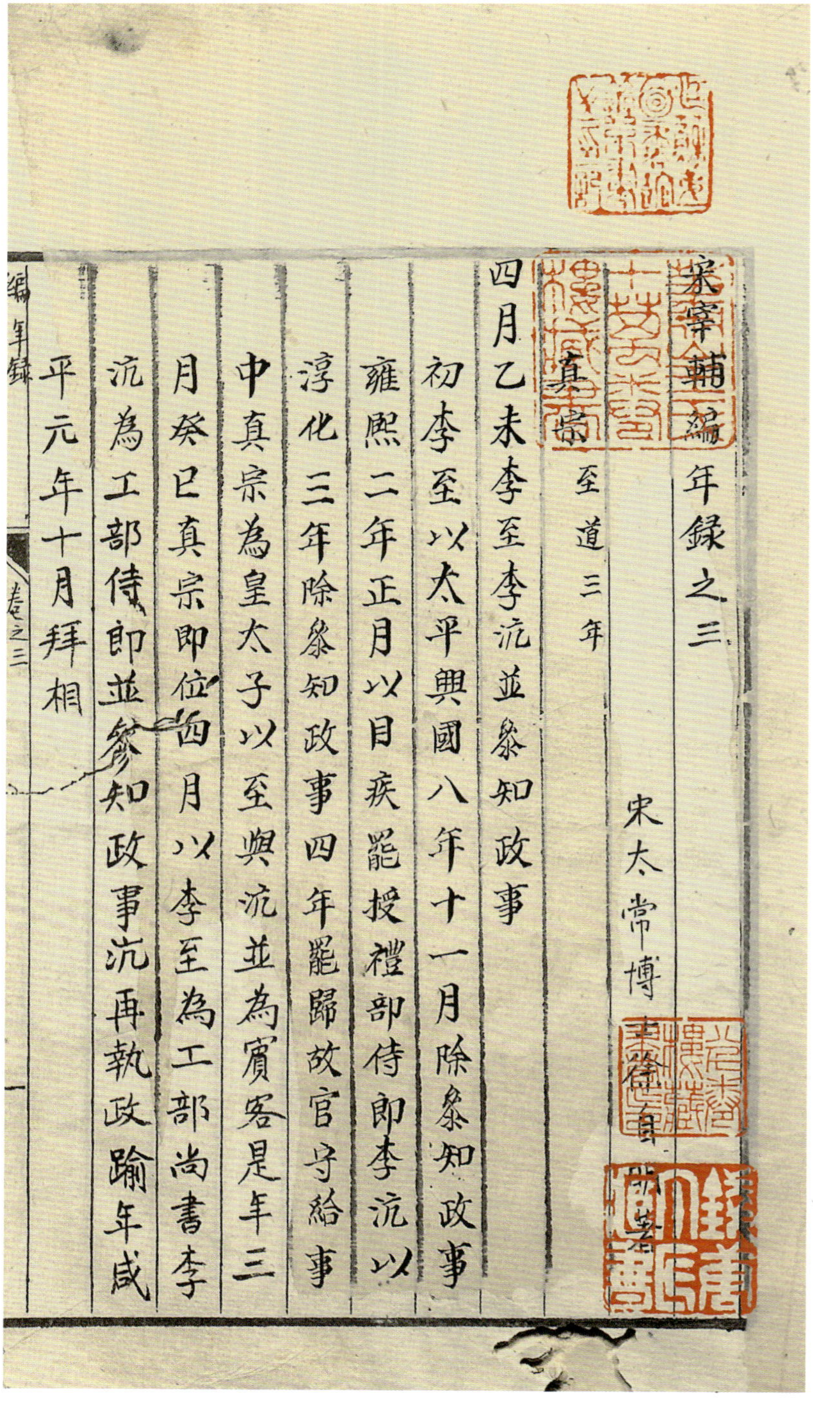

宋宰輔編年録之三

宋太常博士徐自明著

真宗 至道三年

四月乙未李至李沆並參知政事

初李至以太平興國八年十一月除參知政事

雍熙二年正月以目疾罷授禮部侍郎李沆以

淳化三年除參知政事四年罷歸故官守給事

中真宗為皇太子以至與沆並為賓客是年三

月癸巳真宗即位酉月以李至為工部尚書李

沆為工部侍郎並參知政事沆再執政踰年咸

平元年十月拜相

編年録 卷之三

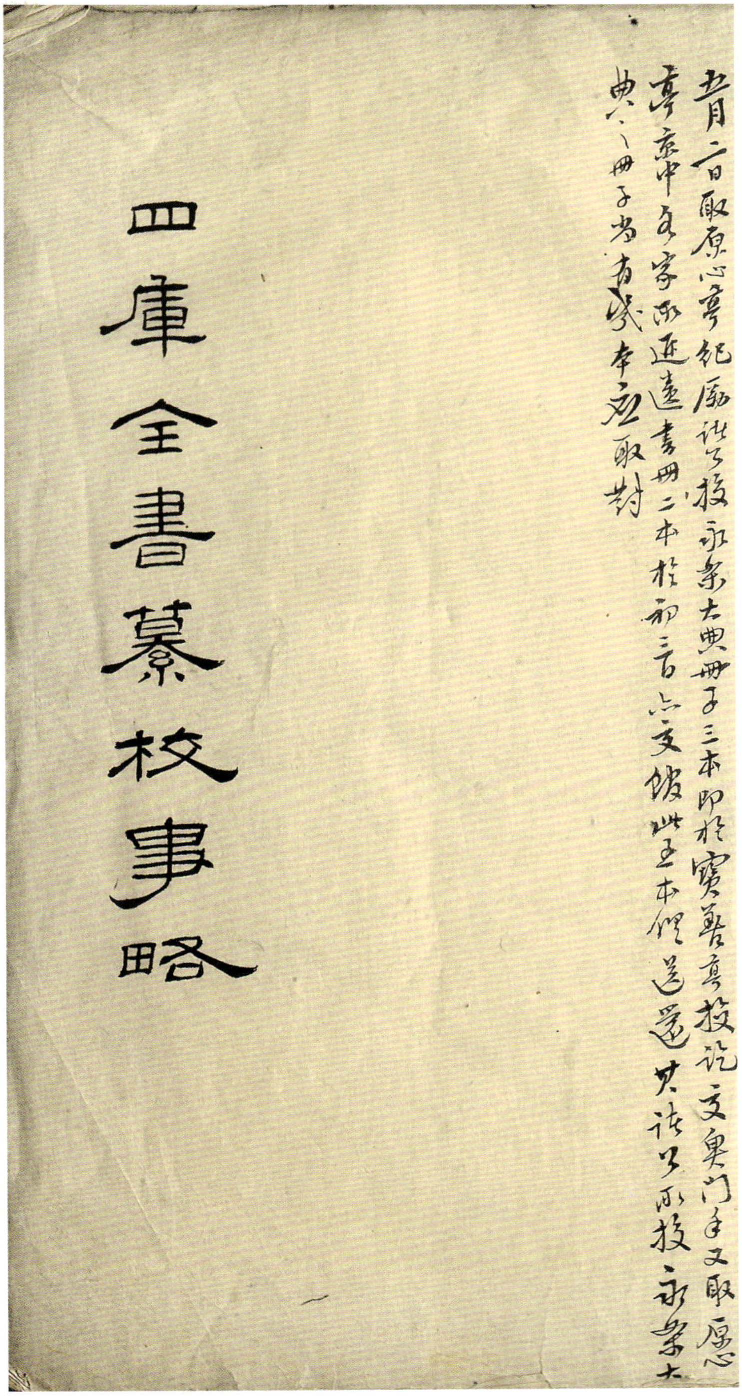

四庫全書纂校事略不分卷　清翁方綱撰
稿本。南京圖書館藏。國家名録號 11706。

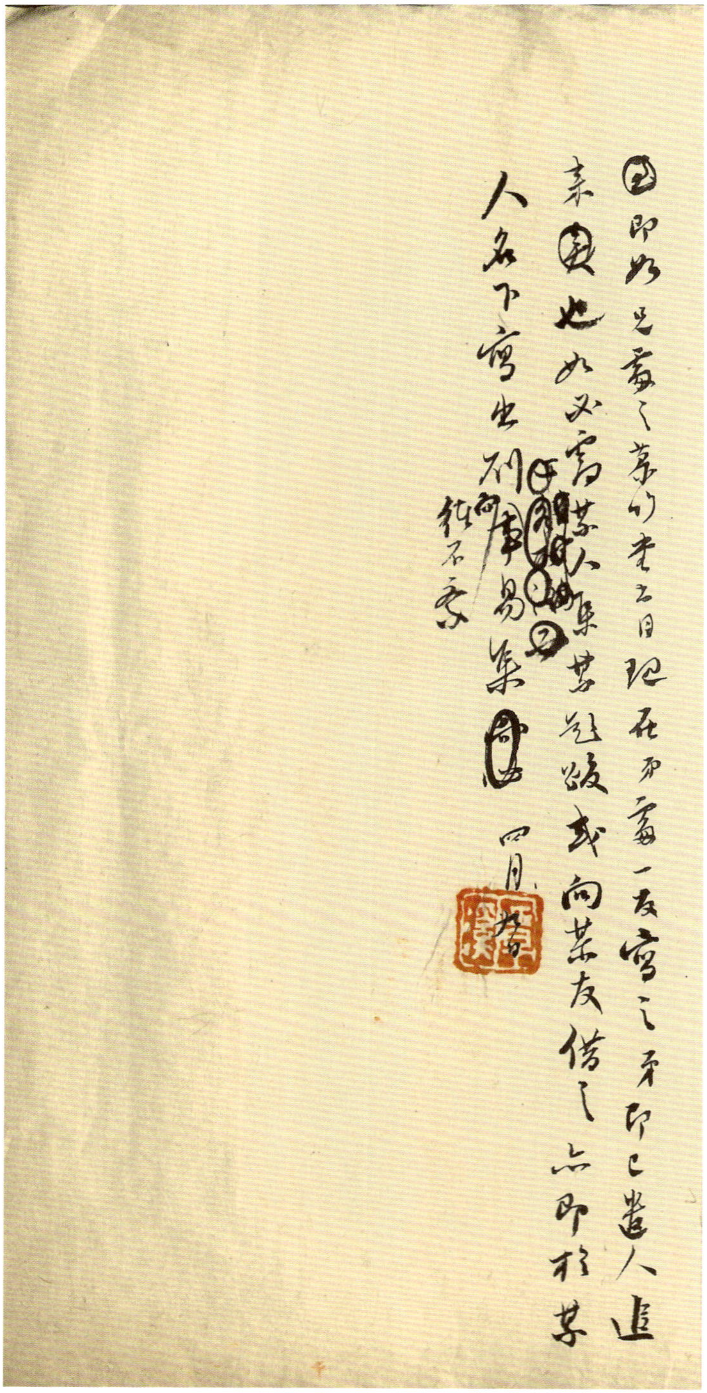

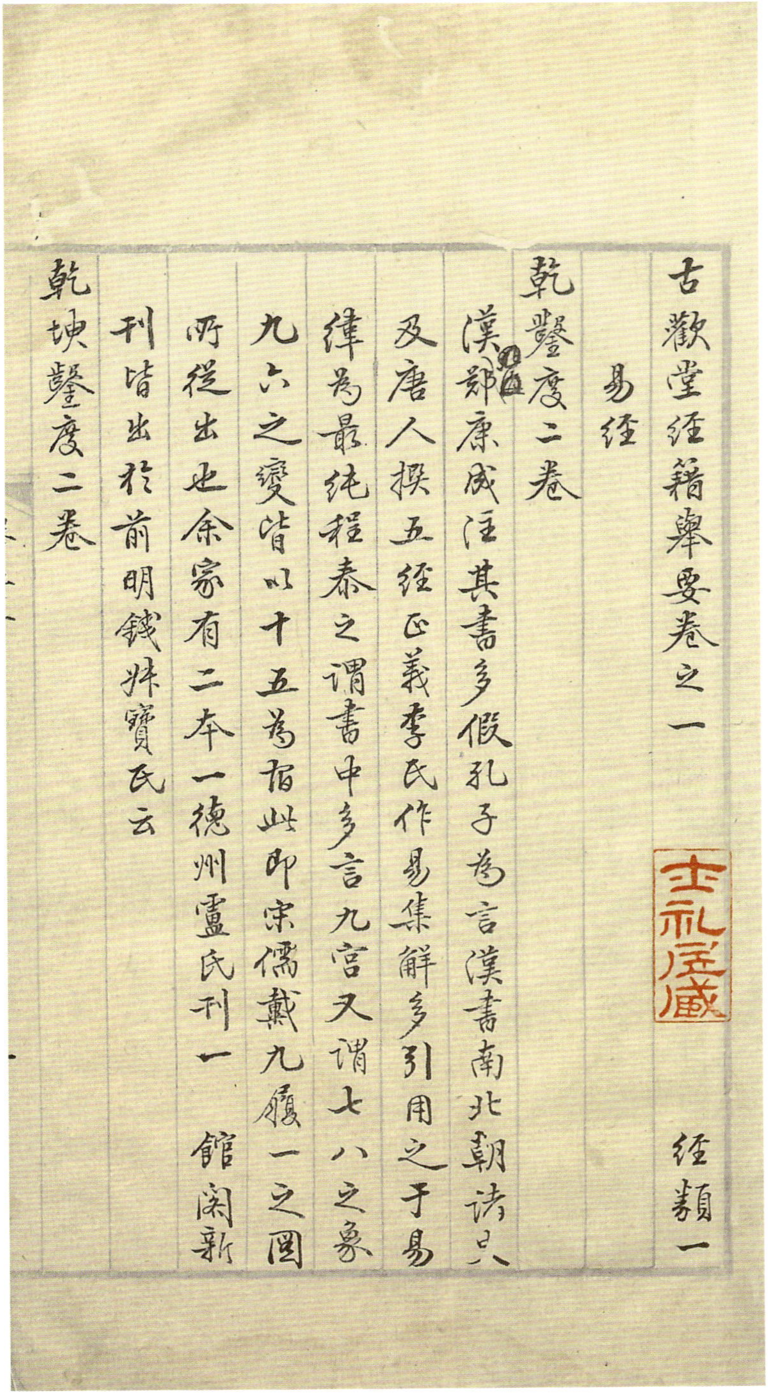

古歡堂经籍舉要卷之一　　　经類一

易经

乾鑿度二卷

漢鄭康成注其書多假孔子為言漢書南北朝諸史及唐人撰五经正義李氏作易集解多引用之于易緯為最純程泰之謂書中多言九宫又謂七八之象九六之變皆以十五為宿此即宋儒戴九履一之圖所從出也余家有二本一德州盧氏刊一　館閣新刊皆出於前明錢琳寶氏云

乾坤鑿度二卷

古歡堂經籍舉要一卷　清吴翌鳳撰

稿本。章鈺跋。半葉10行，行21字，白口，四周單邊，框高19.3厘米，寬13.5厘米。南京圖書館藏。國家名録號11707。

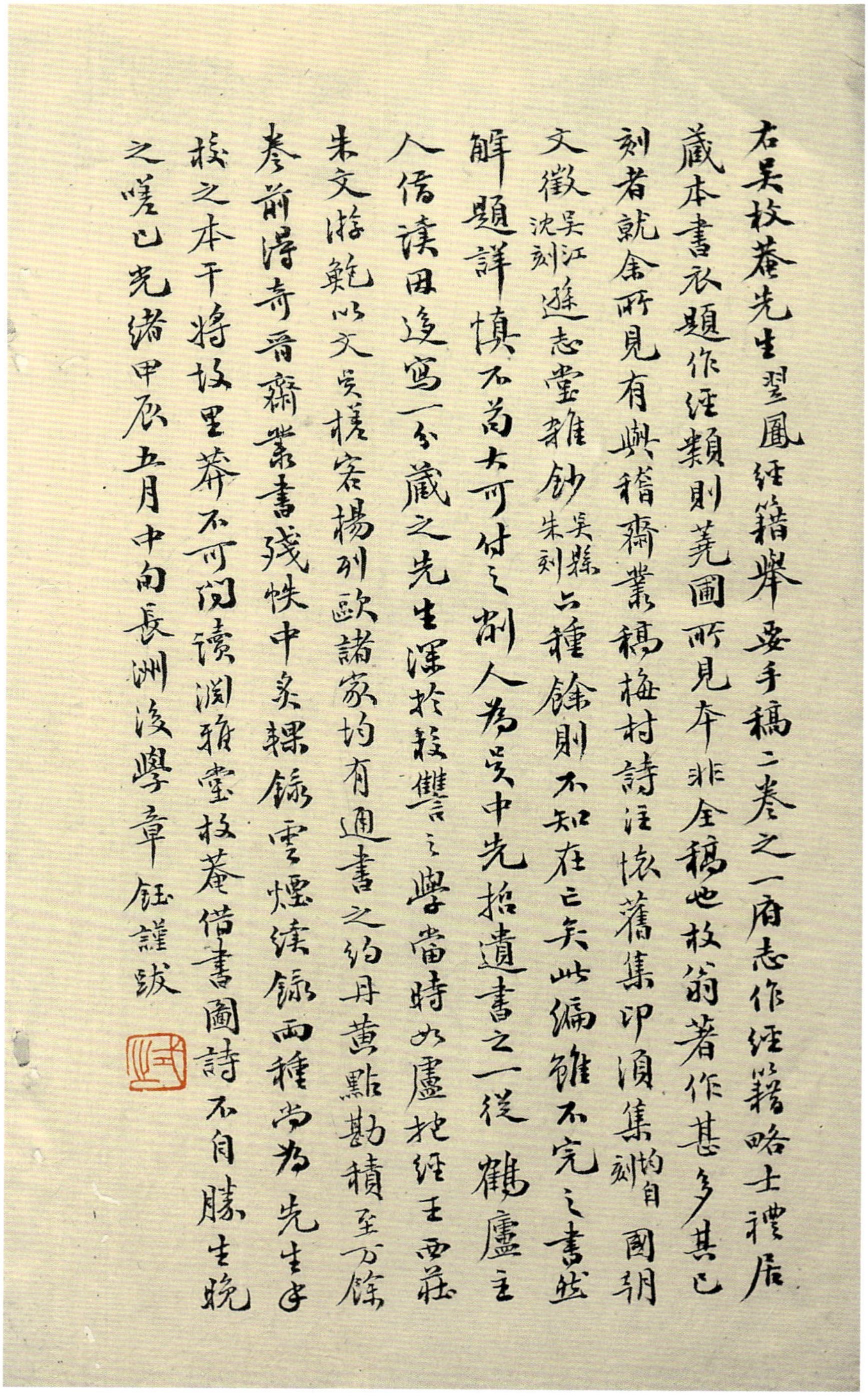

右吳枚菴先生𡎸鳳經籍舉要手稿二卷之一府志作經籍略士禮居藏本書衣題作經類則蕘圃所見本非全稿也枚翁著作甚多其已刻者就余所見有輿稽齋叢稿梅村詩注懷舊集印須集自刻國朝文徵吳江沈刻遜志堂雜鈔吳縣朱刻六種餘則不知在亡矣此編雖不完之書然解題詳慎不苟大可付之剞劂人為吳中先哲遺書之一從鶴廬主人借讀因逡寫一分藏之先生深於校讎之學當時如盧抱經王西莊朱文游鮑以文吳槎客楊列歐諸家均有過書之約丹黃點勘積至万餘卷前得奇晉齋叢書殘帙中炙輠錄雲煙續錄兩種尚為先生手校之本乎將故里莽不可閱讀潤雅堂枚菴借書圖詩不自勝生晚之嗟已光緒甲辰五月中旬長洲後學章鈺謹跋

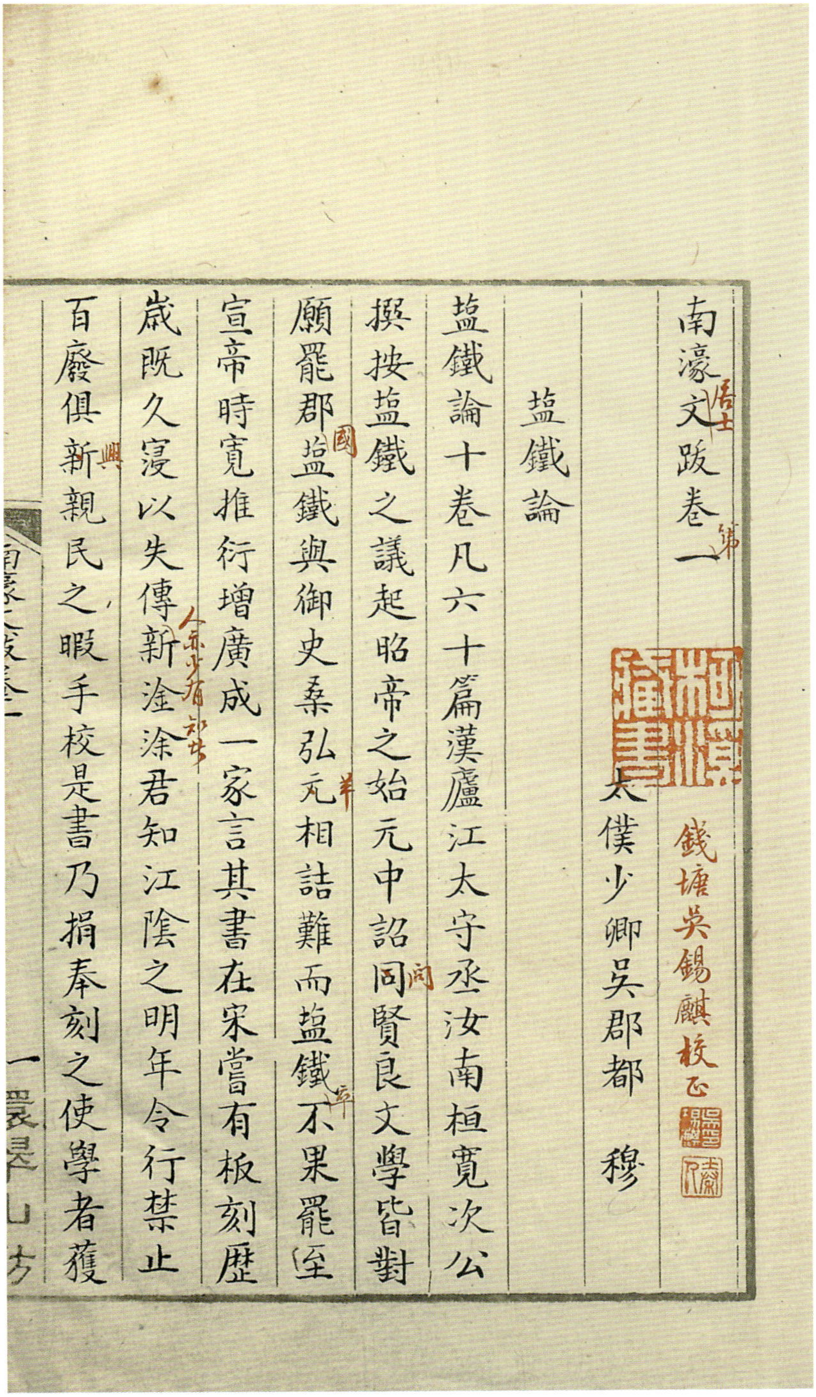

南濠文跋卷一

太僕少卿吳郡都　穆

錢塘吳錫麒校正

塩鐵論

塩鐵論十卷凡六十篇漢廬江太守丞汝南桓寬次公撰按塩鐵之議起昭帝之始元中詔問賢良文學皆對願罷郡塩鐵與御史桑弘元相詰難而塩鐵不果罷至宣帝時寬推衍增廣成一家言其書在宋嘗有板刻歷歲既久寖以失傳新淦涂君知江陰之明年令行禁止百廢俱新親民之暇手校是書乃捐奉刻之使學者獲

南濠文跋卷一　一　環翠山房

南濠居士文跋四卷　明都穆撰

清環翠山房抄本。吴錫麒校並跋。半葉9行，行21字，白口，左右雙邊，框高19.6厘米，寬14.1厘米。南京圖書館藏。國家名録號11708。

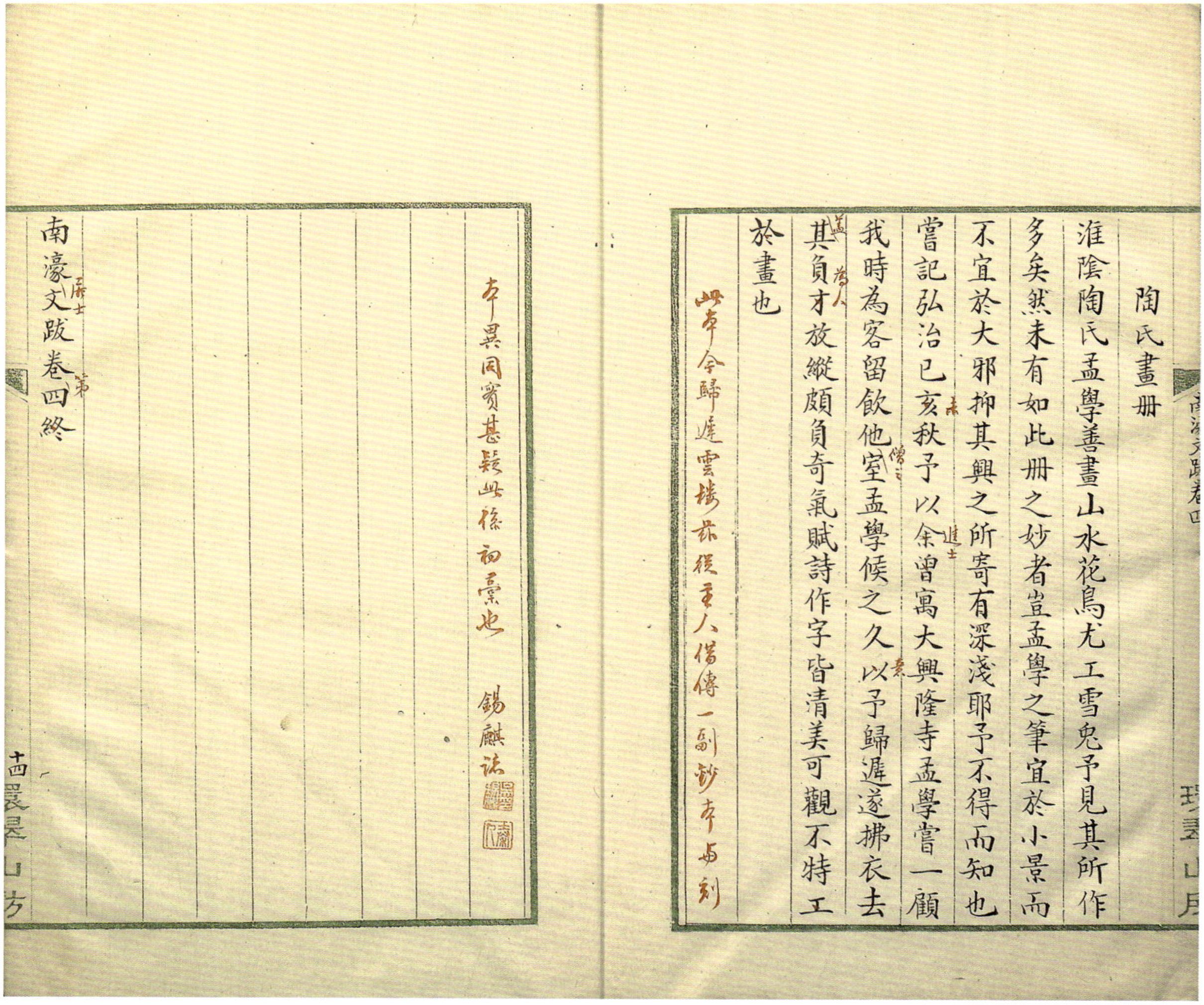

陶氏畫冊

淮陰陶氏孟學善畫山水花鳥尤工雪兔予見其所作多矣然未有如此冊之妙者豈孟學之筆宜於小景而不宜於大耶抑其興之所寄有深淺耶予不得而知也嘗記弘治己亥秋予以會試寓大興隆寺孟學嘗一顧我時為客留飲他室孟學候之久以予歸遲遂拂衣去其負才放縱頗負奇氣賦詩作字皆清美可觀不特工於畫也

此本今歸遲雲樓昔從主人借傳一副鈔本與刻

本異同實甚疑此係初稿也　錫麒識

南濠文跋卷四終

明清時期

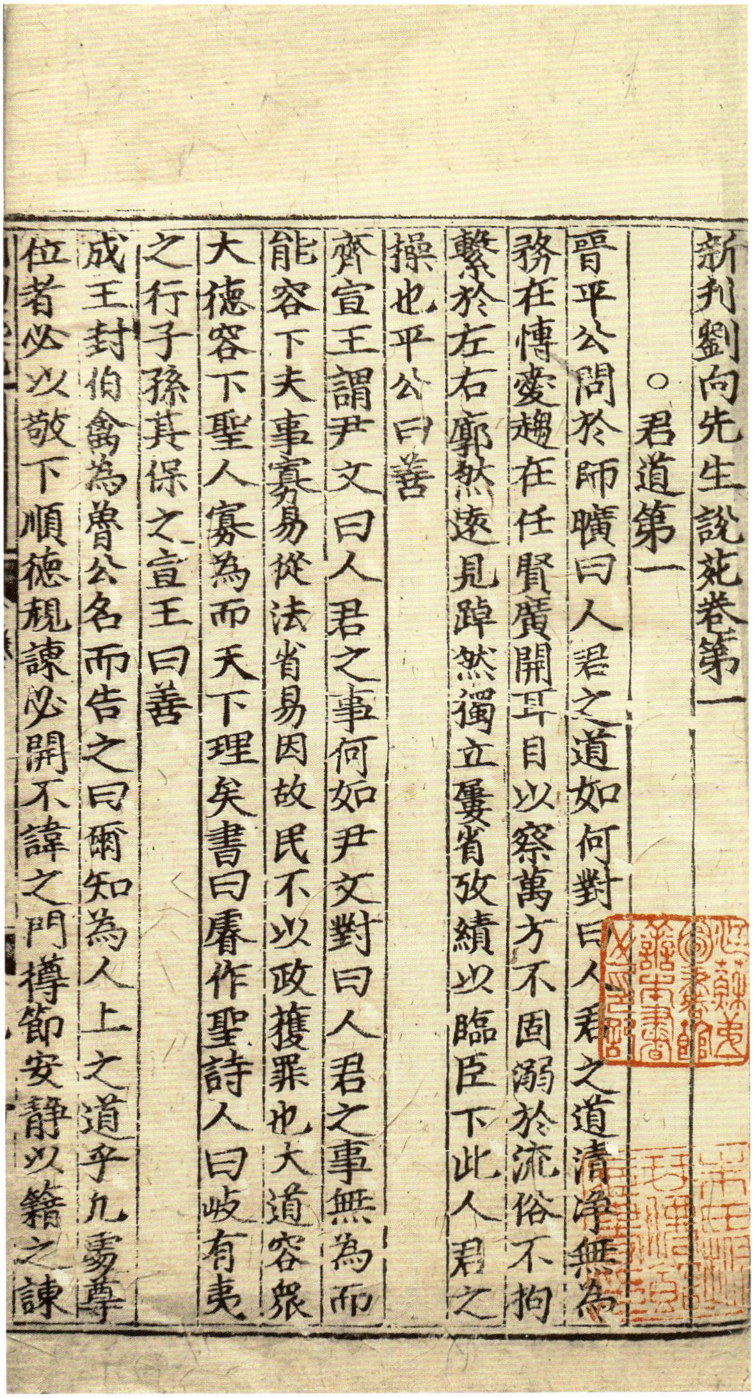

新刊劉向先生說苑卷第一

○君道第一

晉平公問於師曠曰人君之道如何對曰人君之道清淨無為務在博愛趨在任賢廣開耳目以察萬方不固溺於流俗不拘繫於左右廓然遠見踔然獨立屢省考績以臨臣下此人君之操也平公曰善

齊宣王謂尹文曰人君之事何如尹文對曰人君之事無為而能容下夫事寡易從法省易因故民不以政獲罪也大道容衆大德容下聖人寡為而天下理矣書曰睿作聖詩人曰岐有夷之行子孫其保之宣王曰善

成王封伯禽為魯公召而告之曰爾知為人上之道乎凡處尊位者必以敬下順德規諫必開不諱之門撙節安靜以藉之諫

新刊劉向先生說苑二十卷　漢劉向撰

明永樂十四年（1416）西園精舍刻本。丁丙跋。半葉12行，行24字，黑口，四周雙邊，框高20.1厘米，寬13.3厘米。南京圖書館藏。國家名録號11717。

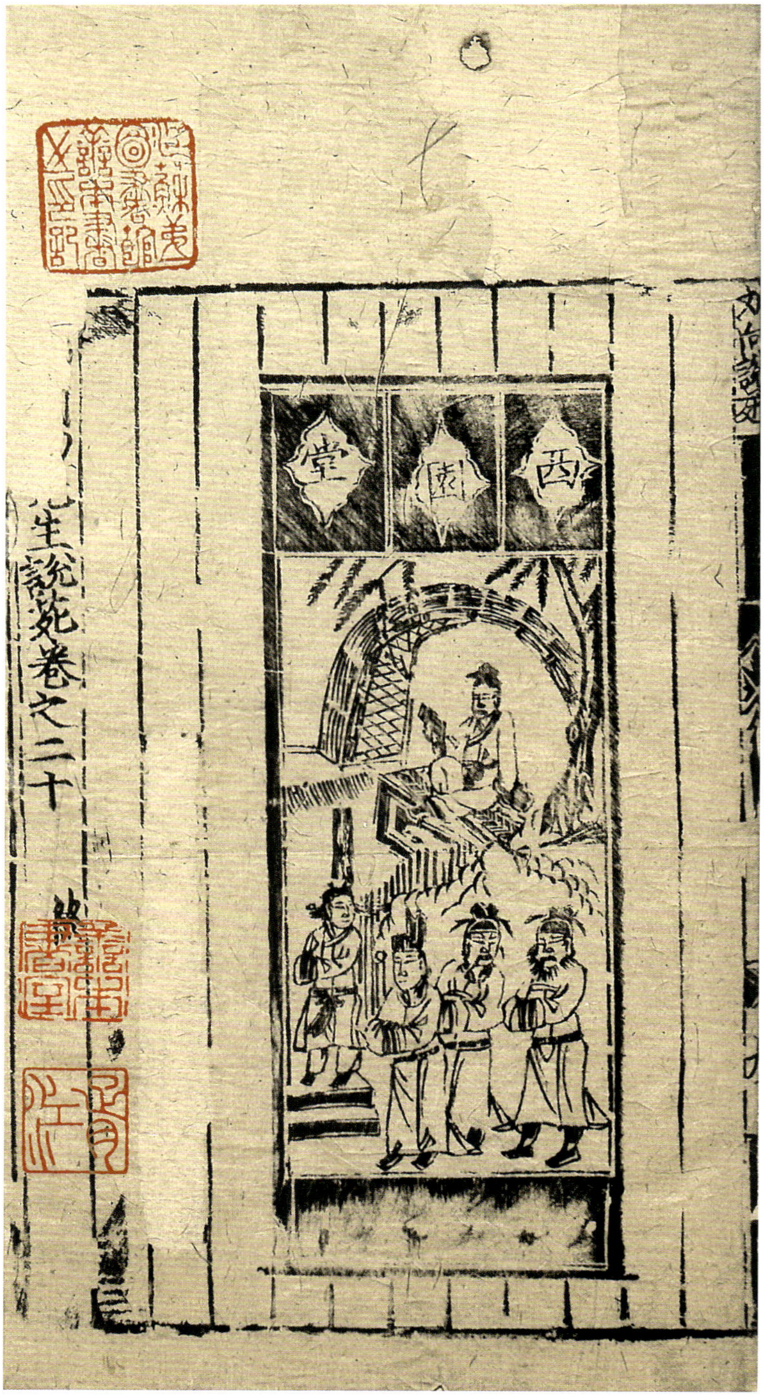

說苑卷之二十
西園堂

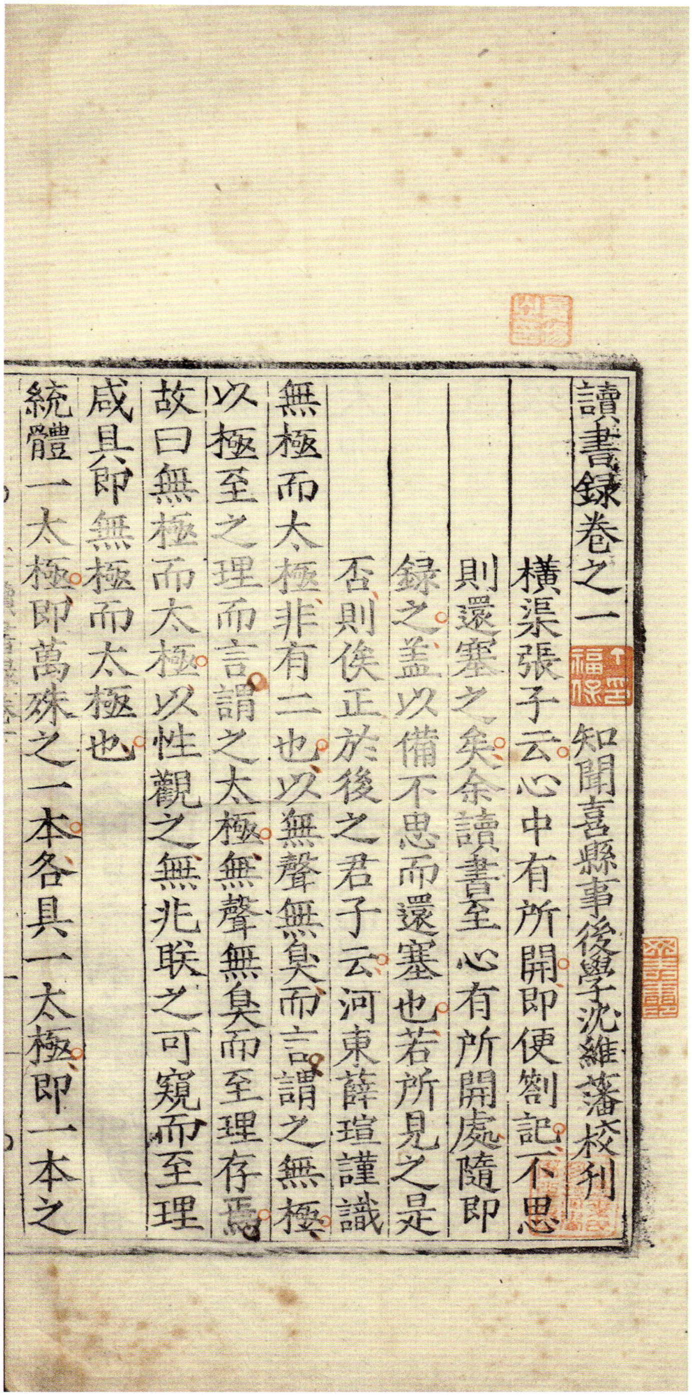

讀書録卷之一　　知聞喜縣事後學沈維藩校刊

橫渠張子云心中有所開即便劄記不思則還塞之矣余讀書至心有所開處隨即録之蓋以備不思而還塞也若所見之是否則俟正於後之君子云河東薛瑄謹識

無極而太極非有二也以無聲無臭而言謂之無極以極至之理而言謂之太極無聲無臭而至理存焉故曰無極而太極以性觀之無兆眹之可窺而至理咸具即無極而太極也

統體一太極即萬殊之一本各具一太極即一本之

讀書録十卷　讀書續録十二卷　明薛瑄撰

明嘉靖三十四年（1555）沈維藩刻本。瞿鴻禨、丁福保跋。半葉 10 行，行 20 字，白口，四周雙邊，框高 20.4 厘米，寬 14 厘米。南京圖書館藏。國家名録號 11722。

明清時期

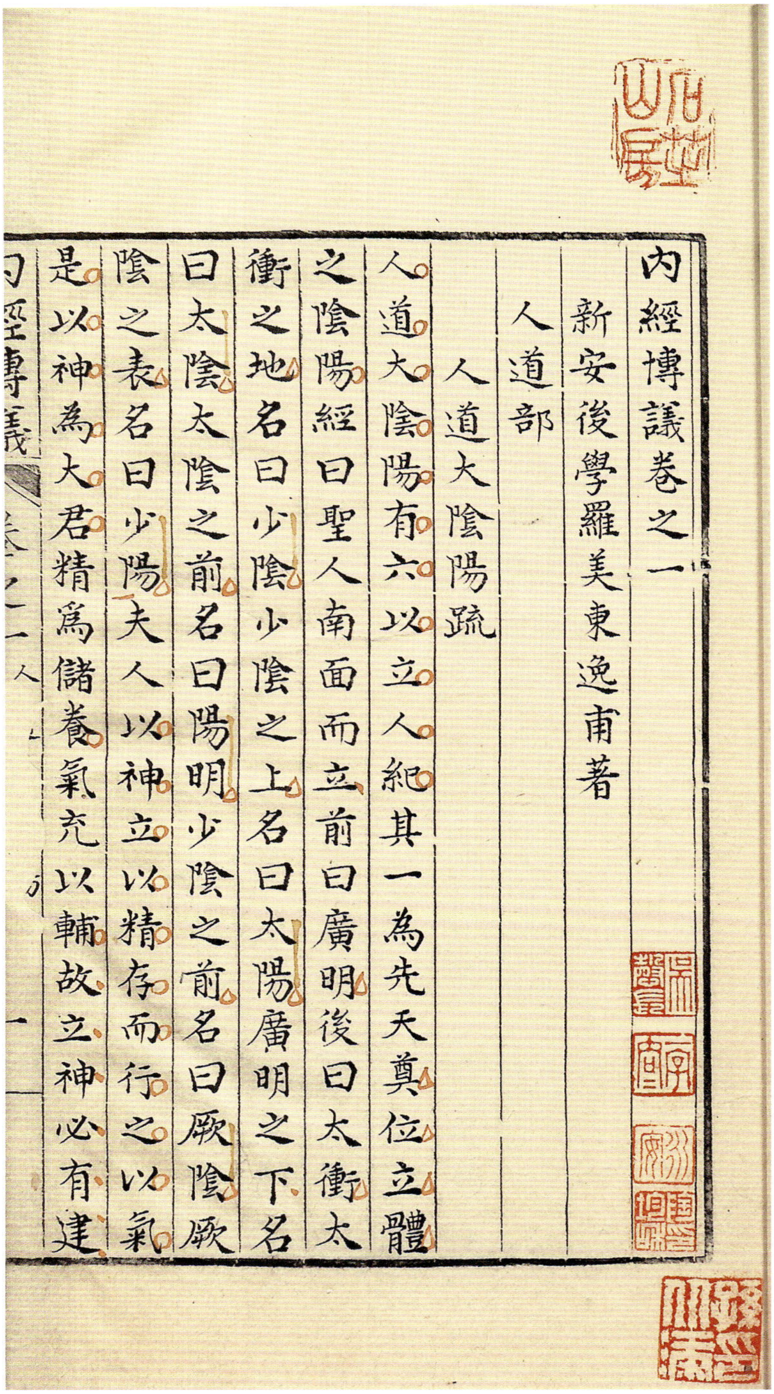
内經博議卷之一
新安後學羅美東逸甫著
人道部
人道大陰陽疏
人道大陰陽有六以立人紀其一為先天真位立體
之陰陽經曰聖人南面而立前曰廣明後曰太衝太
衝之地名曰少陰少陰之上名曰太陽廣明之下名
曰太陰太陰之前名曰陽明少陰之前名曰厥陰厥
陰之表名曰少陽夫人以神立以精存而行之以氣
是以神為大君精爲儲養氣充以輔故立神必有建

内經博議四卷　清羅美撰

清抄本。孫從添校並跋。半葉10行,行20字,小字雙行,字數同,白口,左右雙邊,框高20厘米,寬13.3厘米。南京圖書館藏。國家名録號11728。

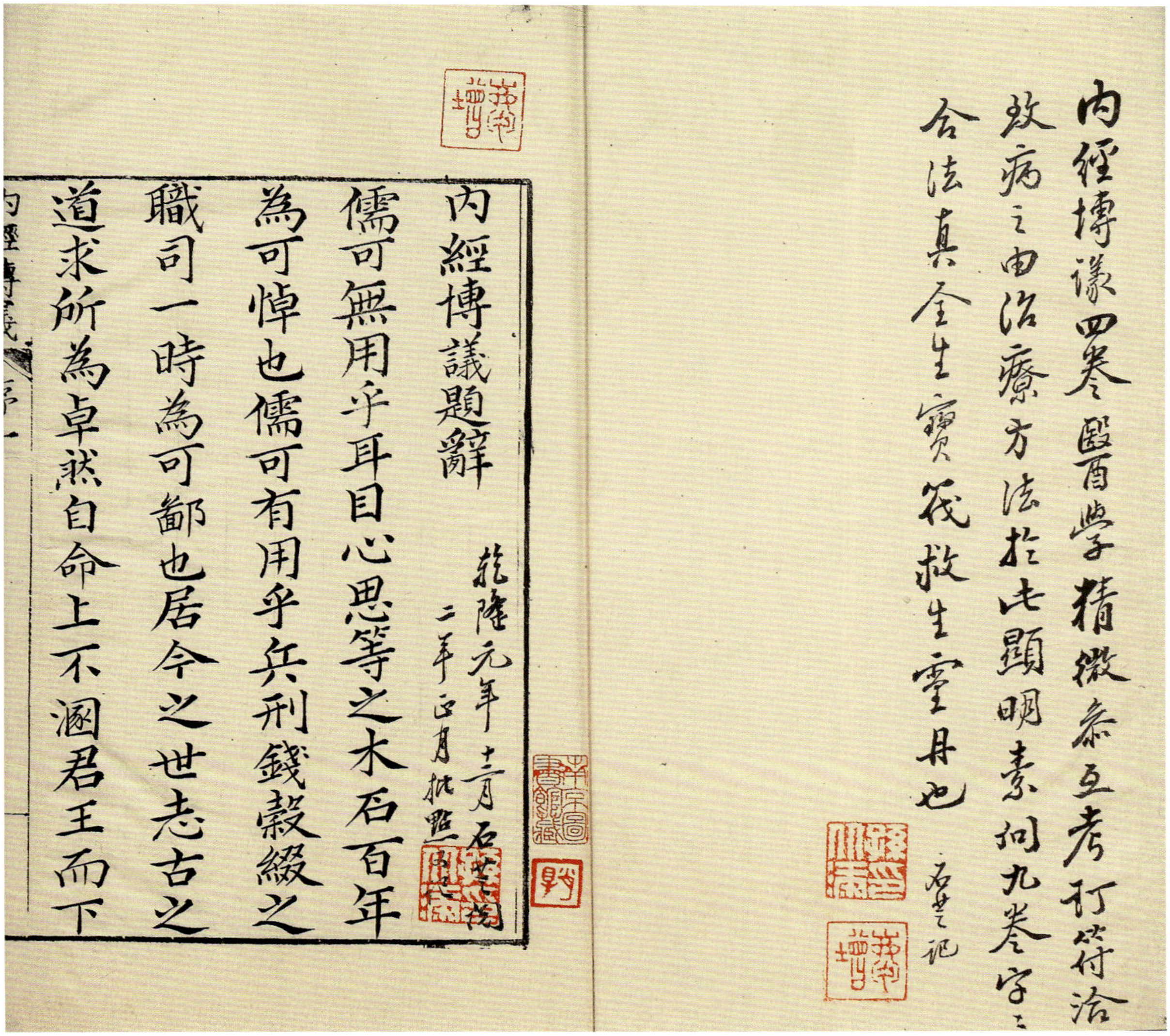

內經博議四卷醫學精微參互考訂符洽致病之由治療方法於此顯明素問九卷字字合法真全生寶筏救生靈丹也

石芝記

內經博議 序一

內經博議題辭

儒可無用乎耳目心思等之木石百年為可悼也儒可有用乎兵刑錢穀綴之職司一時為可鄙也居今之世志古之道求所為卓然自命上不溷君王而下

乾隆元年十二月石芝氏

二年正月批照

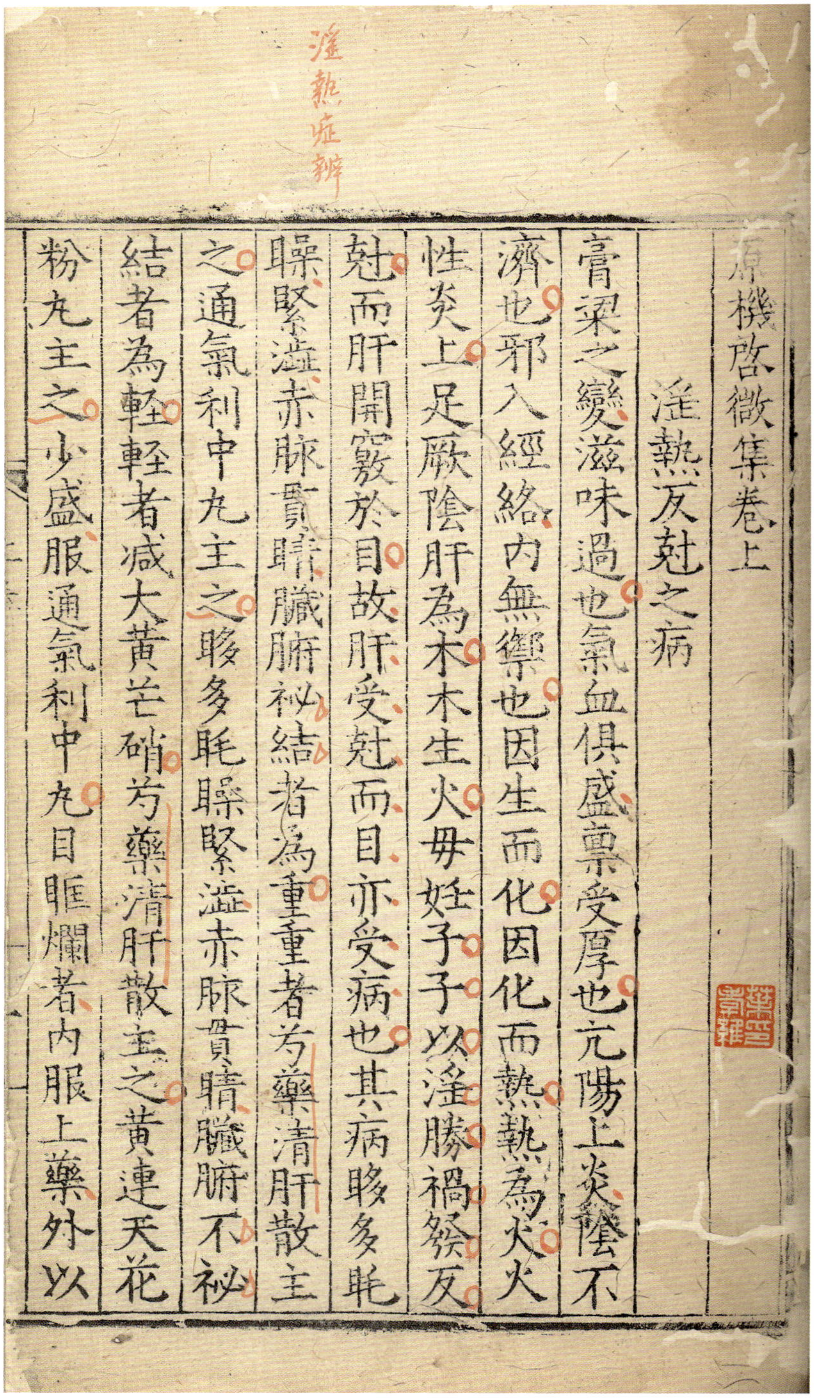

淫熱症辨

原機啓微集卷上

淫熱反尅之病

膏粱之變滋味過也氣血俱盛禀受厚也元陽上炎陰不濟也邪入經絡內無禦也因生而化因化而熱熱為火火性炎上足厥陰肝為木木生火母妊子子以淫勝禍發反尅而肝開竅於目故肝受尅而目亦受病也其病眵多眊矂緊澁赤脉貫睛臟腑祕結者為重重者芍藥清肝散主之通氣利中丸主之眵多眊矂緊澁赤脉貫睛臟腑不祕結者為輕輕者減大黄芒硝芍藥清肝散主之黄連天花粉丸主之少盛服通氣利中丸目眶爛者內服上藥外以

原機啓微集二卷　元倪維德撰　明薛己校補　附録一卷

明嘉靖刻本。半葉10行，行22字，白口，四周雙邊，框高20.1厘米，寬14.1厘米。无錫市圖書館藏。國家名録號11742。

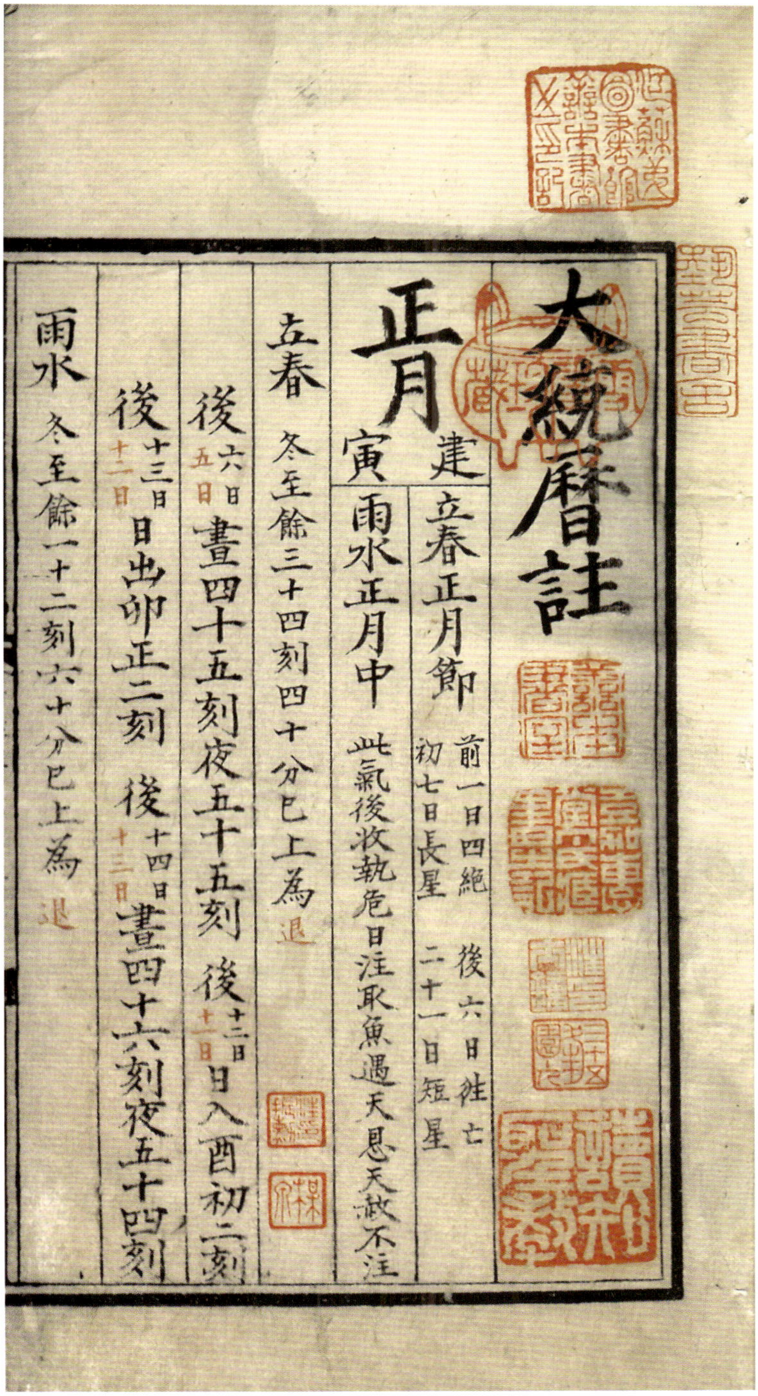
大統曆註
正月
建寅
立春正月節
前一日四絶 後六日往亡
初七日長星 二十一日短星
雨水正月中
此氣後收執危日注取魚遇天恩天赦不注
立春 冬至餘三十四刻四十分已上為退
後六日（五日）晝四十五刻夜五十五刻 後十二日（十一日）日入酉初二刻
後十三日（十二日）日出卯正二刻 後十四日（十三日）晝四十六刻夜五十四刻
雨水 冬至餘一十二刻六十分已上為退

大統曆注不分卷

明抄本。丁丙跋。行字不等，黑口，四周雙邊，框高 19.6 厘米，寬 12.0 厘米。南京圖書館藏。國家名録號 11746。

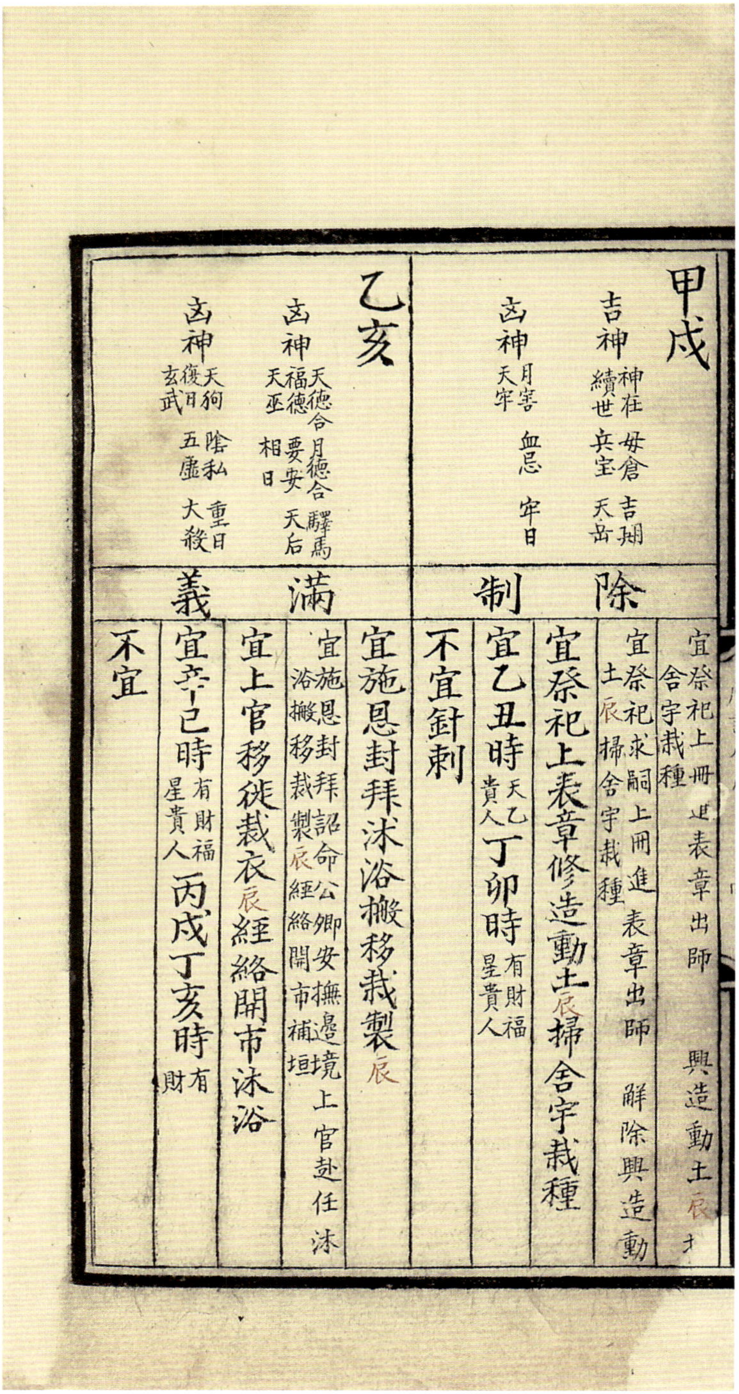
甲戌
吉神 神在 母倉 吉期 續世 兵寶 天岳
凶神 月害 血忌 牢日 天牢
除
宜祭祀上冊進表章出師興造動土辰
舍宇栽種
宜祭祀求嗣上冊進表章出師解除興造動土辰掃舍宇栽種
宜祭祀上表章修造動土辰掃舍宇栽種
制
宜乙丑時天乙貴人丁卯時有財福星貴人
不宜針刺
乙亥
吉神 天德合 月德合 驛馬 福德 要安 天后 天巫 相日
凶神 天狗 陰私 重日 復日 五虛 大殺 玄武
滿
宜施恩封拜沐浴搬移栽製辰
宜施恩封拜詔命公卿安撫邊境上官赴任沐浴搬移栽製辰經絡開市補垣
宜上官移徙栽衣辰經絡開市沐浴
義
宜辛巳時有財福星貴人丙戌丁亥時有財
不宜

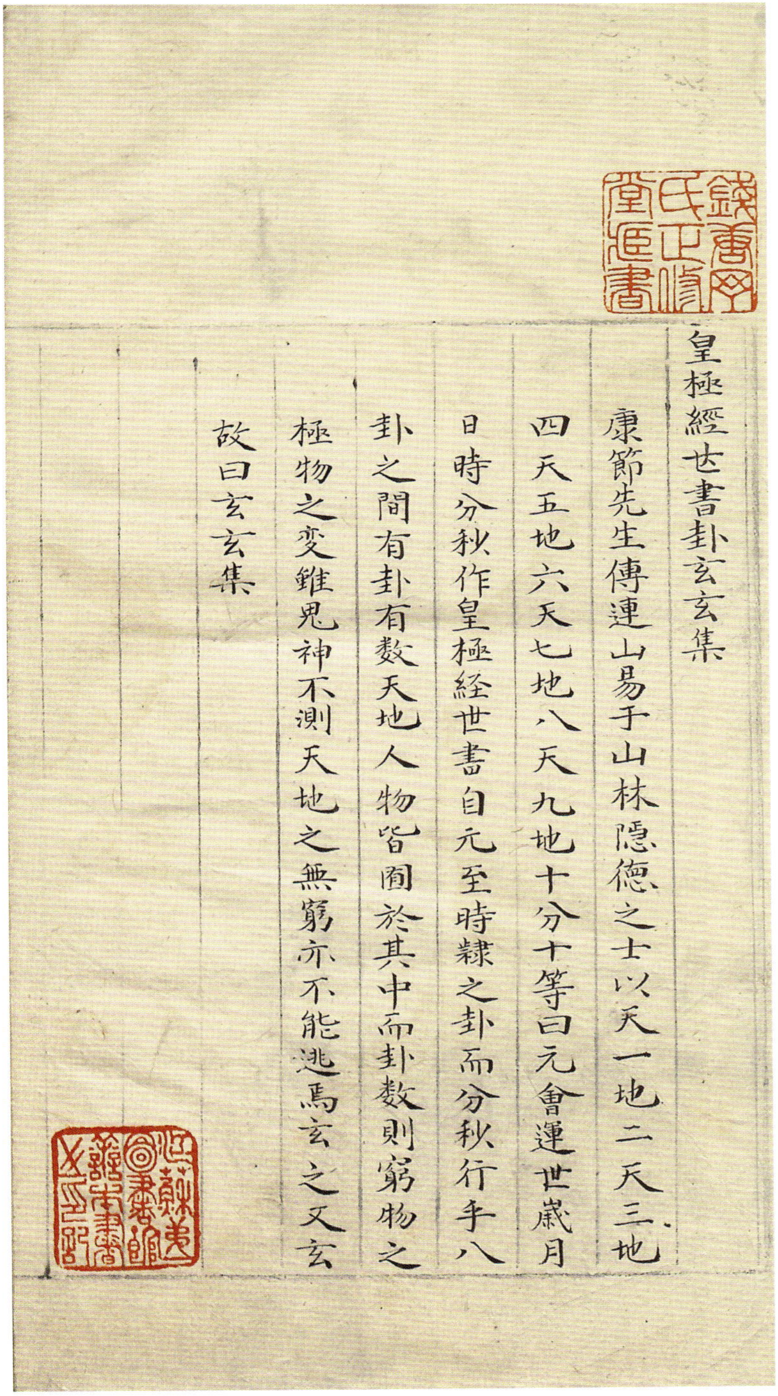

皇極經世書卦玄玄集

康節先生傳運山易于山林隱德之士以天一地二天三地四天五地六天七地八天九地十分十等曰元會運世歲月日時分秋作皇極経世書自元至時隸之卦而分秋行于八卦之間有卦有數天地人物皆囿於其中而卦數則窮物之極物之変雖鬼神不測天地之無窮亦不能逃焉玄之又玄故曰玄玄集

皇極經世書卦玄玄集不分卷

明抄本。丁丙跋。半葉 9 行，字無定數，白口，左右雙邊，框高 18.2 厘米，寬 13.9 厘米。南京圖書館藏。國家名録號 11749。

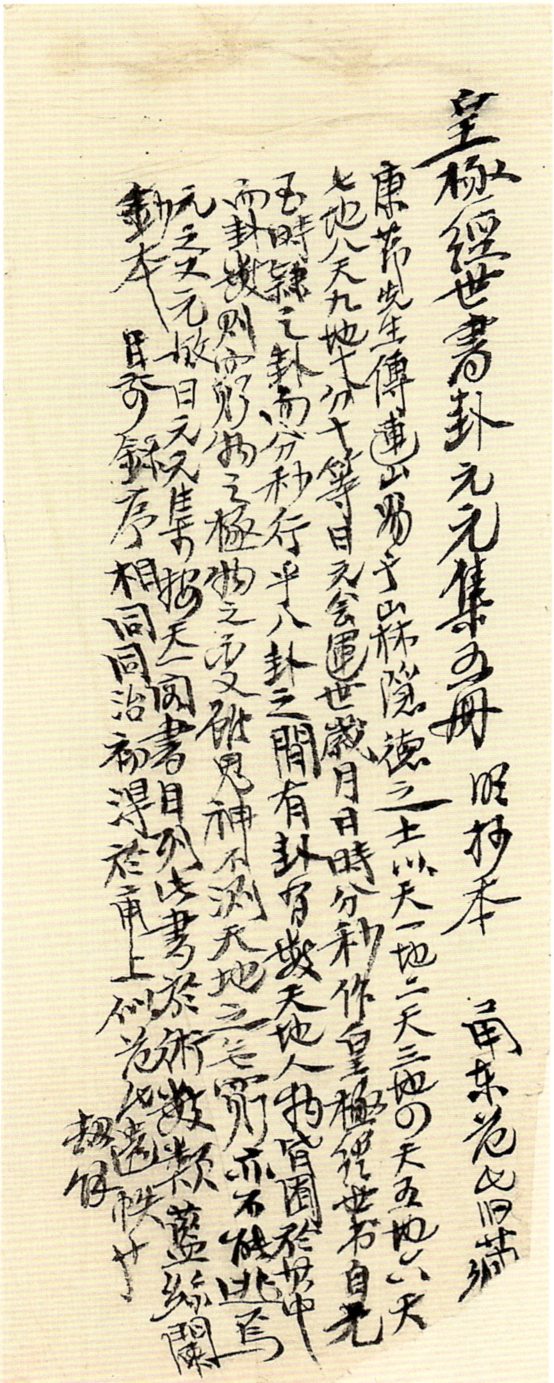
皇極經世書卦元元集二冊　明抄本　甬東范氏舊藏

康節先生傳蓮山易于山林隱德之士，以天一地二天三地四天五地六天七地八天九地十分十等，曰元會運世歲月日時分秒，作皇極經世書，自元至時隸之卦，而分秒行乎八卦之間，有卦有數，天地人物皆囿於其中，而卦數則窮物之極，物之變雖鬼神不測，天地之一定實亦不能出此焉。元之又元，故曰元元集。按天一閣書目列此書於術數類，藍絲闌鈔本，且云錄序相同。同治初得於甬上，似范氏遺帙也。撝叔

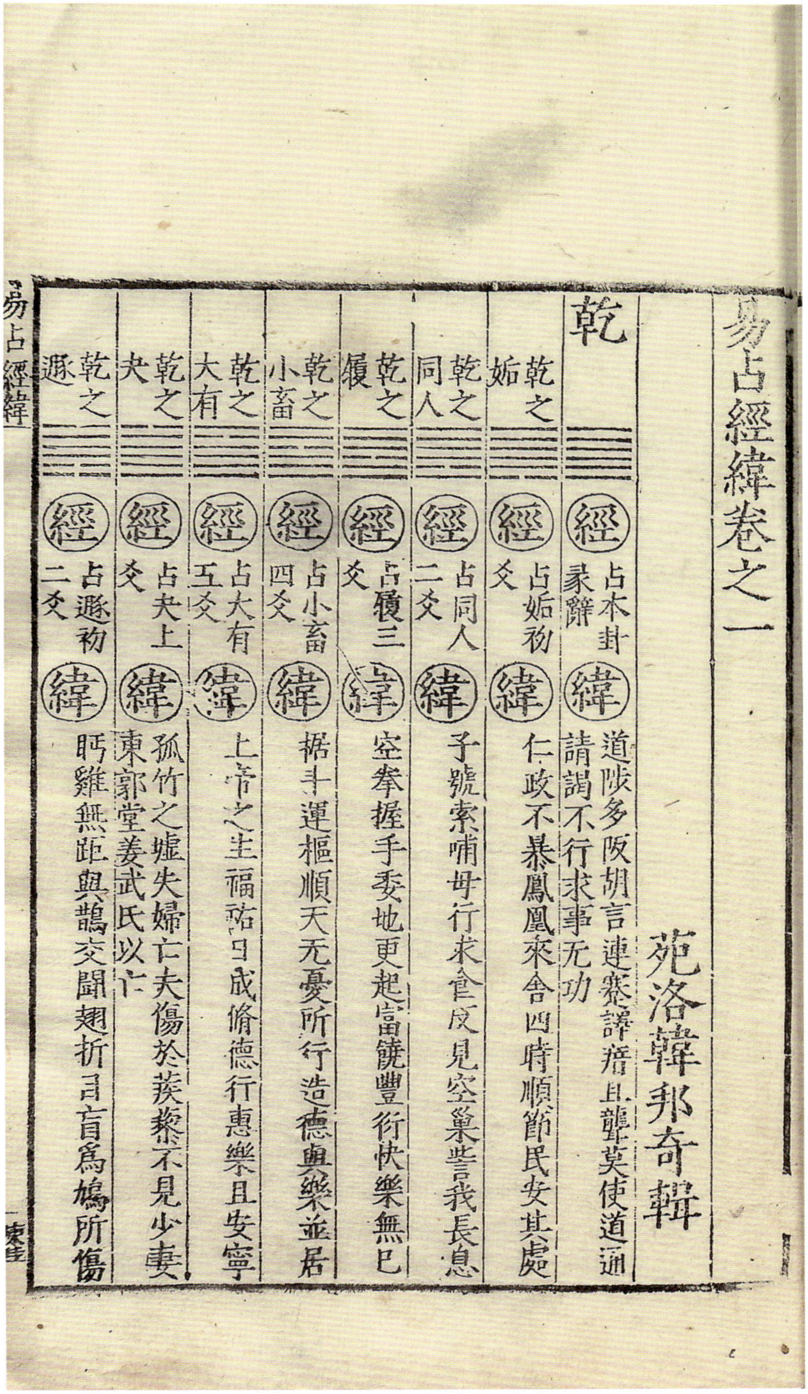

易占經緯四卷　附録一卷　明韓邦奇輯

明嘉靖二十七年（1548）金城刻本。半葉10行，行22字，小字雙行，字數未滿格，白口，四周單邊，框高19.7厘米，寬15.1厘米。南京圖書館藏。國家名録號11752。

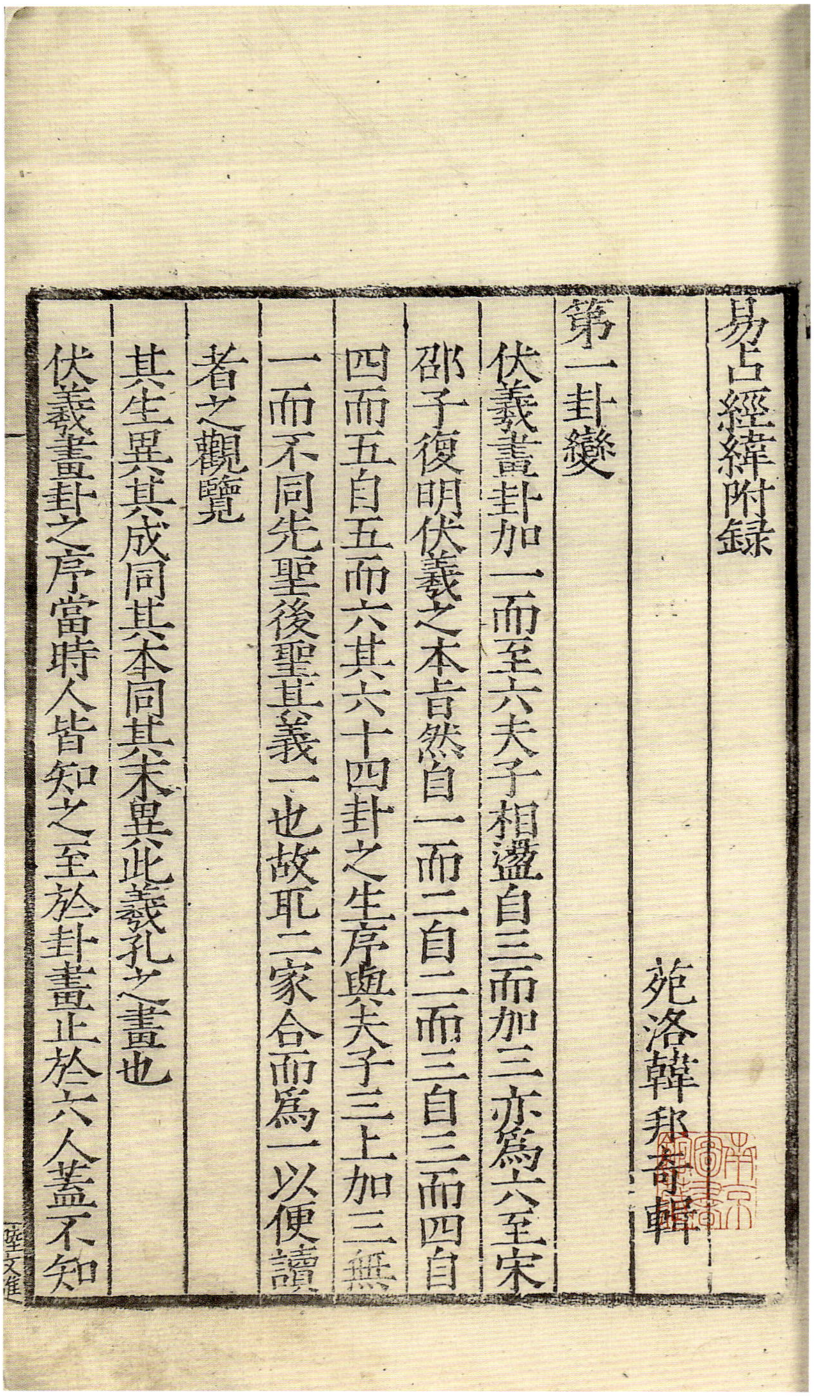

易占經緯附録

苑洛韓邦奇輯

第一卦變

伏羲畫卦加一而至六夫子相盪自三而加三亦爲六至宋邵子復明伏羲之本旨然自一而二自二而三自三而四自四而五自五而六其六十四卦之生序與夫子三上加三無一而不同先聖後聖其義一也故取二家合而爲一以便讀者之觀覽

其生異其成同其本同其末異此羲孔之畫也

伏羲畫卦之序當時人皆知之至於卦畫止於六人蓋不知

華文進

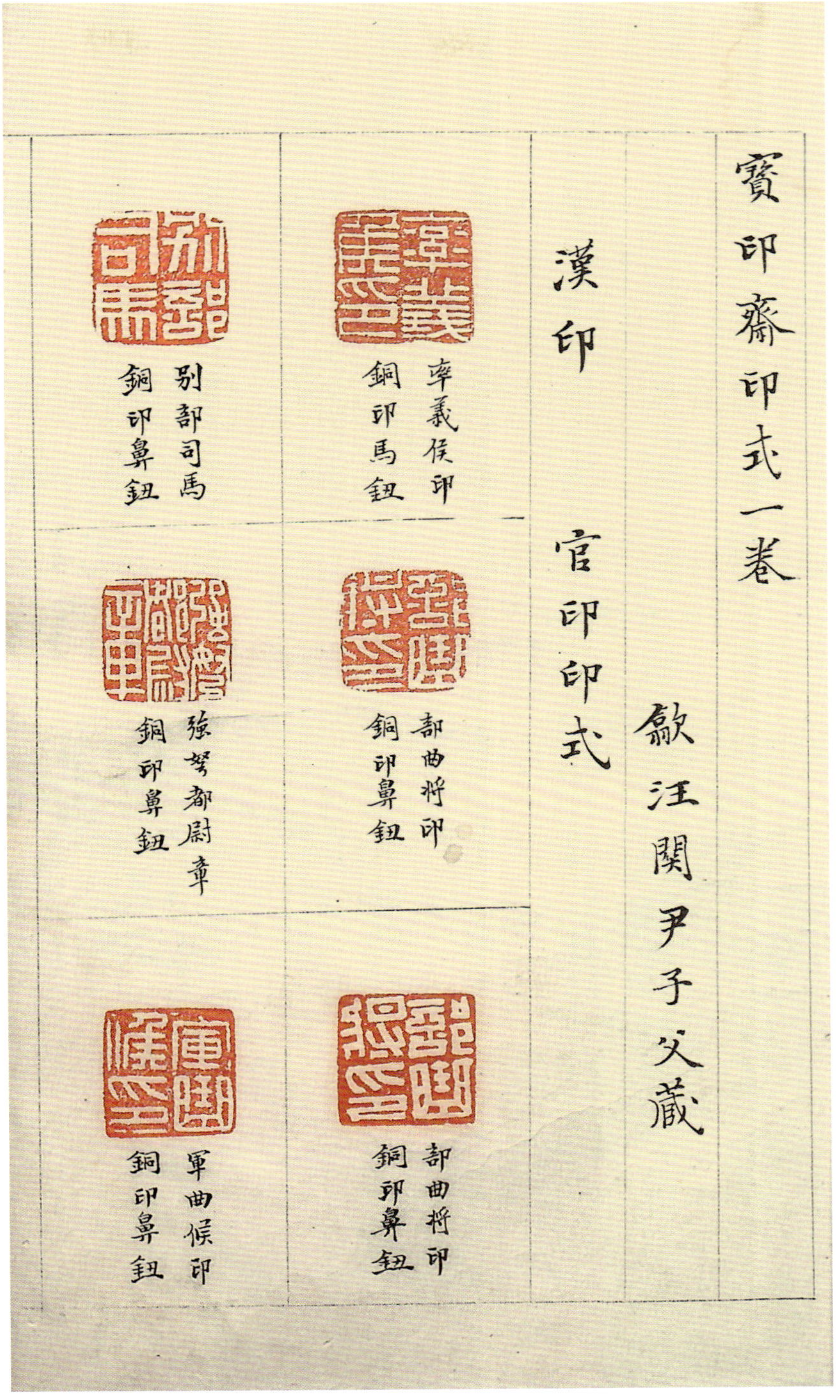
寶印齋印式一卷

歙汪関尹子父藏

漢印　官印印式

率義侯印　銅印馬鈕

部曲將印　銅印鼻鈕

部曲將印　銅印鼻鈕

别部司馬　銅印鼻鈕

強弩都尉章　銅印鼻鈕

軍曲候印　銅印鼻鈕

寶印齋印式二卷　明汪關藏並篆刻

明萬曆四十二年（1614）汪關鈐印本。李流芳、汪關、畢瀧跋，程嘉燧、唐汝詢題詩。白口，四周單邊，框高 21 厘米，寬 14 厘米。南京圖書館藏。國家名録號 11757。

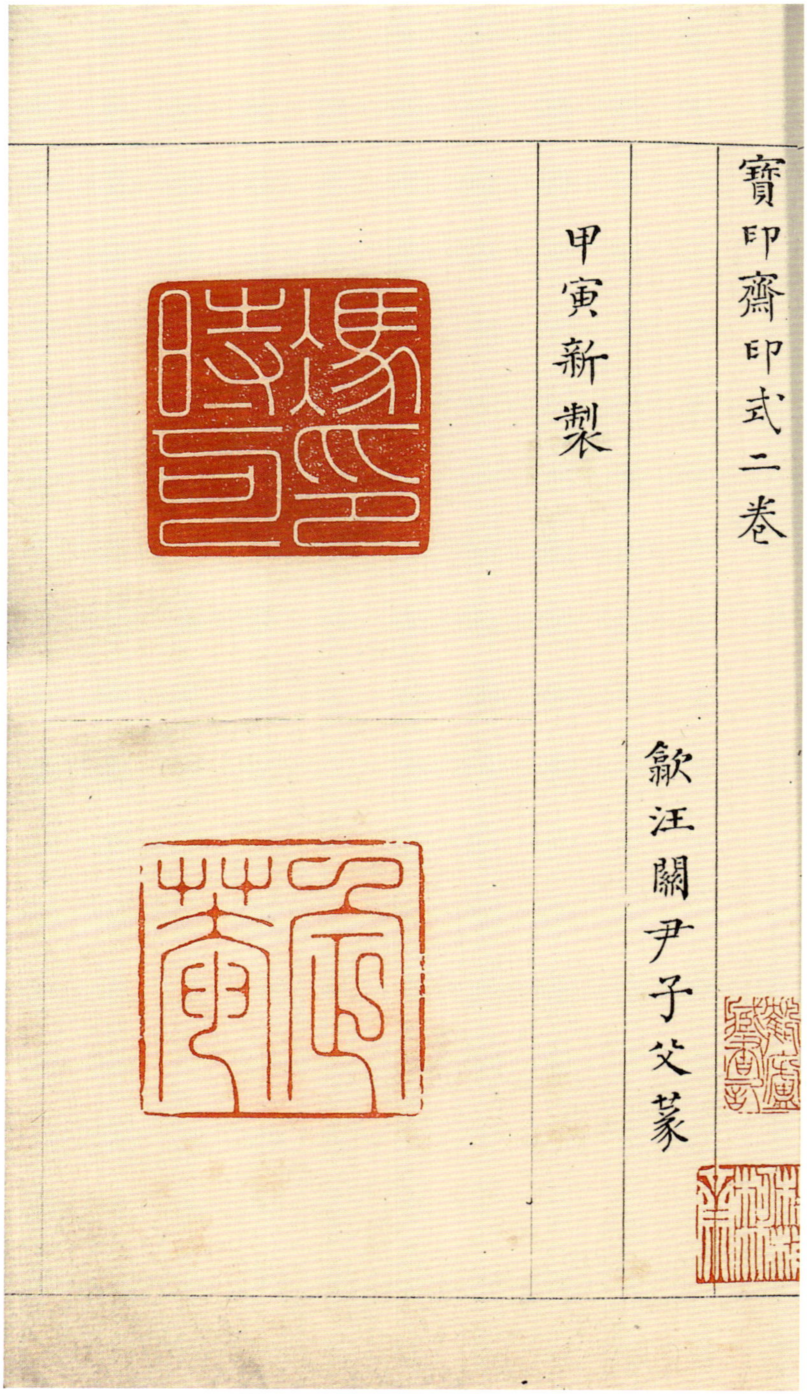
寶印齋印式二卷

甲寅新製

歙汪關尹子父篆

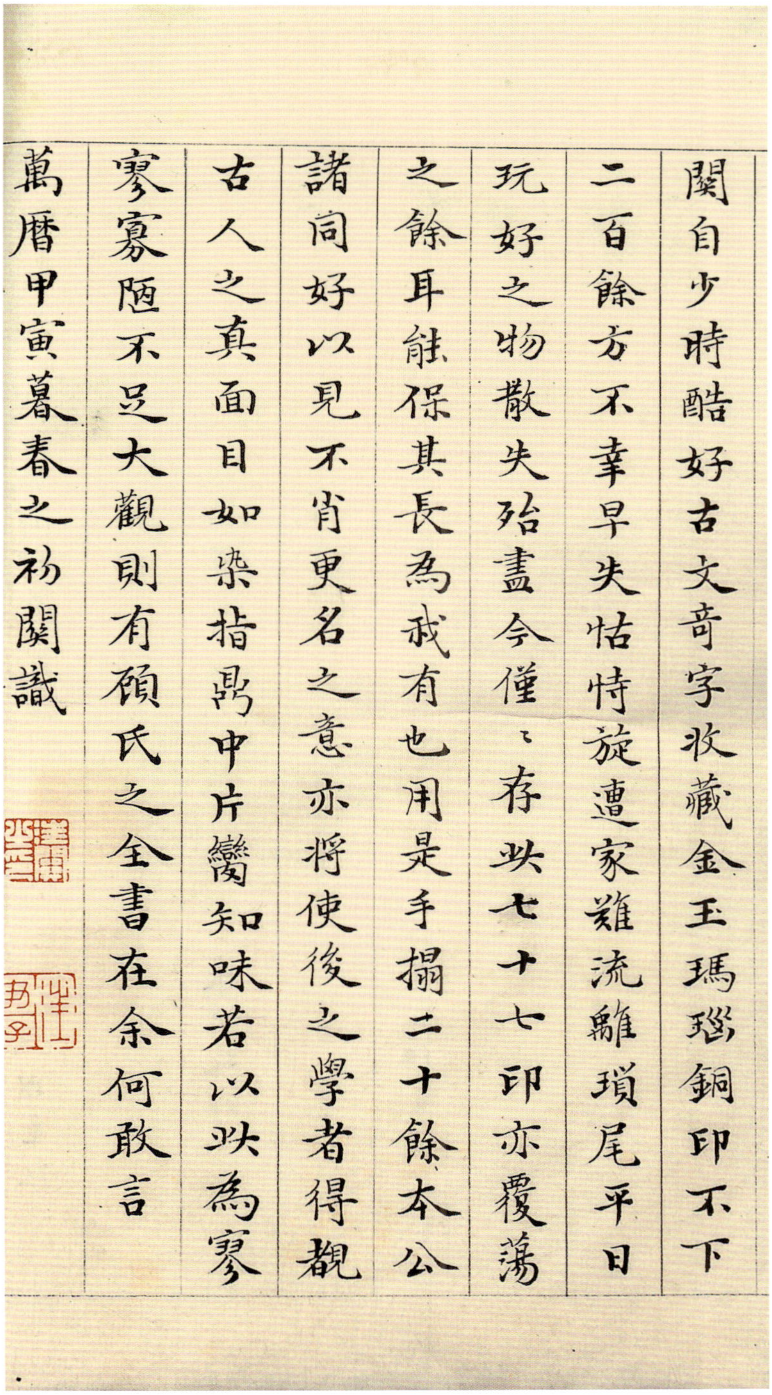
閬自少時酷好古文奇字收藏金玉瑪瑙銅印不下二百餘方不幸早失怙恃旋遭家難流離瑣尾平日玩好之物散失殆盡今僅僅存此七十七印亦覆蕩之餘耳能保其長為我有也用是手搨二十餘本公諸同好以見不肖更名之意亦將使後之學者得覩古人之真面目如染指鼎中片臠知味若以此為寥寥寡陋不足大觀則有顧氏之全書在余何敢言

萬曆甲寅暮春之初閬識

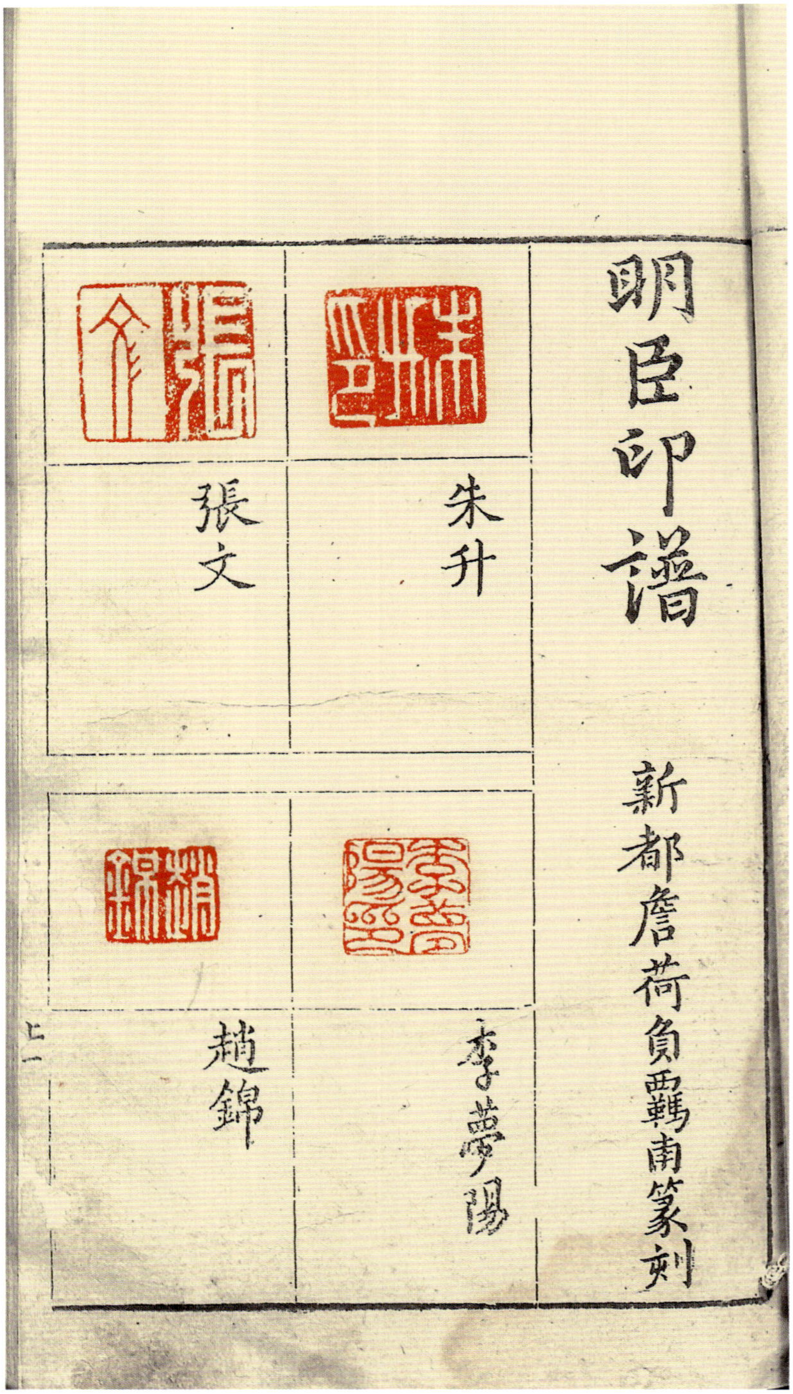

明臣印譜

新都詹荷負羈南篆刻

朱升

張文

李夢陽

趙錦

上一

明臣印譜二卷　明詹荷篆刻

明萬曆三十六年（1608）刻鈐印本。白口，四周單邊，框高 20.1 厘米，寬 13.6 厘米。南京圖書館藏。國家名録號 11758。

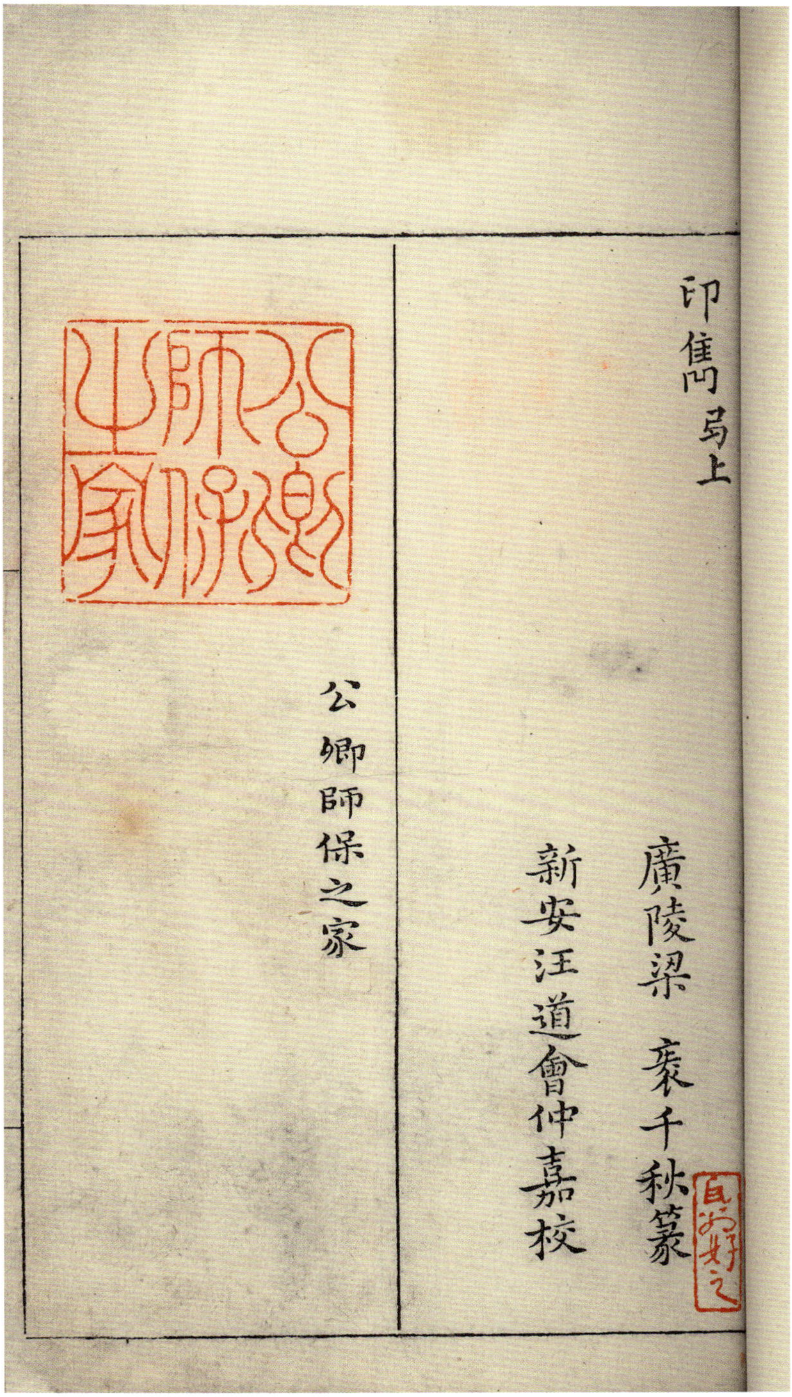
印雋卷上

廣陵梁　袠千秋篆

新安汪道會仲嘉校

公卿師保之家

公卿師保之家

印雋二卷　明梁袠篆刻並輯

明鈐印本。白口，四周單邊，框高 20.3 厘米，寬 13.8 厘米。蘇州圖書館藏。國家名録號 11759。

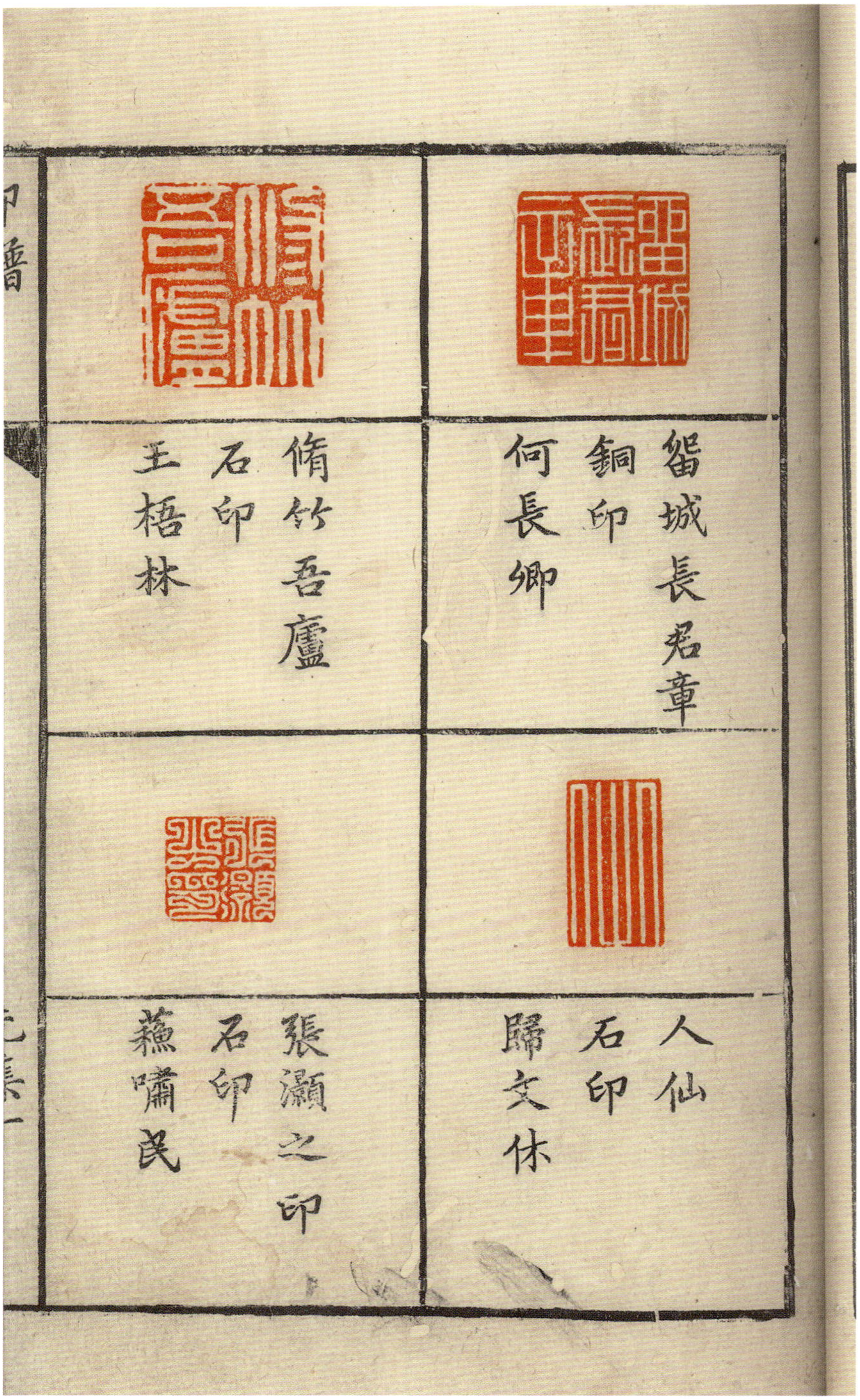

承清館印譜初集一卷　續集一卷　明張灝輯

明刻鈐印本。白口，四周單邊，框高 22 厘米，寬 14.7 厘米。蘇州圖書館藏。國家名録號 11763。

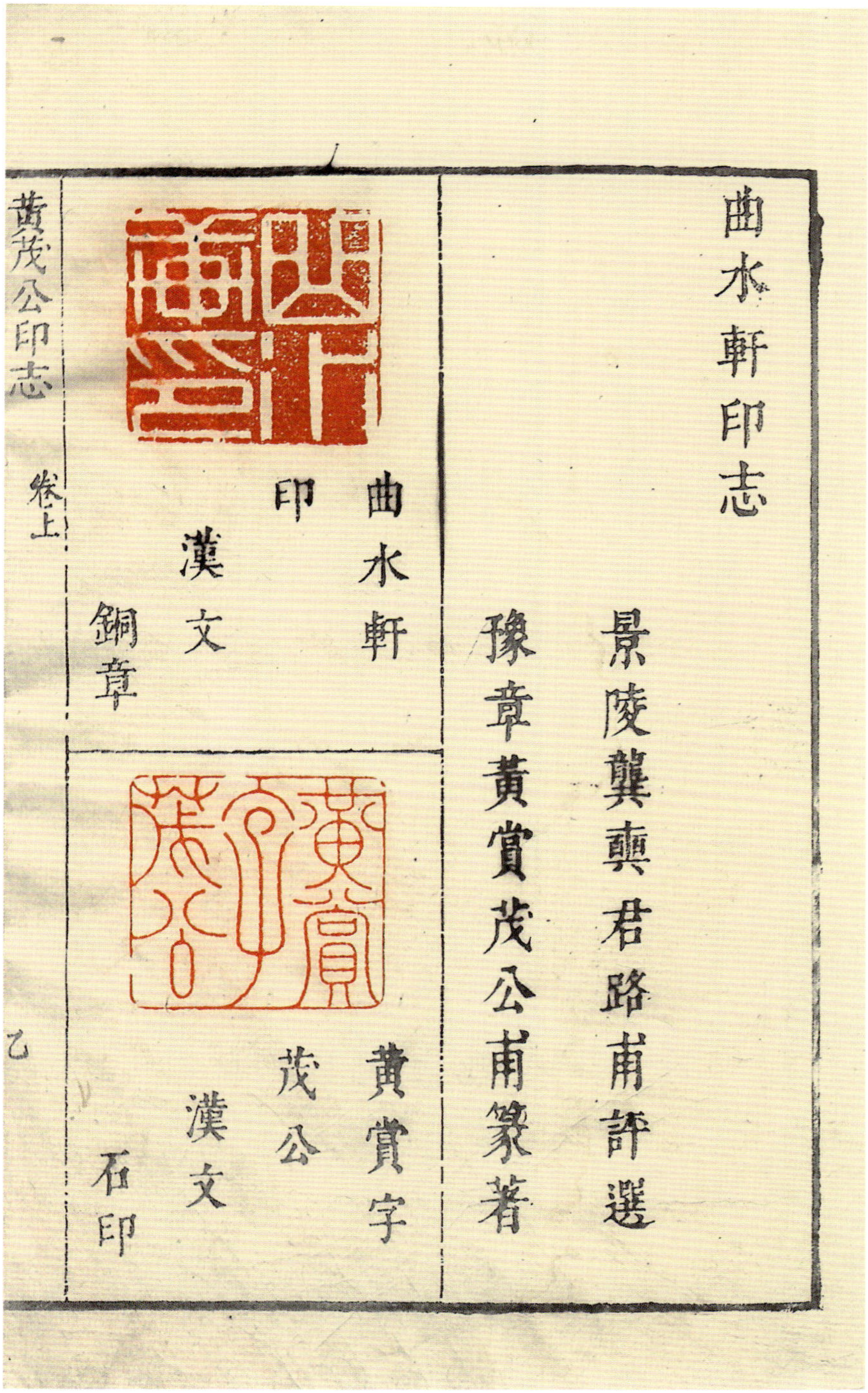

曲水軒印志

景陵龔輿君路甫評選
豫章黃賞茂公甫篆著

曲水軒印
漢文
銅章

黃賞字茂公
漢文
石印

黃茂公印志　卷上　乙

曲水軒印志二卷　明黃賞篆刻并輯

明刻鈐印本。白口，四周單邊，框高 21.2 厘米，寬 14.5 厘米。南京圖書館藏。國家名録號 11764。

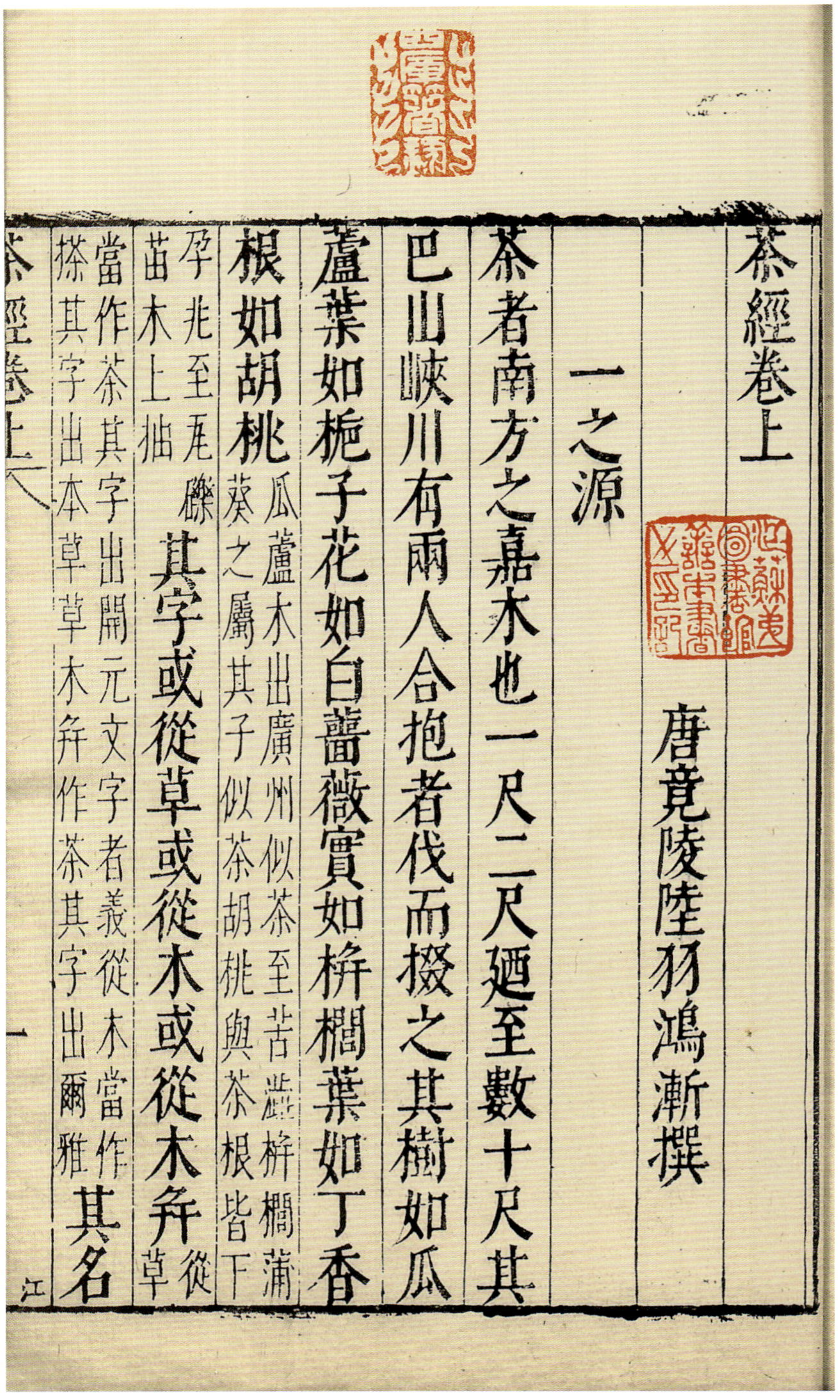

茶經卷上

唐竟陵陸羽鴻漸撰

一之源

茶者南方之嘉木也一尺二尺迺至數十尺其巴山峽川有兩人合抱者伐而掇之其樹如瓜蘆葉如梔子花如白薔薇實如栟櫚葉如丁香根如胡桃（瓜蘆木出廣州似茶至苦澁栟櫚蒲葵之屬其子似茶胡桃與茶根皆下孕兆至瓦礫苗木上抽）其字或從草或從木或從木并（從草當作茶其字出開元文字音義從木當作搽其字出本草草木并作茶其字出爾雅）其名

茶經卷上　一　江

茶書二十七種三十三卷　明喻政編

明萬曆四十一年（1613）刻本。丁丙跋。半葉9行，行18字，小字雙行，字數同，白口，左右雙邊，框高20.9厘米，寬14.8厘米。南京圖書館藏。國家名録號11766。

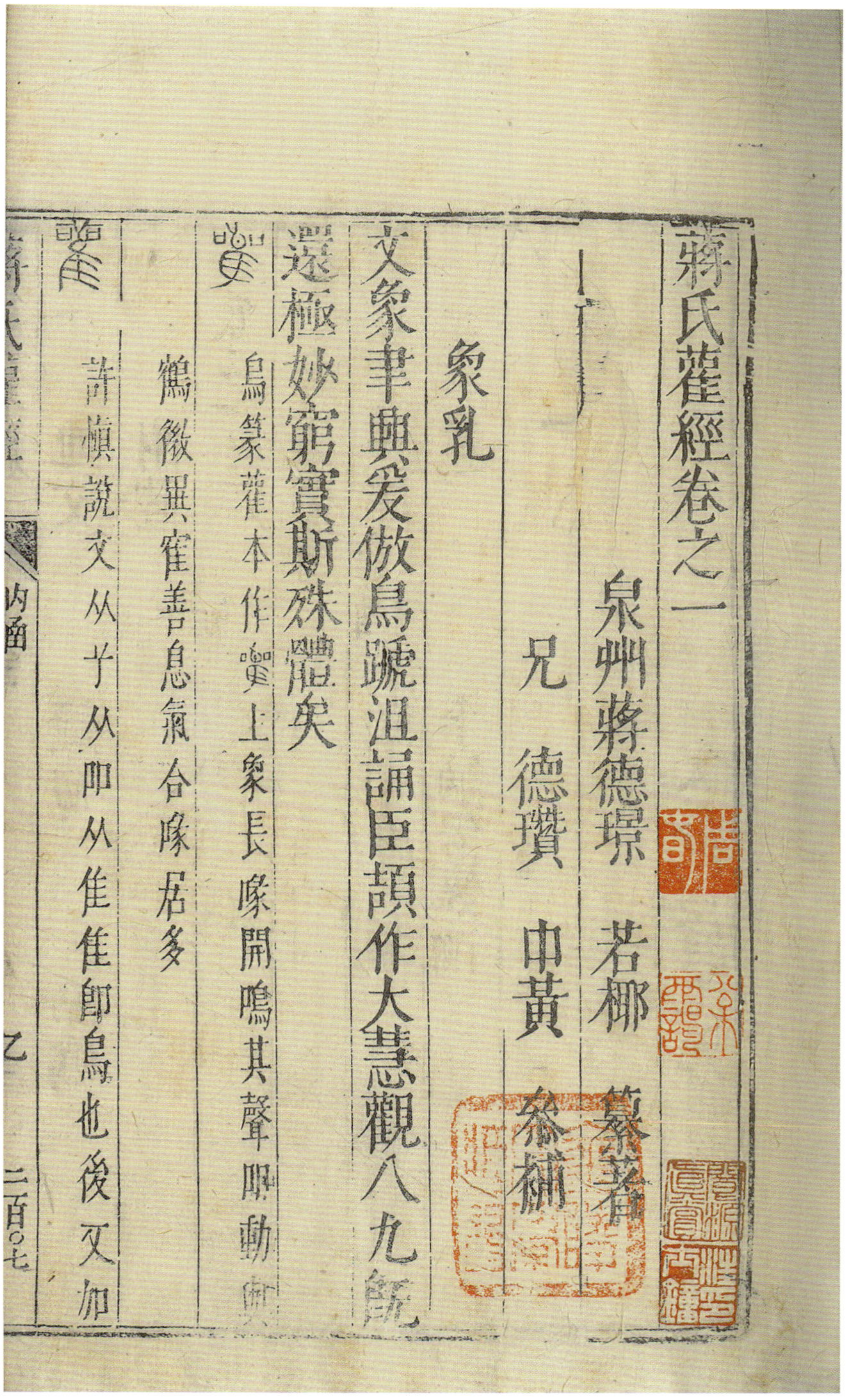

蔣氏藿經十四卷　明蔣德璟撰

明天啓六年（1626）刻本。半葉 9 行，行 19 字，小字雙行，字數同，白口，四周雙邊，框高 19.6 厘米，寬 13.3 厘米。南京大學圖書館藏。國家名録號 11767。

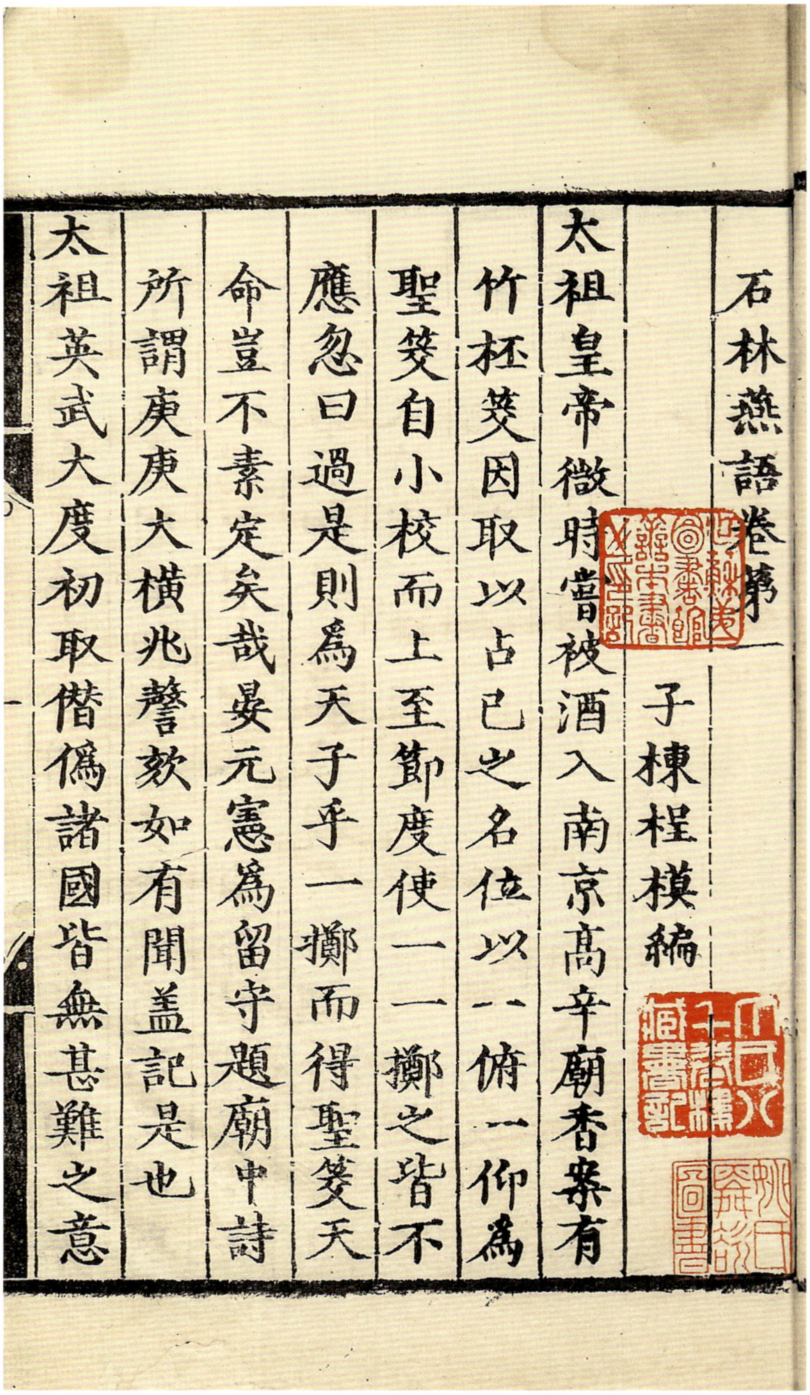
石林燕語卷第一
子棟桯模編
太祖皇帝微時嘗被酒入南京高辛廟香案有
竹杯筊因取以占己之名位以一俯一仰爲
聖筊自小校而上至節度使一一擲之皆不
應忽曰過是則爲天子乎一擲而得聖筊天
命豈不素定矣哉晏元憲爲留守題廟中詩
所謂庚庚大横兆謦欬如有聞蓋記是也
太祖英武大度初取僭僞諸國皆無甚難之意

石林燕語十卷　宋葉夢得撰

明正德元年（1506）楊武刻本。丁丙跋。半葉9行，行18字，小字雙行，字數同，黑口，四周單邊，框高20.8厘米，寬14.7厘米。南京圖書館藏。國家名録號11769。

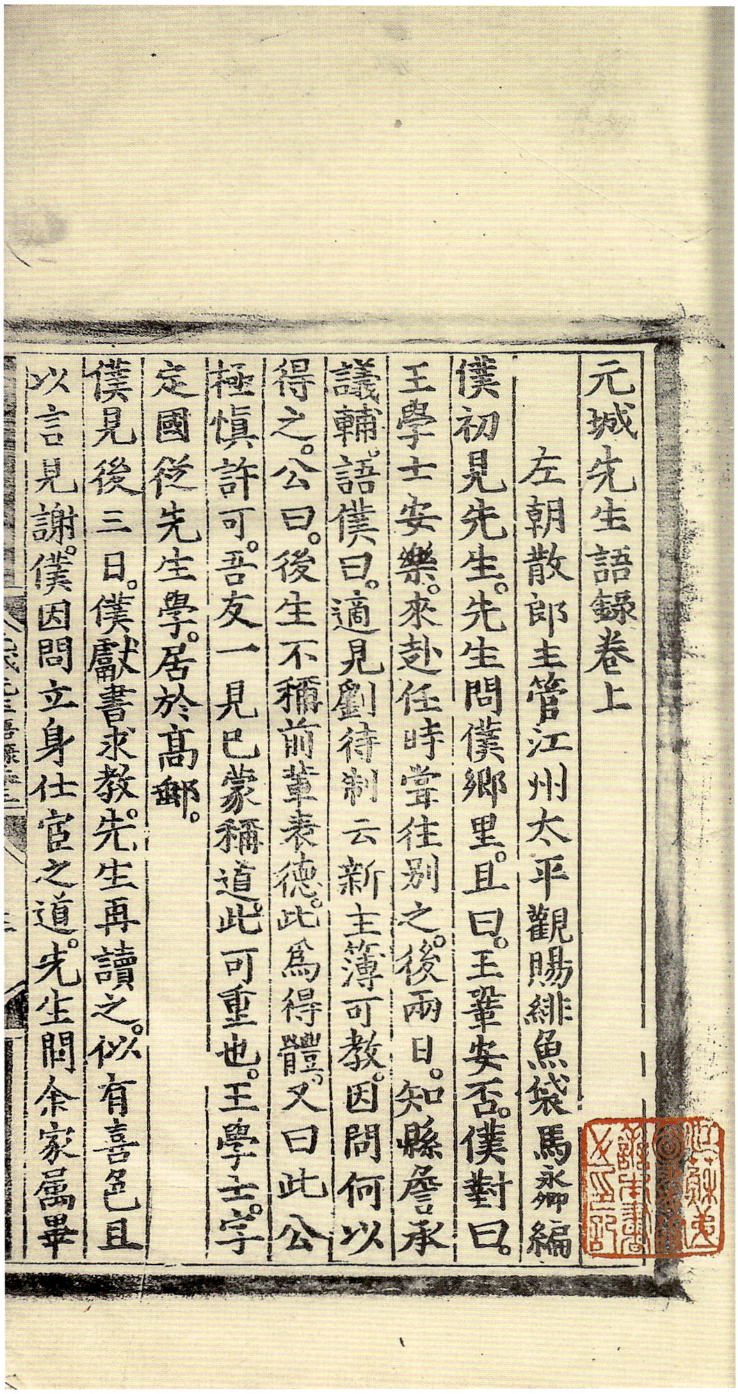

元城先生語録卷上

左朝散郎主管江州太平觀賜緋魚袋馬永卿編

僕初見先生。先生問僕鄉里。且曰。王鞏安否。僕對曰。王學士安樂。來赴任時甞往别之。後兩日。知縣詹承議輔語僕曰。適見劉待制云新主簿可教。因問何以得之。公曰。後生不稱前輩表德。此爲得體。又曰此公極慎許可。吾友一見已蒙稱道。此可重也。王學士字定國。從先生學。居於高郵。

僕見後三日。僕獻書求教。先生再讀之。似有喜色。且以言見謝。僕因問立身仕宦之道。先生問余家屬畢

元城先生語録三卷　宋馬永卿編　元城先生行録一卷　明崔銑輯

明正德十三年（1518）張儒刻本。丁丙跋。半葉10行，行20字，黑口，四周雙邊，框高19厘米，寬12.9厘米。南京圖書館藏。國家名録號11770。

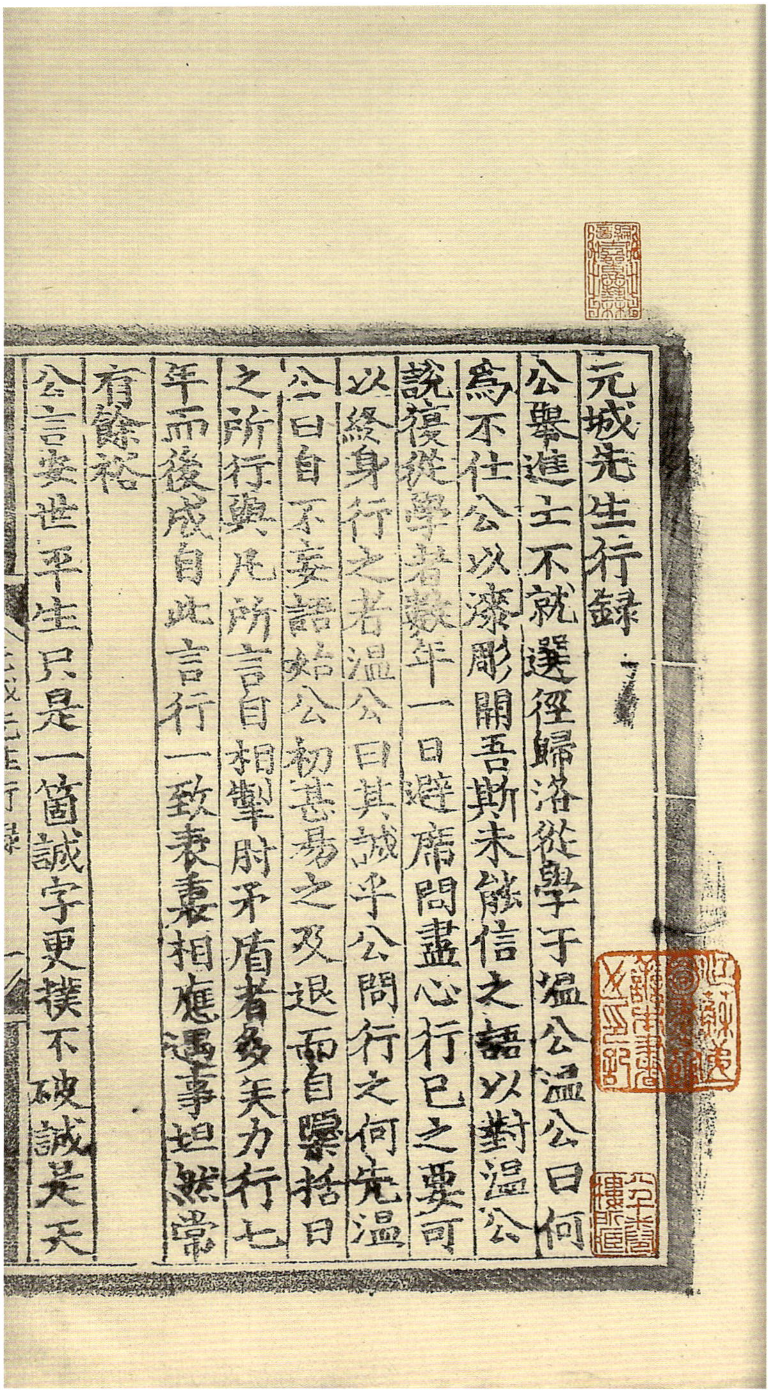

元城先生行録

公舉進士不就選徑歸洛從學于温公温公曰何爲不仕公以漆彫開吾斯未能信之語以對温公説復從學者數年一日避席問盡心行已之要可以終身行之者温公曰其誠乎公問行之何先温公曰自不妄語始公初甚易之及退而自檃括日之所行與凡所言自相掣肘矛盾者多矣力行七年而後成自此言行一致表裏相應遇事坦然常有餘裕

公言安世平生只是一箇誠字更撲不破誠是天

元城先生行録　一

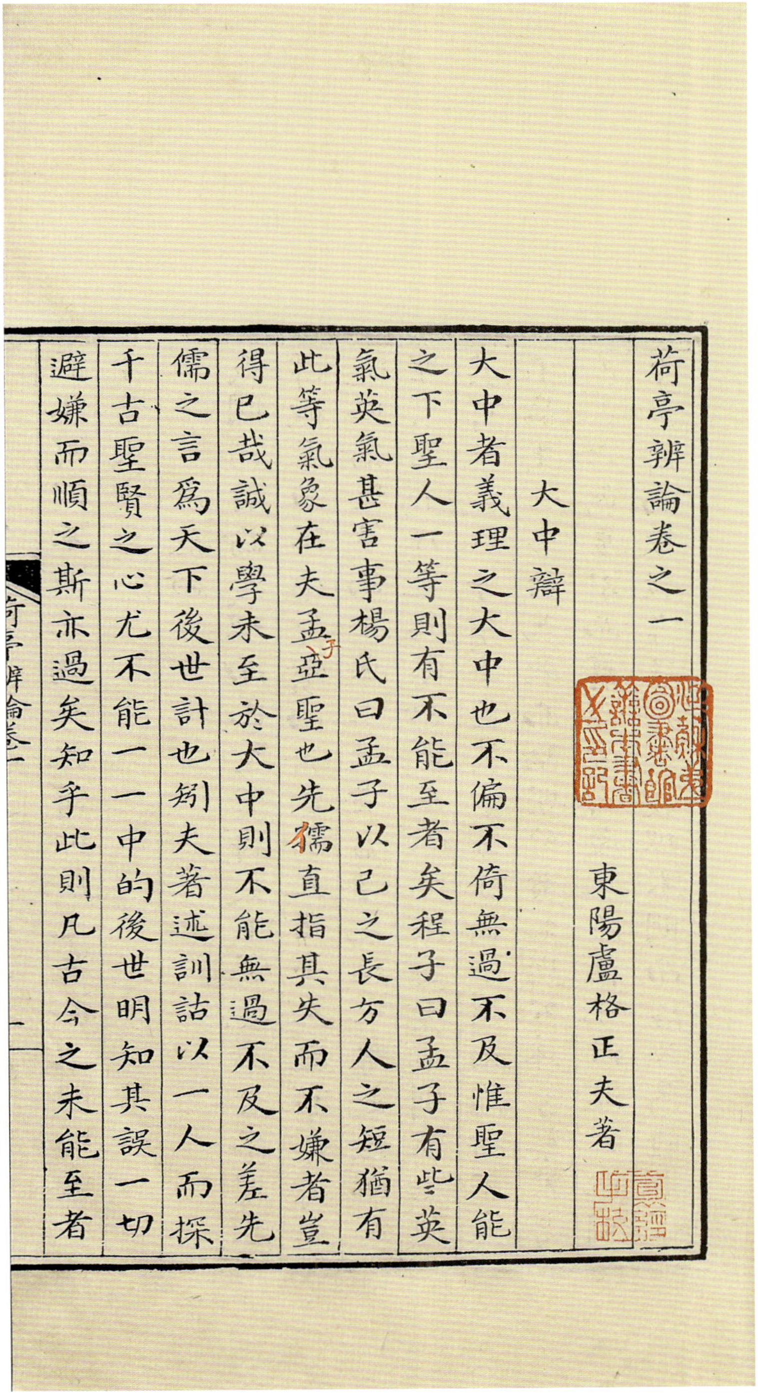

荷亭辨論卷之一

大中辯

東陽盧格正夫著

大中者義理之大中也不偏不倚無過不及惟聖人能之下聖人一等則有不能至者矣程子曰孟子有些英氣英氣甚害事楊氏曰孟子以己之長方人之短猶有此等氣象在夫孟亞聖也先儒直指其失而不嫌者豈得已哉誠以學未至於大中則不能無過不及之差先儒之言爲天下後世計也矧夫著述訓詁以一人而探千古聖賢之心尤不能一一中的後世明知其誤一切避嫌而順之斯亦過矣知乎此則凡古今之未能至者

荷亭辨論十卷　補遺一卷　明盧格撰

清乾隆三十九年（1774）盧文弨抄本（卷六至十、補遺配清抄本）。盧文弨校並跋，丁丙跋。半葉 11 行，行 21 字，小字雙行，字數同，白口，四周雙邊，框高 19.0 厘米，寬 13.6 厘米。南京圖書館藏。國家名録號 11777。

侍長稱名孰謂靖等遽肯忘年而甘心北面通門其可疑一也旣稱門人千餘何見於書者皆與唐名臣而隱者之絶少乎其可疑二也唐貞觀時玄齡等位居台輔日侍帷幄古今賢哲無不遍論何無一語及通隋書魏徵所上何不爲之立傳其可疑三也今觀其門人問答之詞多效論語通雖學過顏曾寧當遽以孔子自任效顰學步不幾於無恥乎其可疑四也或曰文中子舊有中說殘缺失之其子福畤增飾附會以張大父德誇示後世未知是否

荷亭辯論卷之五

甲午四月二十七日宗後學文弨校

子異者夫非好為異也反求之而實有所不慊云爾此書明史不載儒者亦鮮傳余從同邑宗人解元潮生處鈔得之以為如此書庶無嫌乎為異且恐故人尊朱太甚一聞有異同便以為無可採則深昧作者之意矣余故欲諗夫好學深思之士而與之共讀焉毋使徒為不知者詬病云乾隆四十年季夏大暑後二日仁和後學盧文弨識於鍾山書院還杭從孫潮生書

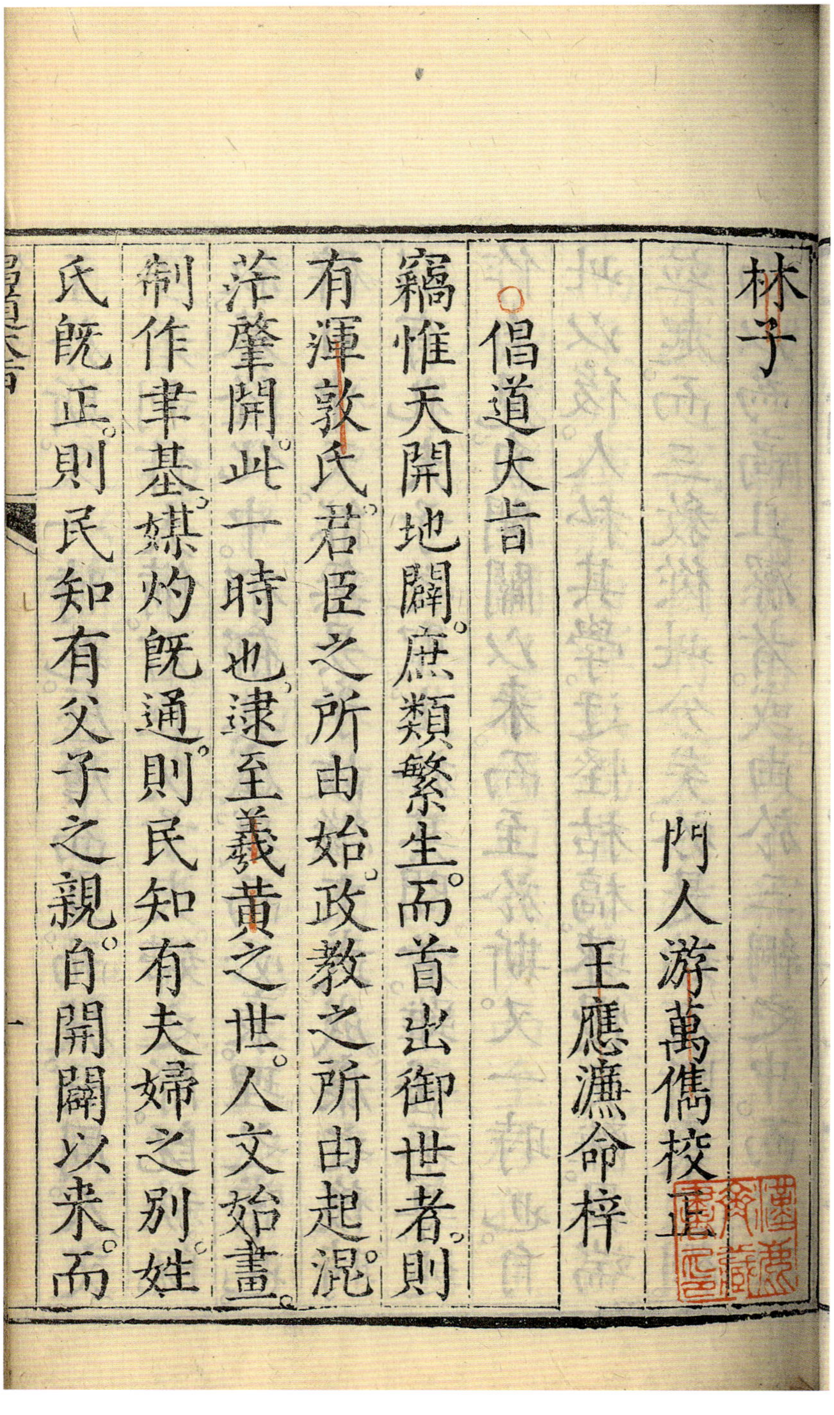

林子

門人游萬儁校正

王應濂命梓

倡道大旨

竊惟天開地闢庶類繁生而首出御世者則有渾敦氏君臣之所由始政教之所由起混茫肇開此一時也逮至羲黄之世人文始畫制作聿基媒妁既通則民知有夫婦之別姓氏既正則民知有父子之親自開闢以來而

林子會編七十九種一百十七卷　明林兆恩撰

明萬曆刻本。方濬師跋。半葉9行，行17字，白口或黑口，四周雙邊，框高19.6厘米，寬14.2厘米。南京大學圖書館藏。國家名録號11780。

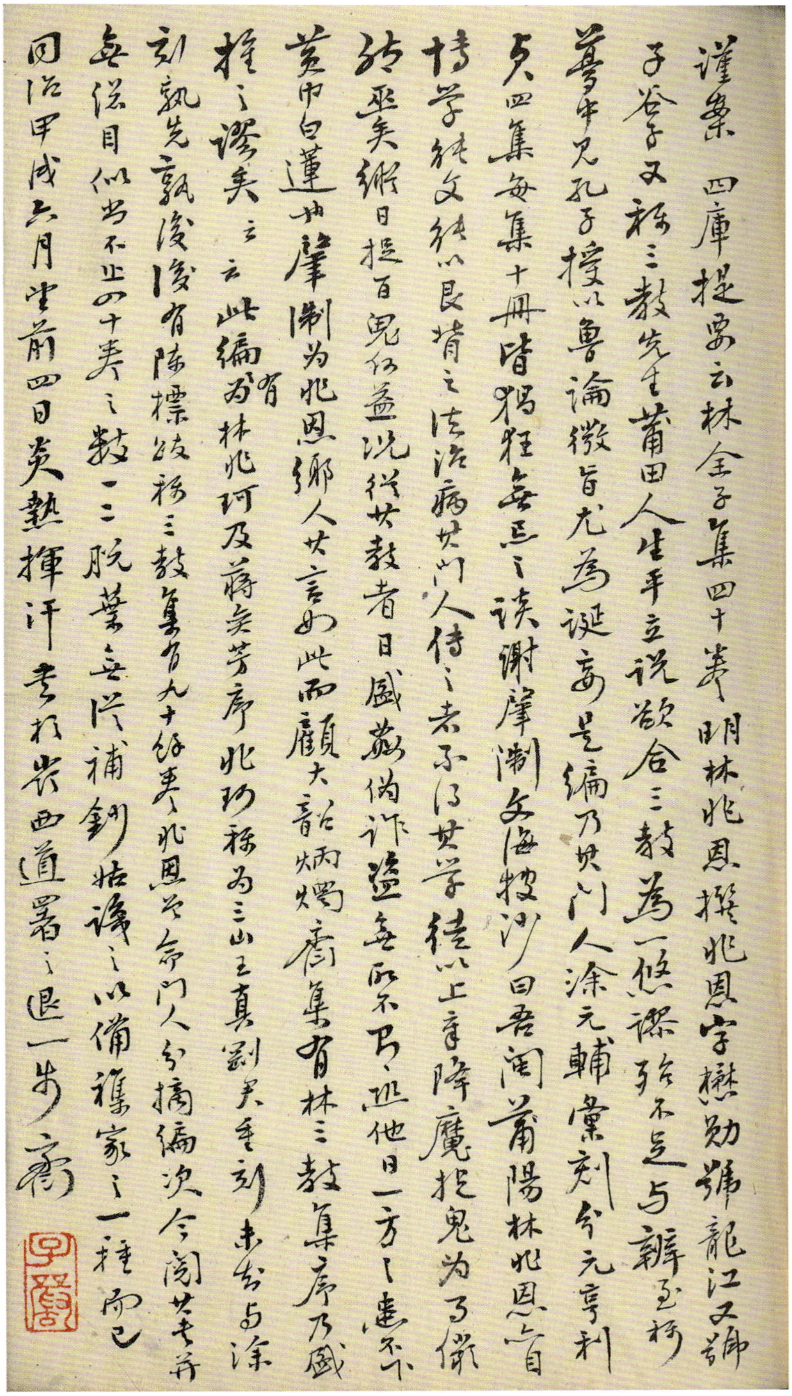

謹案四庫提要云林子全集四十卷明林兆恩撰兆恩字懋勛號龍江又號
子谷子又稱三教先生莆田人生平立說欲合三教為一悠謬殊不足與辨至稱
夢中見孔子授以魯論微旨尤為誕妄是編乃其門人涂元輔彙刻分元亨利
貞四集每集十冊皆猖狂無忌之談謝肇淛文海披沙曰吾閩莆陽林兆恩者自
詩學纔文能以良貴之法治病其門人傳之未得其學徒以上帝降魔捉鬼為可惧
紛惑矣鄉日提百鬼行益況從其教者日盛欺偽詐盜無所不有迺他日之方之遠不可
其中白蓮之肇濫為兆恩鄉人其言如此而顧大韶炳燭齋集有林三教集序乃盛
推之溢美云云此編有林兆珂及蔣矣芳序兆珂稱為三山王真劉吳季刻未與涂
刻孰先孰後後有陳標跋稱三教集有九十餘卷乃兆恩命門人分摘編次今閱其書并
無從目似不止四十卷之數一二脫葉無從補鈔姑識之以備獲家之一種而已
同治甲戌六月望前四日炎熱揮汗書於岩西道署之退一步齋

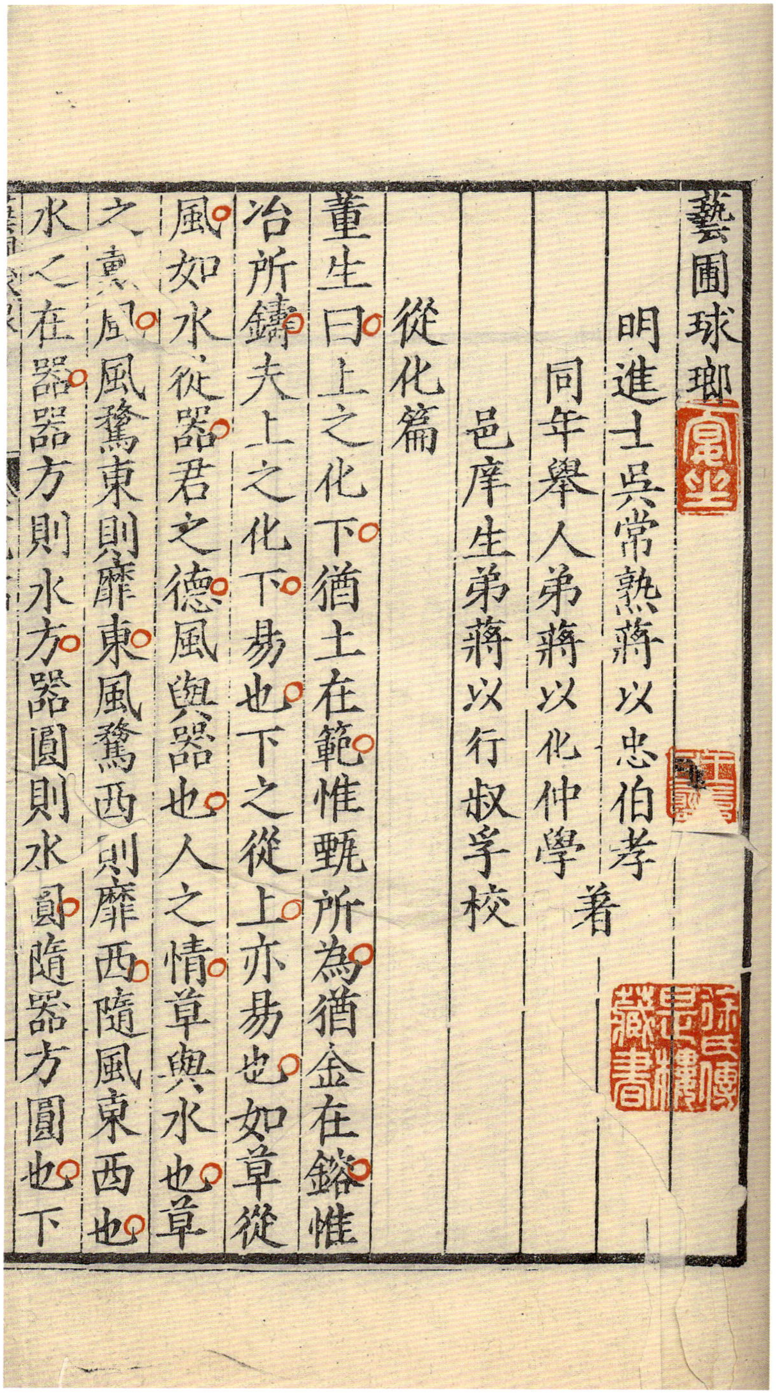

藝圃球瑯

明進士吳常熟蔣以忠伯孝

同年舉人弟蔣以化仲學　著

邑庠生弟蔣以行叔孚校

從化篇

董生曰上之化下猶土在範惟甄所為猶金在鎔惟冶所鑄夫上之化下易也下之從上亦易也如草從風如水從器君之德風與器也人之情草與水也草之從風風鶩東則靡東風鶩西則靡西隨風東西也水之在器器方則水方器圓則水圓隨器方圓也下

藝圃球瑯二卷　明蔣以忠、蔣以化撰

明吴航書林李氏善慶堂刻本。半葉10行，行20字，小字雙行，字數同，白口，四周單邊，框高20厘米，寬13.3厘米。無錫市圖書館藏。國家名録號11782。

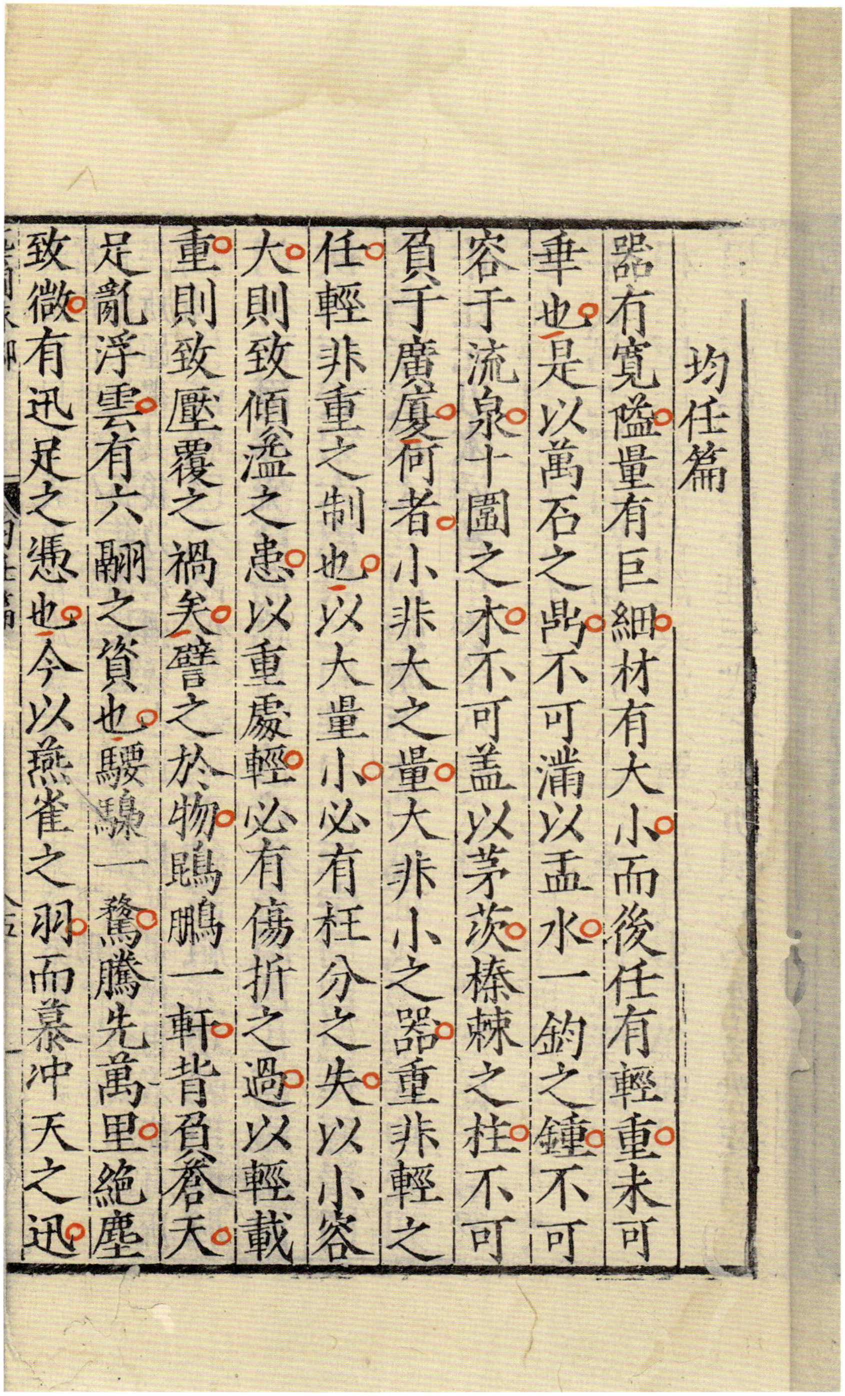

均任篇

器有寬隘量有巨細材有大小而後任有輕重未可乖也是以萬石之鼎不可滿以盂水一鈞之鍾不可容于流泉十圍之木不可蓋以茅茨榛棘之柱不可負于廣廈何者小非大之量大非小之器重非輕之任輕非重之制也以大量小必有枉分之失以小容大則致傾溢之患以重處輕必有傷折之過以輕載重則致壓覆之禍矣譬之於物鵾鵬一軒背負蒼天足亂浮雲有六翮之貧也騕褭一騖騰先萬里絕塵致微有迅足之憑也今以燕雀之羽而慕冲天之迅

均任篇　五

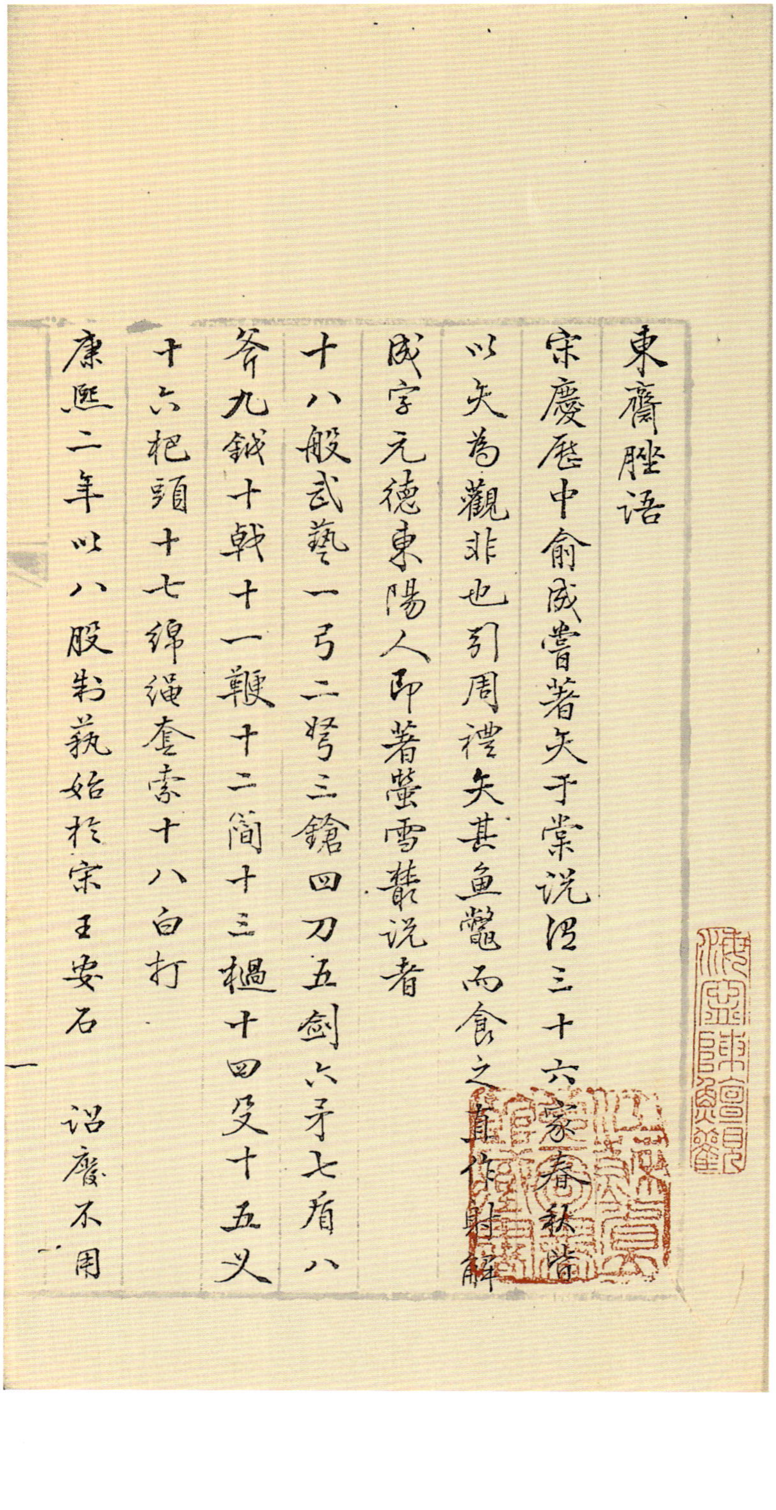
東齋脞語

宋慶歷中俞成嘗著矢于棠説引三十六家春秋皆以矢為觀非也引周禮矢其魚鼈而食之直作射解成字元德東陽人即著螢雪叢説者

十八般武藝一弓二弩三鎗四刀五劍六矛七盾八斧九鉞十戟十一鞭十二簡十三檛十四殳十五叉十六杷頭十七綿繩套索十八白打

康熙二年以八股制藝始於宋王安石　詔廢不用

東齋脞語一卷　清吴翌鳳撰

稿本。陳鱣跋。半葉 8 行，行 20 字，小字雙行，字數同，白口，四周單邊，框高 17.4 厘米，寬 11.7 厘米。南京圖書館藏。國家名録號 11786。

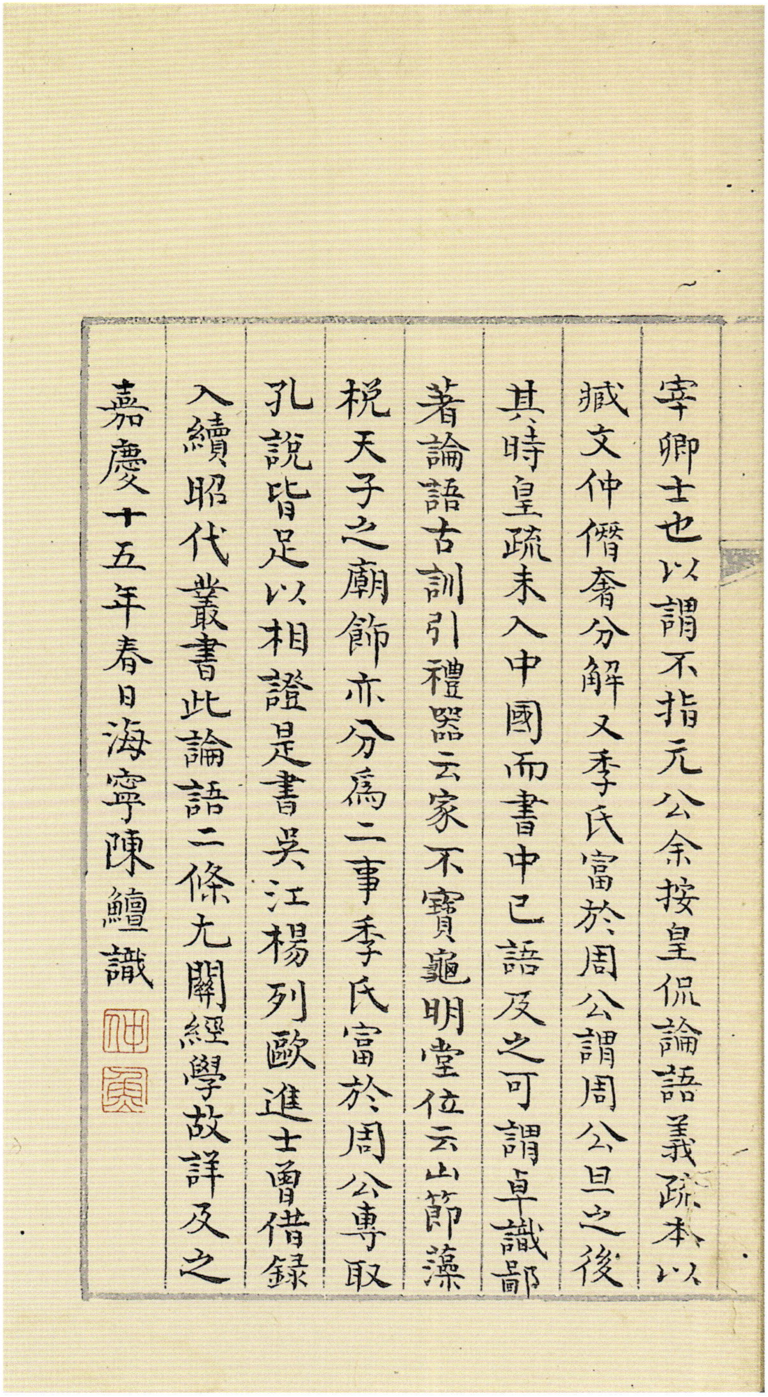

宰卿士也以謂不指元公余按皇侃論語義疏本以
臧文仲僭奢分解又季氏富於周公謂周公旦之後
其時皇疏未入中國而書中已語及之可謂卓識鄙
著論語古訓引禮器云家不寶龜明堂位云山節藻
棁天子之廟飾亦分爲二事季氏富於周公專取
孔說皆足以相證是書吳江楊列歐進士曾借錄
入續昭代叢書此論語二條尤闗經學故詳及之
嘉慶十五年春日海寧陳鱣識

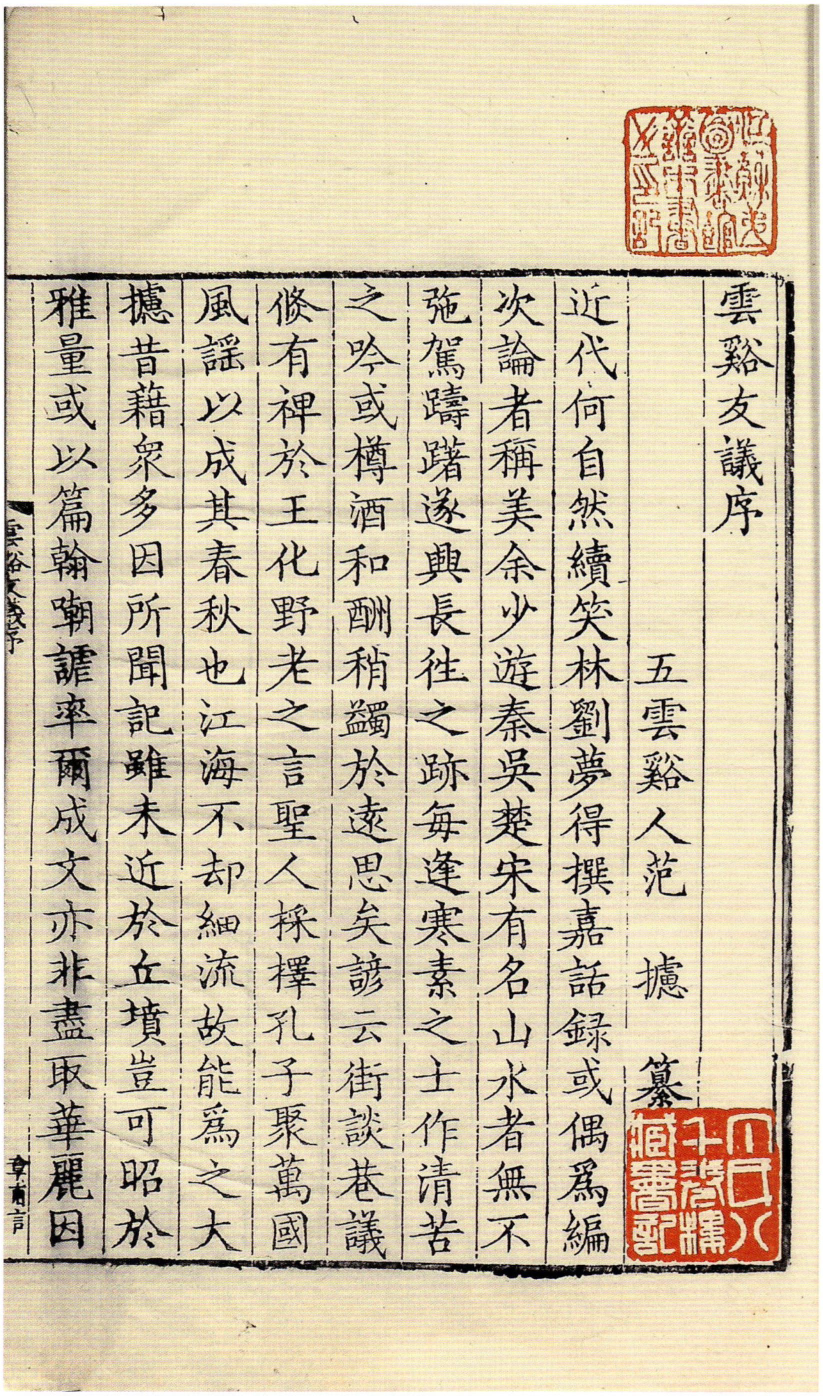
雲谿友議序

五雲谿人范　攄　纂

近代何自然續笑林劉夢得撰嘉話録或偶爲編
次論者稱美余少遊秦吳楚宋有名山水者無不
弛駕躊躇遂興長往之跡每逢寒素之士作清苦
之吟或樽酒和酬稍蠲於遠思矣諺云街談巷議
倏有裨於王化野老之言聖人採擇孔子聚萬國
風謠以成其春秋也江海不卻細流故能爲之大
攄昔藉衆多因所聞記雖未近於丘墳豈可昭於
雅量或以篇翰嘲謔率爾成文亦非盡取華麗因

雲谿友議序

雲谿友議三卷　唐范攄撰

明刻本。顧廣圻、丁丙跋。半葉10行，行19字，小字雙行，字數同，白口，左右雙邊，框高18.2厘米，寬13.8厘米。南京圖書館藏。國家名録號11789。

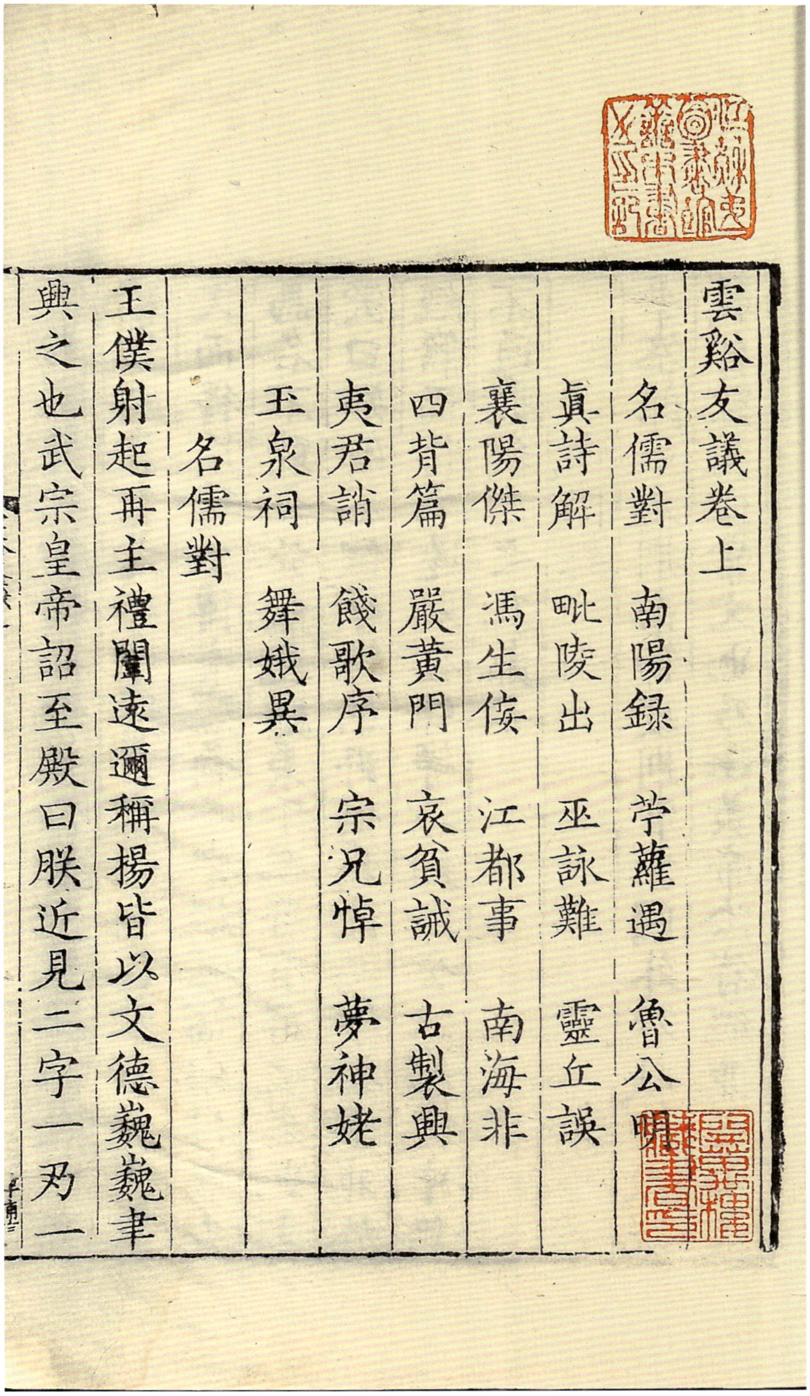

雲谿友議卷上

名儒對

王僕射起再主禮闈遠邇稱揚皆以文德巍巍聿興之也武宗皇帝詔至殿曰朕近見二字一刃一

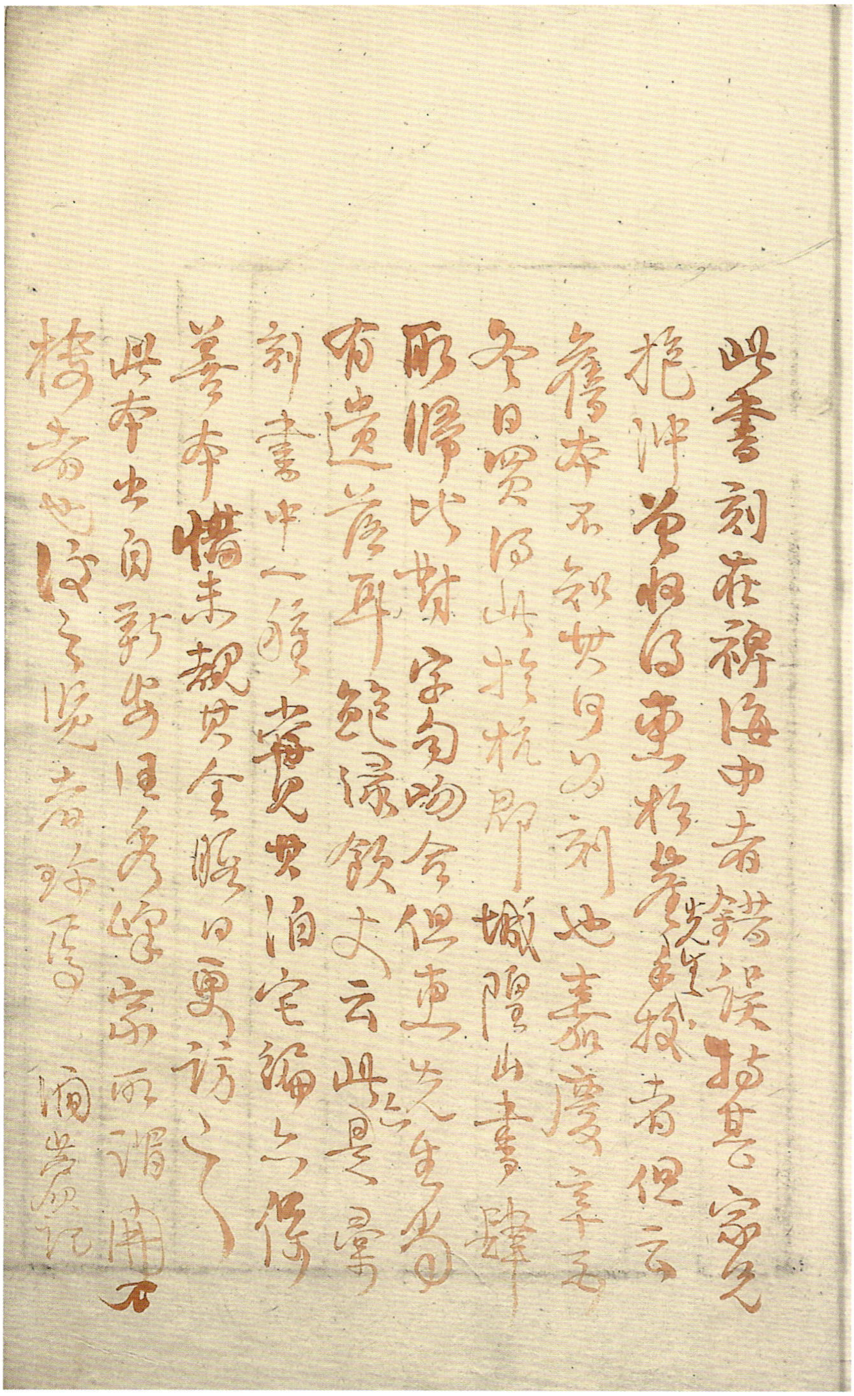
此書刻在稗海中者錯誤甚多，宮允
抱沖[illegible]重校於[illegible]鈔校者，但云
舊本，不知其何刻也。嘉慶辛酉
冬日買得此於杭郡城隍山書肆，
取歸比對，字句吻合，但[illegible]先生當
有[illegible]耳。鮑綠飲丈云此是[illegible]
刻書中一種，當是其[illegible]宅編入，俟
善本，惜未覩其全，暇日更訪之。
此本出自新安汪[illegible]宗所謂[illegible]
樓者也。[illegible] 澗薲記

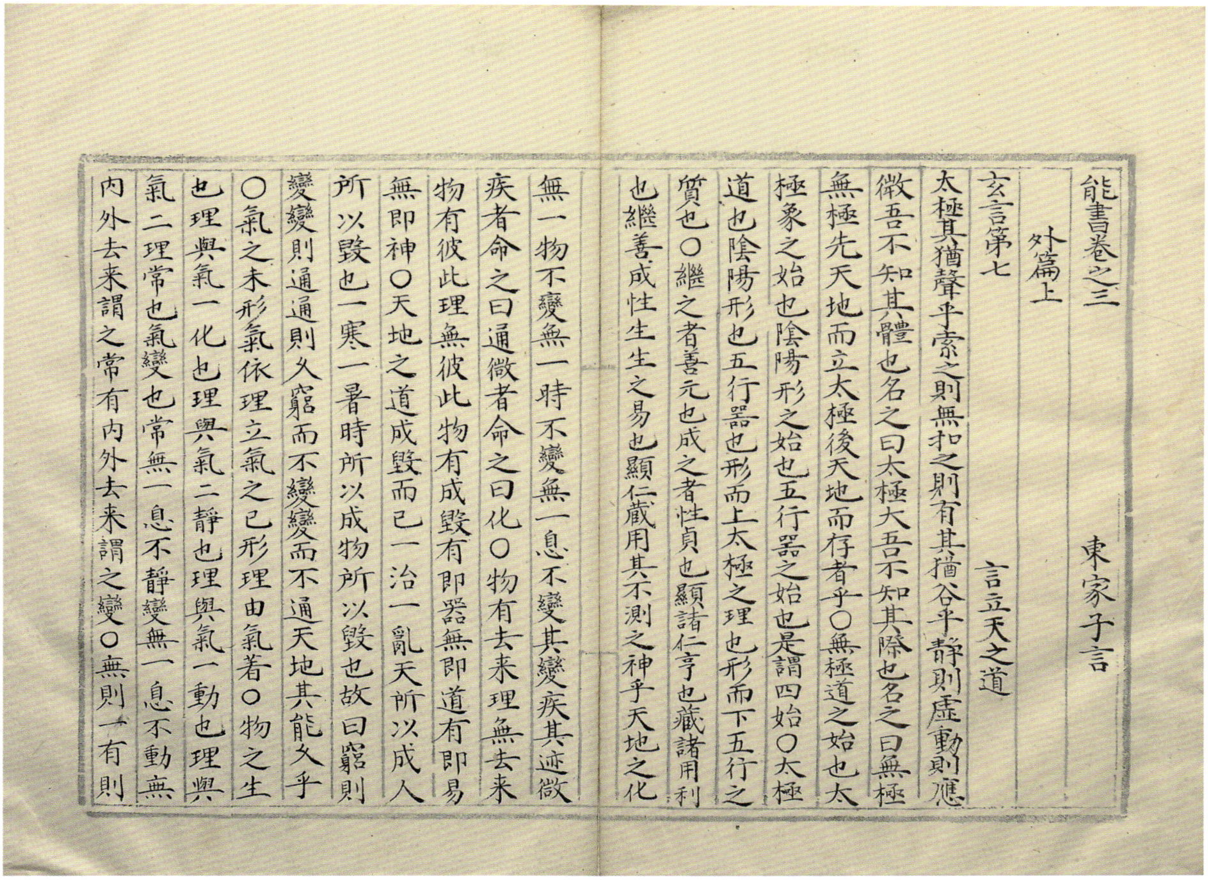
能書卷之三　　　東家子言
外篇上
玄言第七　　言立天之道
太極其猶聲乎索之則無扣之則有其猶谷乎靜則虛動則應
微吾不知其體也名之曰太極大吾不知其際也名之曰無極
無極先天地而立太極後天地而存者乎○無極道之始也太
極象之始也陰陽形之始也五行器之始也是謂四始○太極
道也陰陽形也五行器也形而上太極之理也形而下五行之
質也○繼之者善元也成之者性貞也顯諸仁亨也藏諸用利
也繼善成性生生之易也顯仁藏用其不測之神乎天地之化
無一物不變無一時不變無一息不變其變疾其迹微
疾者命之曰通微者命之曰化○物有去来理無去来
物有彼此理無彼此物有成毀有即器無即道有即易
無即神○天地之道成毀而已一治一亂天所以成人
所以毀也一寒一暑時所以成物所以毀也故曰窮則
變變則通通則久窮而不變變而不通天地其能久乎
○氣之未形氣依理立氣之已形理由氣着○物之生
也理與氣一化也理與氣二靜也理與氣一動也理與
氣二理常也氣變也常無一息不靜變無一息不動無
内外去来謂之常有内外去来謂之變○無則一有則

能書四卷　明孫作撰　後録一卷

明抄本。黄丕烈跋。存四卷（二至四、後録全）。半葉10行，字無定數，白口，四周雙邊，框高19.5厘米，寬15厘米。南京圖書館藏。國家名録號11793。

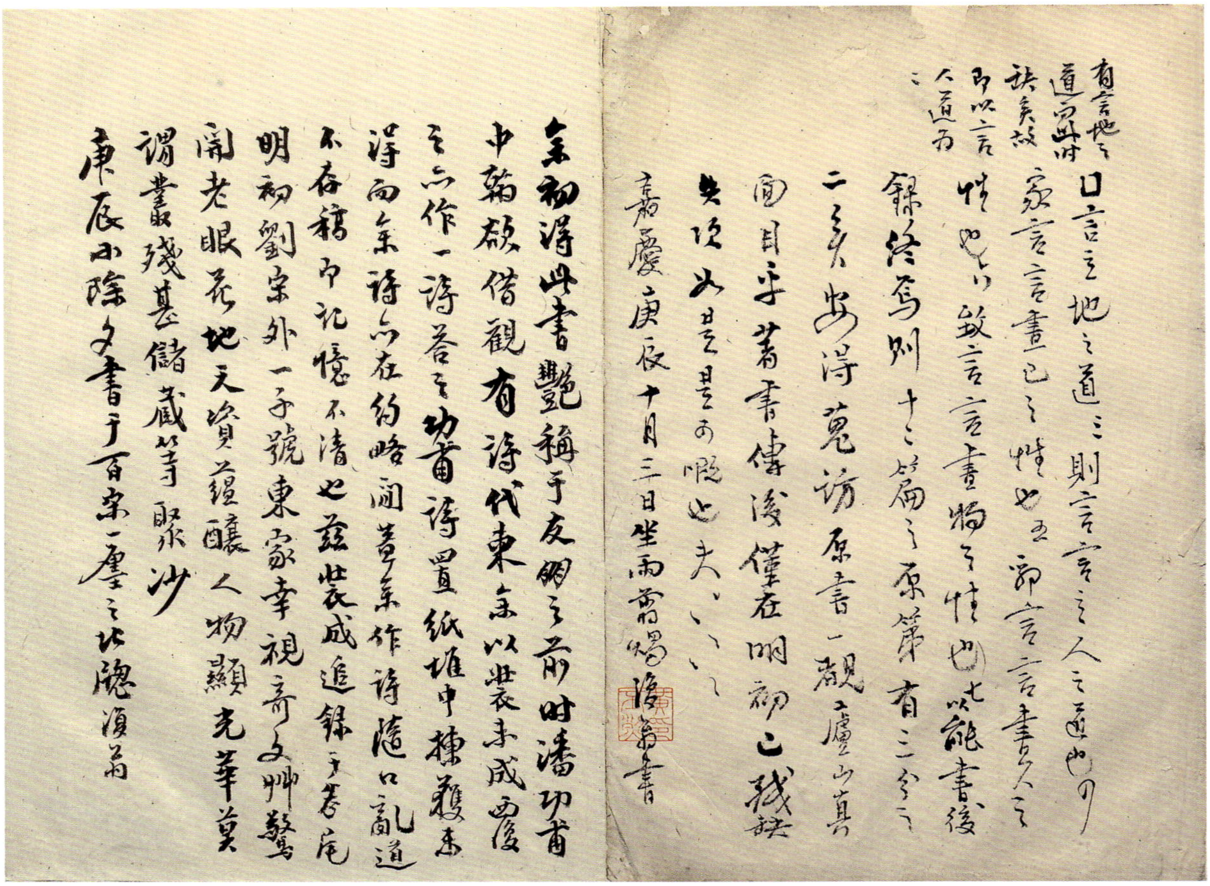
有言地之道焉者曰言之地之道之三則言之言之人之道也
訣矣故家言言書己之性也吾郭言言書人之
乃以言性也士り致言言書物之性也七以能書後
人道焉之錄終焉則十二篇之原第有二分之
二矣安得覓訪原書一觀廬山真
面目乎前書傳後僅在明初已殘缺
失次此是是可慨也夫
嘉慶庚辰十月三日坐雨窗燭 復翁書

余初得此書艷稱于友朋之前時潘功甫
中翰欲借觀有詩代柬余以裝未成覆
之亦作一詩答之功甫詩置紙堆中檢獲未
得而余詩亦在約略聞其余作詩隨口亂道
不存稿亦記憶不清也茲裝成追錄于卷尾
明初劉宋外一子號東家幸視斋文艸驚
聞老眼花地天資蘊釀人物顯光華莫
謂叢殘甚儲藏等聚沙
庚辰小除夕書于百宋一廛之北牕復翁

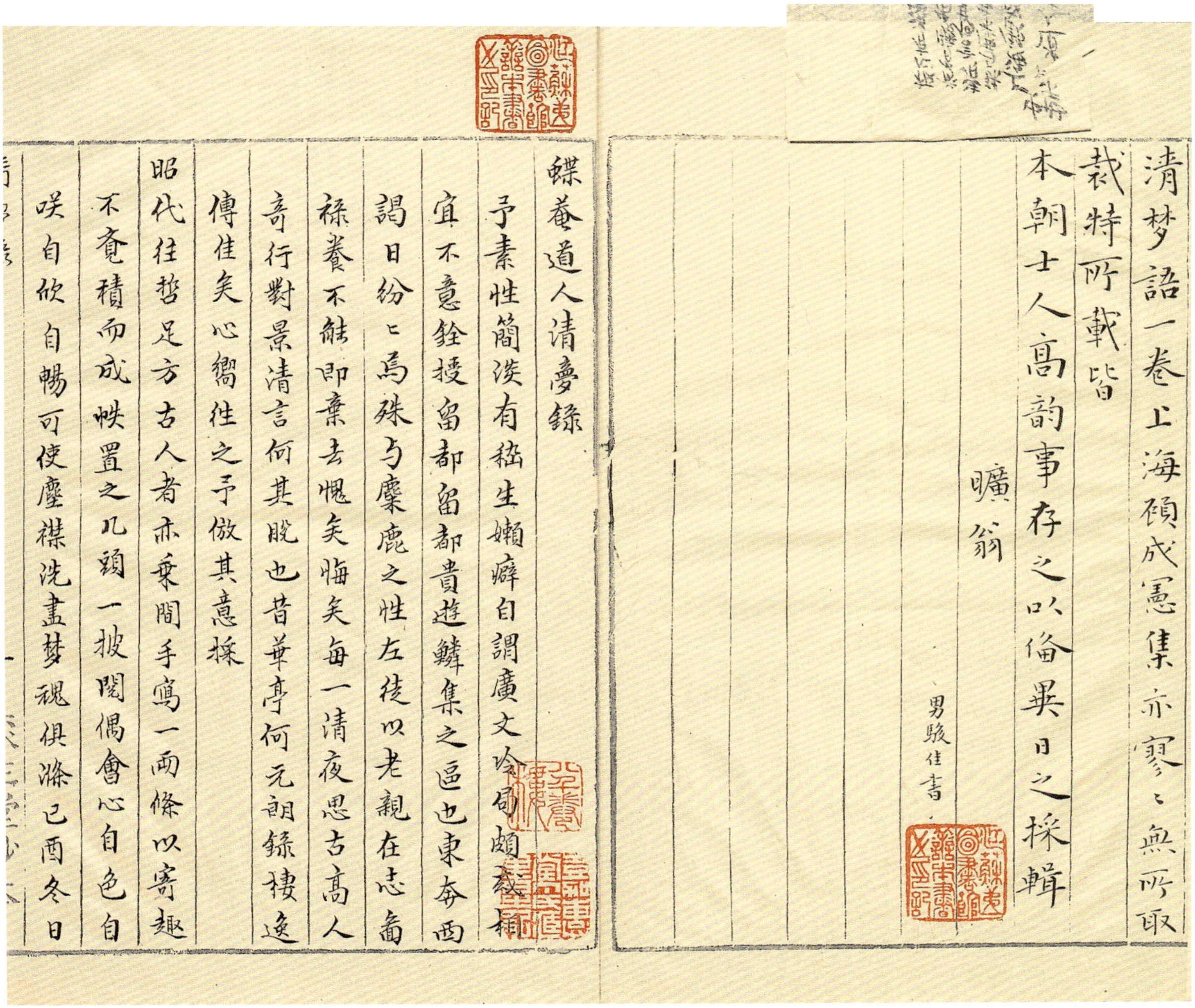

蝶庵道人清夢録一卷　明顧成憲撰

明祁氏淡生堂抄本。祁駿佳録祁承㸁跋，丁丙跋。半葉 10 行，行 20 字，小字雙行，字數同，白口，四周單邊，框高 22.4 厘米，寬 15.8 厘米。南京圖書館藏。國家名録號 11795。

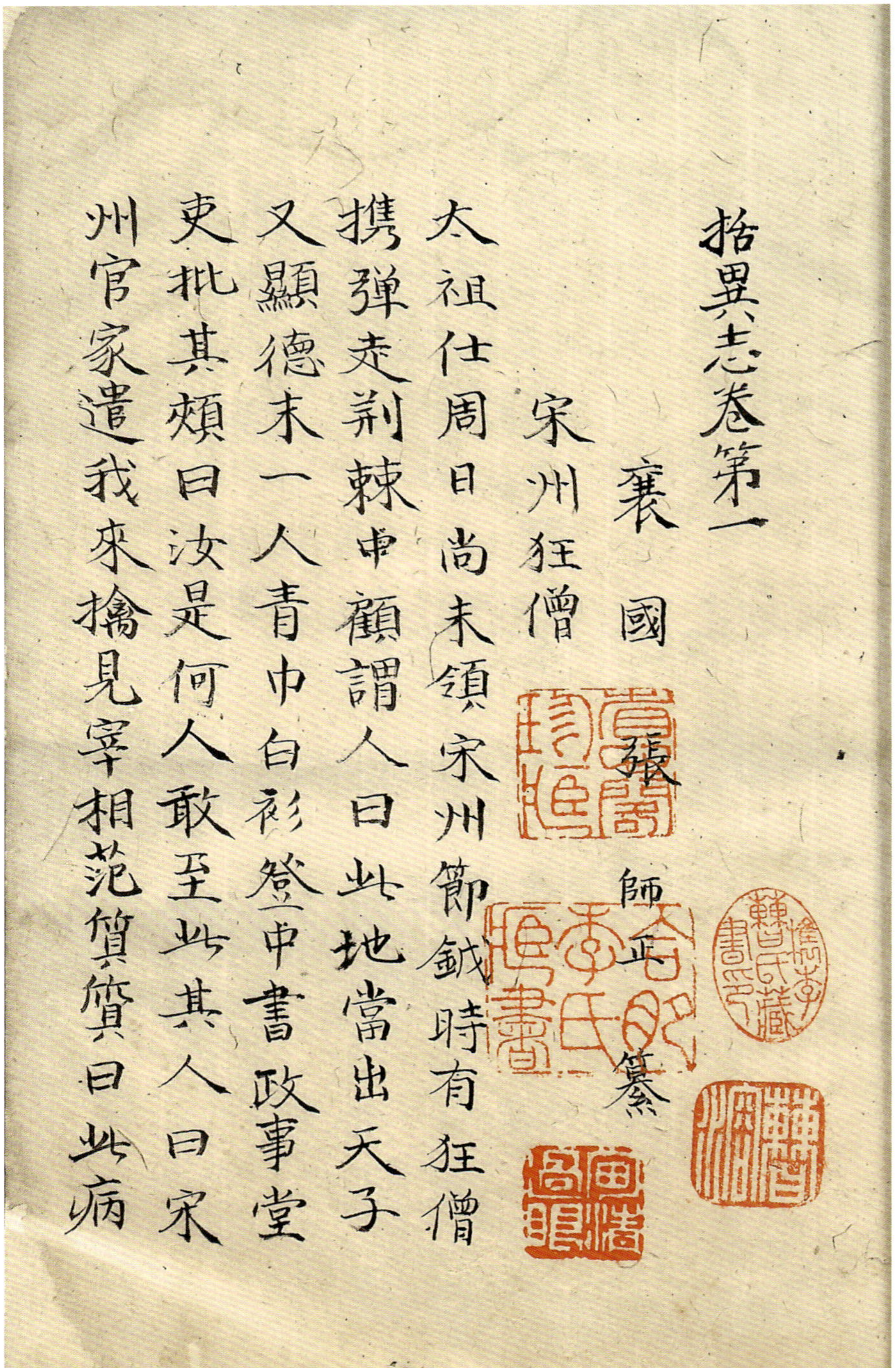

括異志卷第一

襄國　張　師正　纂

宋州狂僧

太祖仕周日尚未領宋州節鉞時有狂僧携彈走荊棘中顧謂人曰此地當出天子又顯德末一人青巾白衫登中書政事堂吏批其頰曰汝是何人敢至此其人曰宋州官家遣我來擒見宰相范質質曰此病

括異志十卷　宋張師正撰

明抄本。黄丕烈跋。半葉 8 行，行 16 字，小字雙行，字數同。南京圖書館藏。國家名録號 11803。

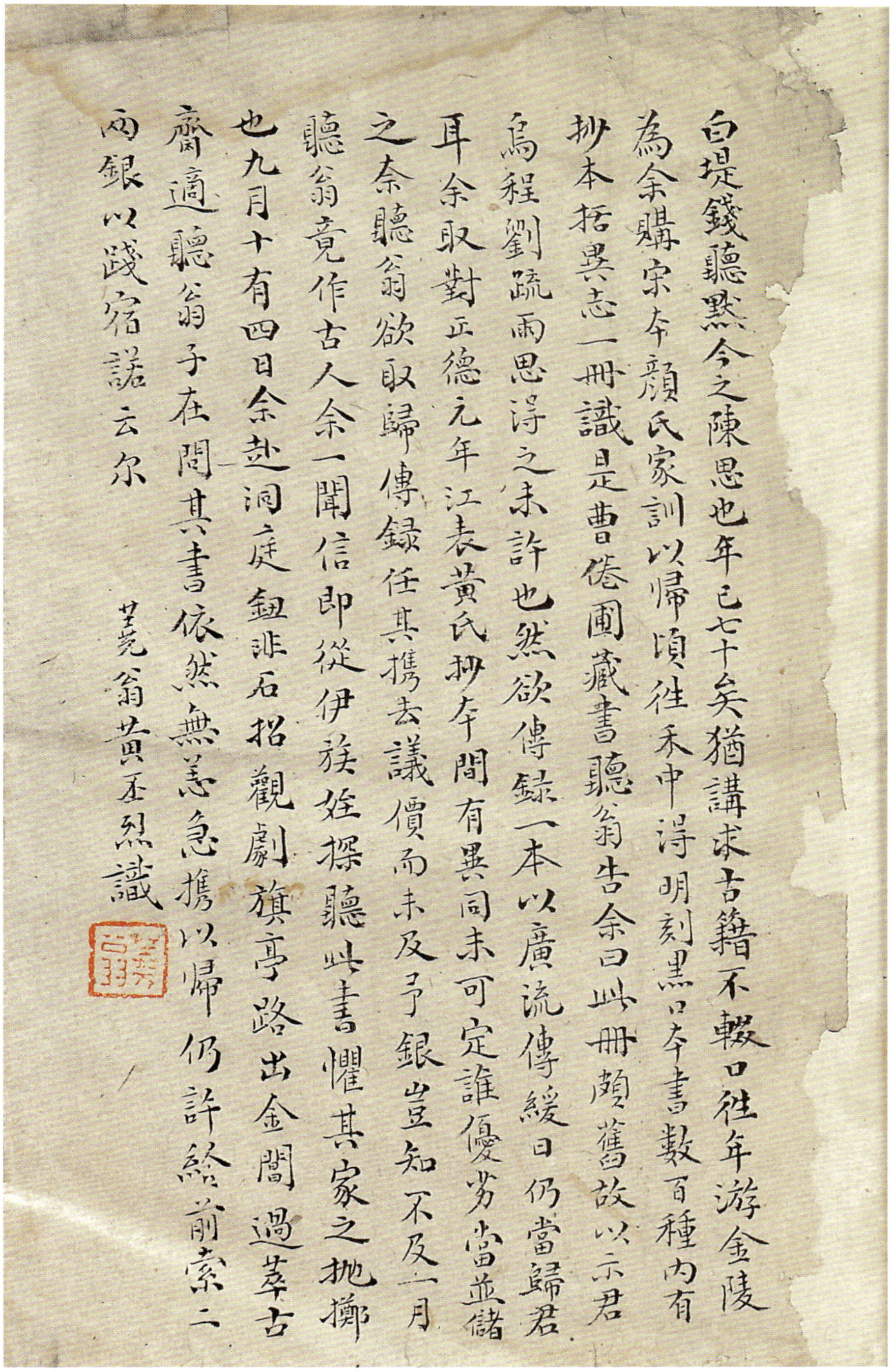

白堤錢聽默今之陳思也年已七十矣猶講求古籍不輟曰往年游金陵爲余購宋本顔氏家訓以歸頃往禾中得明刻黑口本書數百種内有抄本括異志一册識是曹倦圃藏書聽翁告余曰此册頗舊故以示君烏程劉疏雨思得之未許也然欲傳録一本以廣流傳緩日仍當歸君耳余取對正德元年江表黄氏抄本間有異同未可定誰優劣當並儲之余聽翁欲取歸傳録任其携去議價而未及予銀豈知不及一月聽翁竟作古人余一聞信即從伊族姪探聽此書懼其家之拋擲也九月十有四日余赴洞庭鈕非石招觀劇旗亭路出金閶過萃古齋適聽翁子在問其書依然無恙急携以歸仍許給前索二兩銀以踐宿諾云尔

蕘翁黄丕烈識

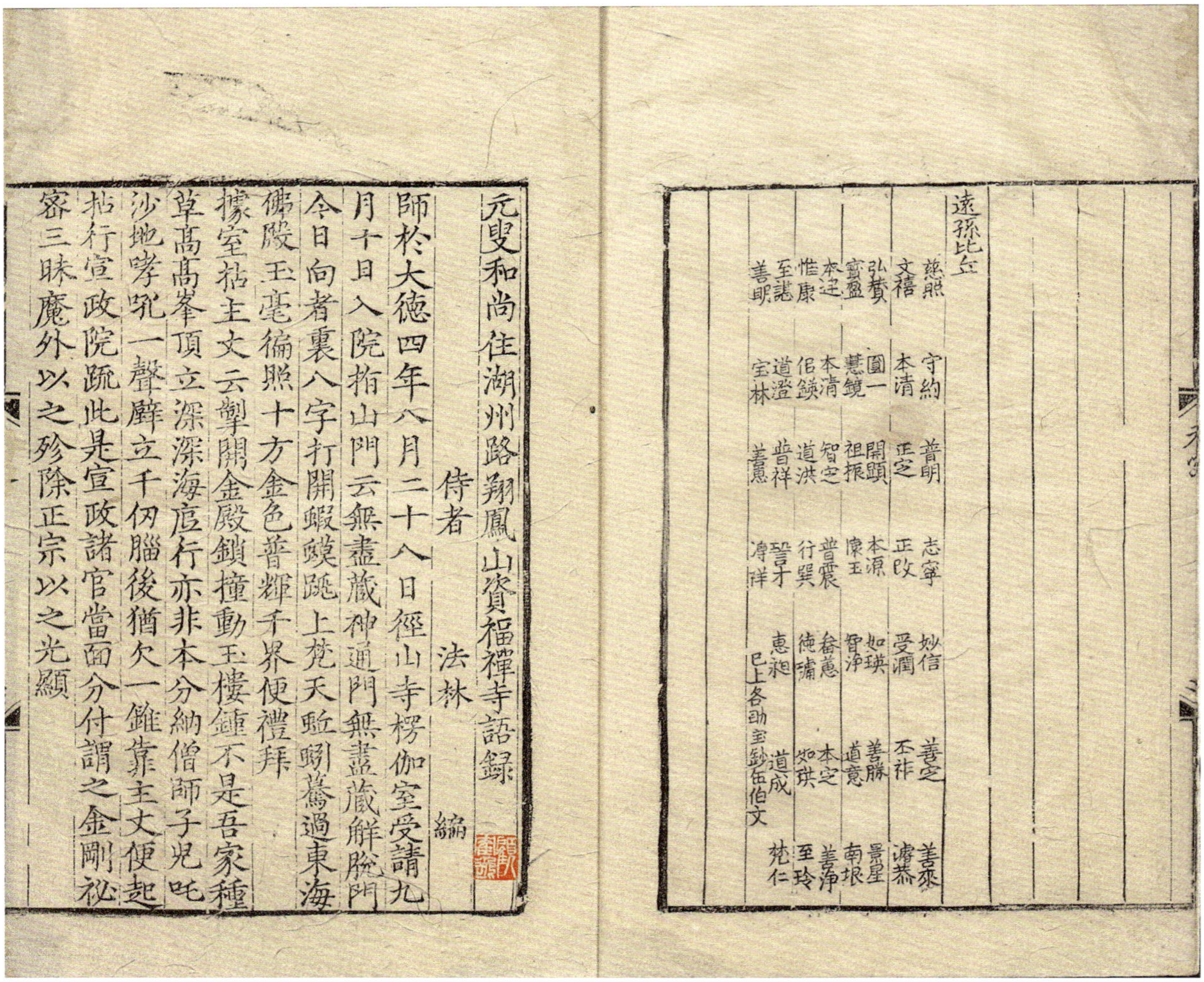

遠孫比丘
慈照　守約　普明　志寧　妙信　善定　善泰
文禧　本清　正定　正改　受潤　丕祚　濬恭
弘贊　圓一　開顯　本源　如瑛　善勝　景星
寶盈　慧鏡　祖振　懷玉　智淨　道意　南根
本迁　本清　智定　普震　希蕙　本定　善淨
惟康　侶鐵　道洪　行巽　德璘　如珙　至玲
至諶　道澄　普祥　誓才　惠昶　道成　梵仁
善明　宝林　善蕙　淨祥　已上各助宝鈔伍伯文

元叟和尚住湖州路翔鳳山資福禪寺語録
侍者　法林　編
師於大德四年八月二十八日徑山寺楞伽室受請九
月十日入院指山門云無盡藏神通門無盡藏解脫門
今日向者裏八字打開蝦蟆跳上梵天蚯蚓驀過東海
佛殿玉毫徧照十方金色普耀千界便禮拜
據室拈主丈云掣開金殿鎖撞動玉樓鍾不是吾家種
草高高峯頂立深深海底行亦非本分納僧師子兒吒
沙地哮吼一聲壁立千仞腦後猶欠一錐靠主丈便起
拈行宣政院疏此是宣政諸官當面分付謂之金剛祕
密三昧魔外以之殄除正宗以之光顯

元叟和尚語録一卷　元釋行端撰　元釋法林輯

明洪武刻本。黄丕烈跋。半葉 11 行，行 21 字，黑口，左右雙邊，框高 19.7 厘米，寬 13.5 厘米。南京圖書館藏。國家名録號 11816。

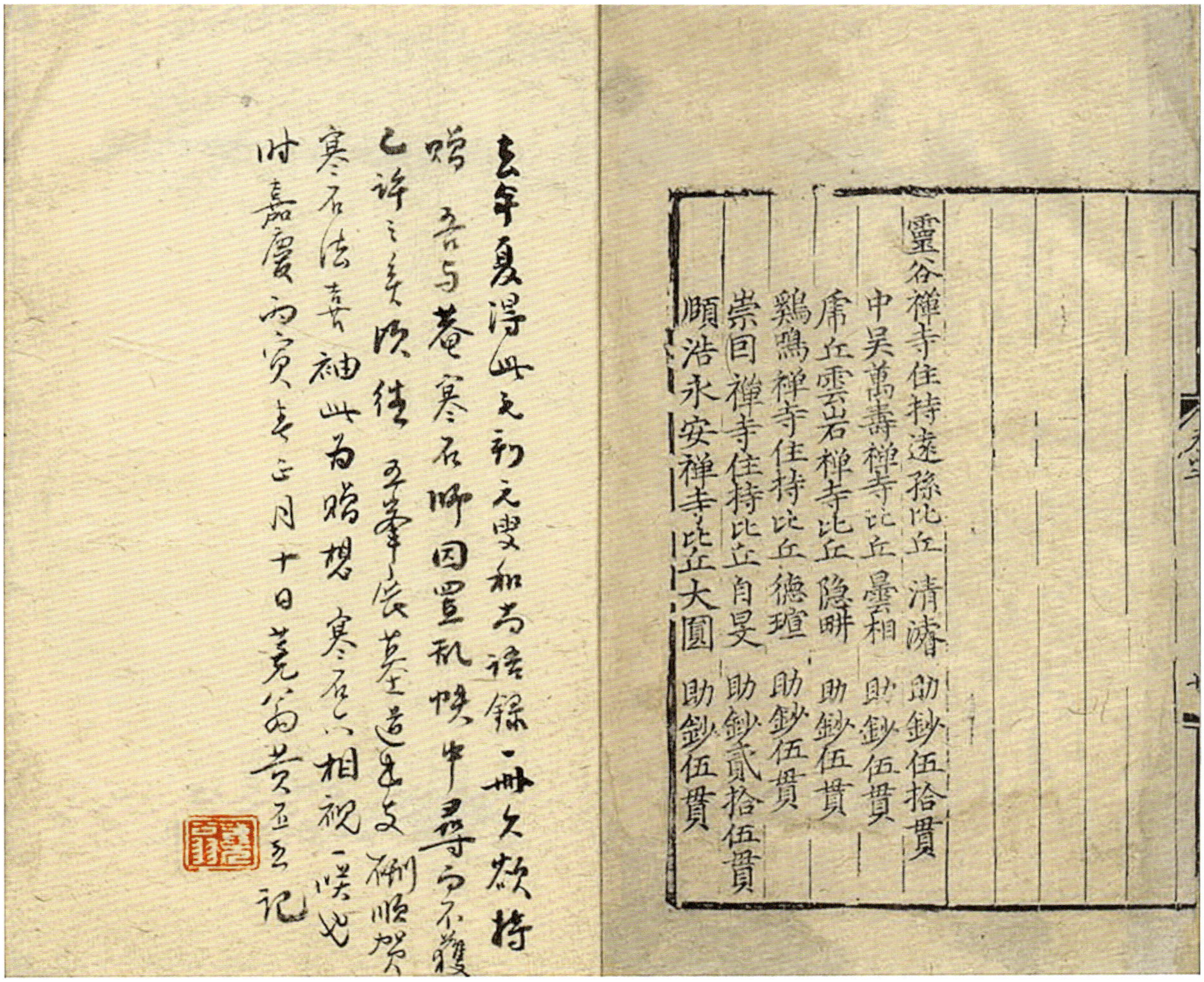

靈谷禪寺住持遠孫比丘　清濬　助鈔伍拾貫
中吳萬壽禪寺比丘曇相　助鈔伍貫
虎丘雲岩禪寺比丘隱畊　助鈔伍貫
鷄鳴禪寺住持比丘德瑄　助鈔伍貫
崇因禪寺住持比丘自旻　助鈔貳拾伍貫
順浩永安禪寺比丘大圓　助鈔伍貫

去年夏得此元刻元叟和尚語錄一册久欲持
贈 吾与菴寒石師因置亂帙中尋之不獲
已許之矣頃往 五峯展墓道出支硎順訪
寒石法喜袖此為贈想 寒石亦相視一笑也
時嘉慶丙寅春正月十日蕘翁黄丕烈記

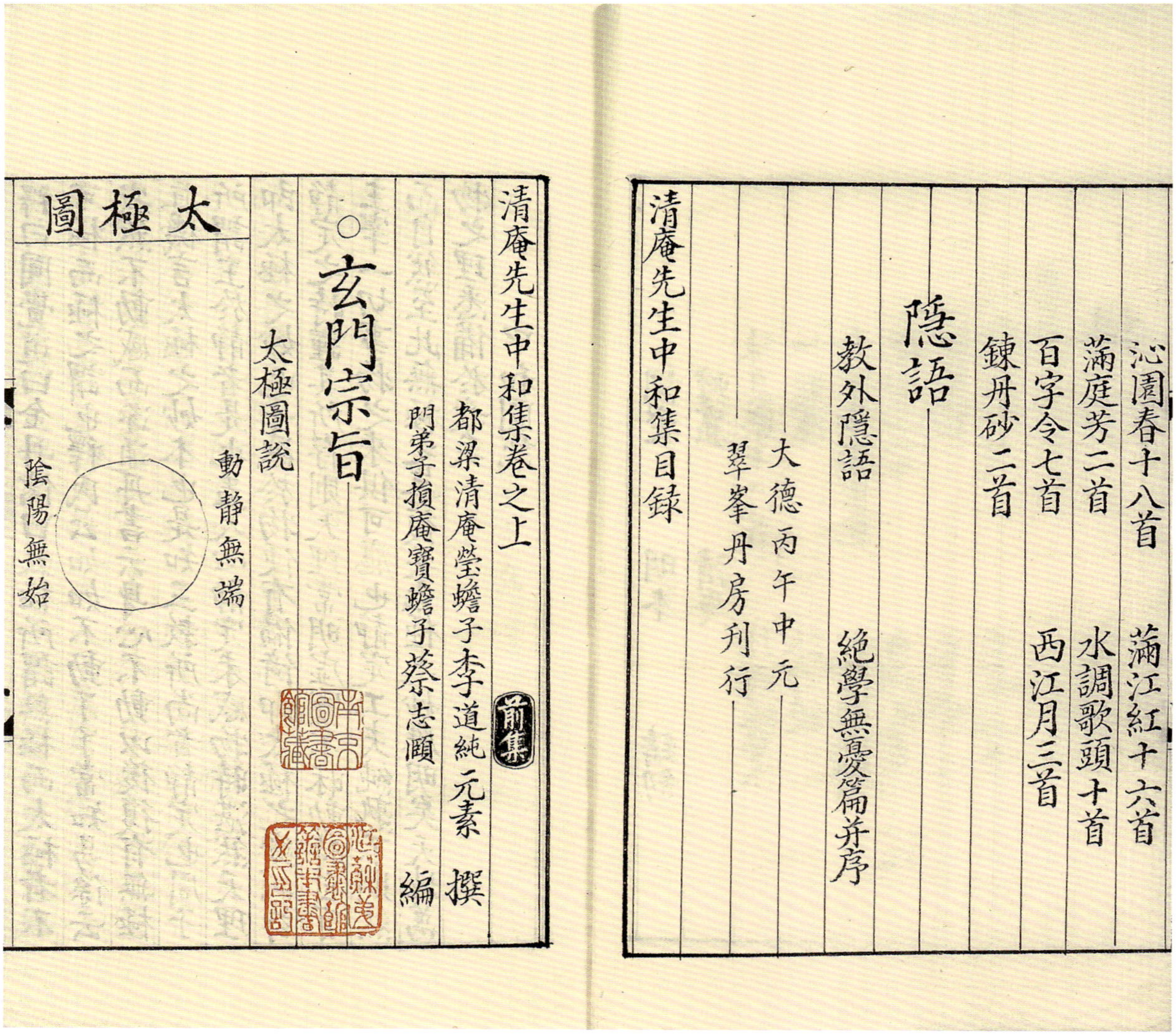

清庵先生中和集前集三卷　後集三卷　元李道純撰　元蔡志頤輯

清影元抄本。丁丙跋。半葉11行，行21字，小字雙行，字數同，黑口，左右雙邊，框高18.5厘米，寬12.5厘米。南京圖書館藏。國家名録號11818。

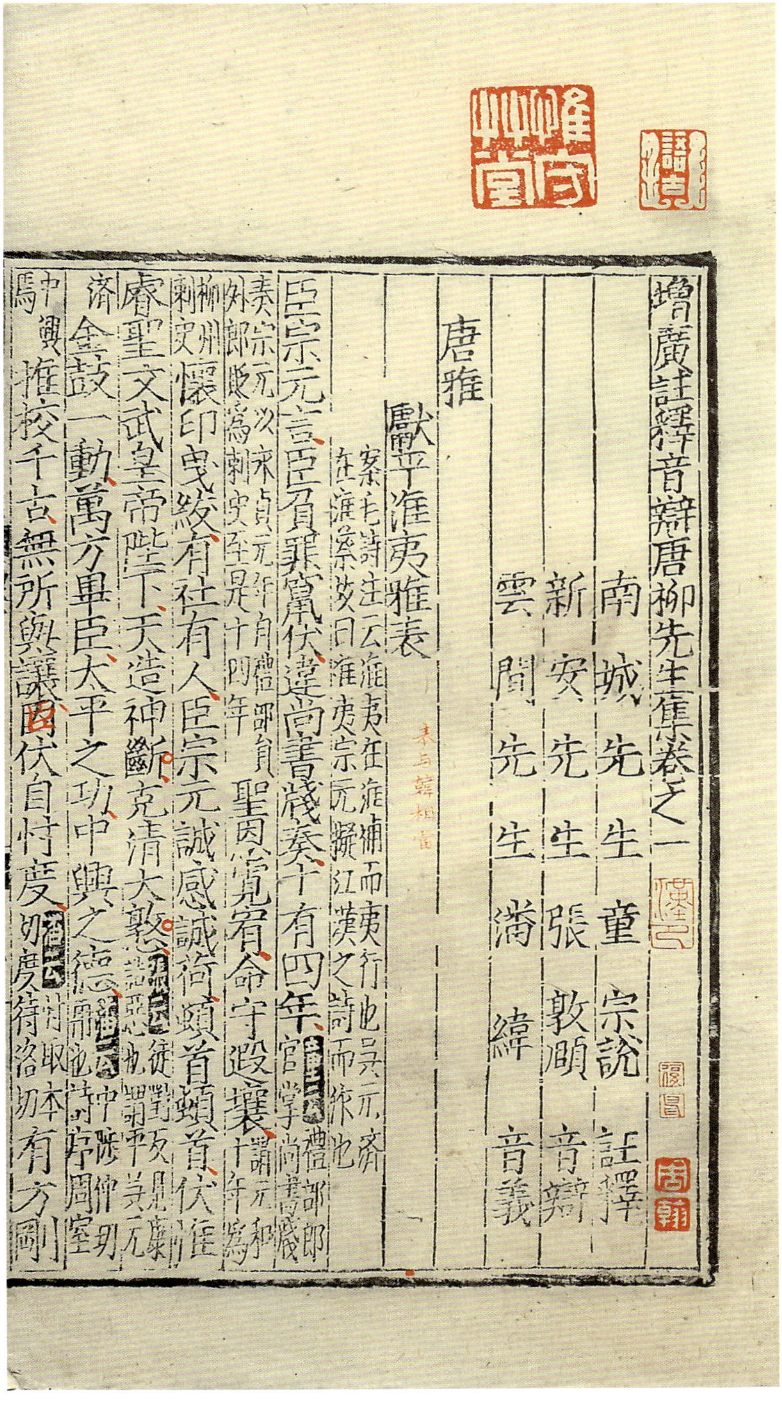

增廣注釋音辯唐柳先生集四十三卷　别集二卷　外集二卷　唐柳宗元撰宋童宗説注釋　宋張敦頤音辯　宋潘緯音義　附録一卷

明初刻本。何焯批校并跋。半葉 13 行，行 23 字，小字雙行，字數同，黑口，四周雙邊，框高 19 厘米，寬 12.9 厘米。南京圖書館藏。國家名録號 11852。

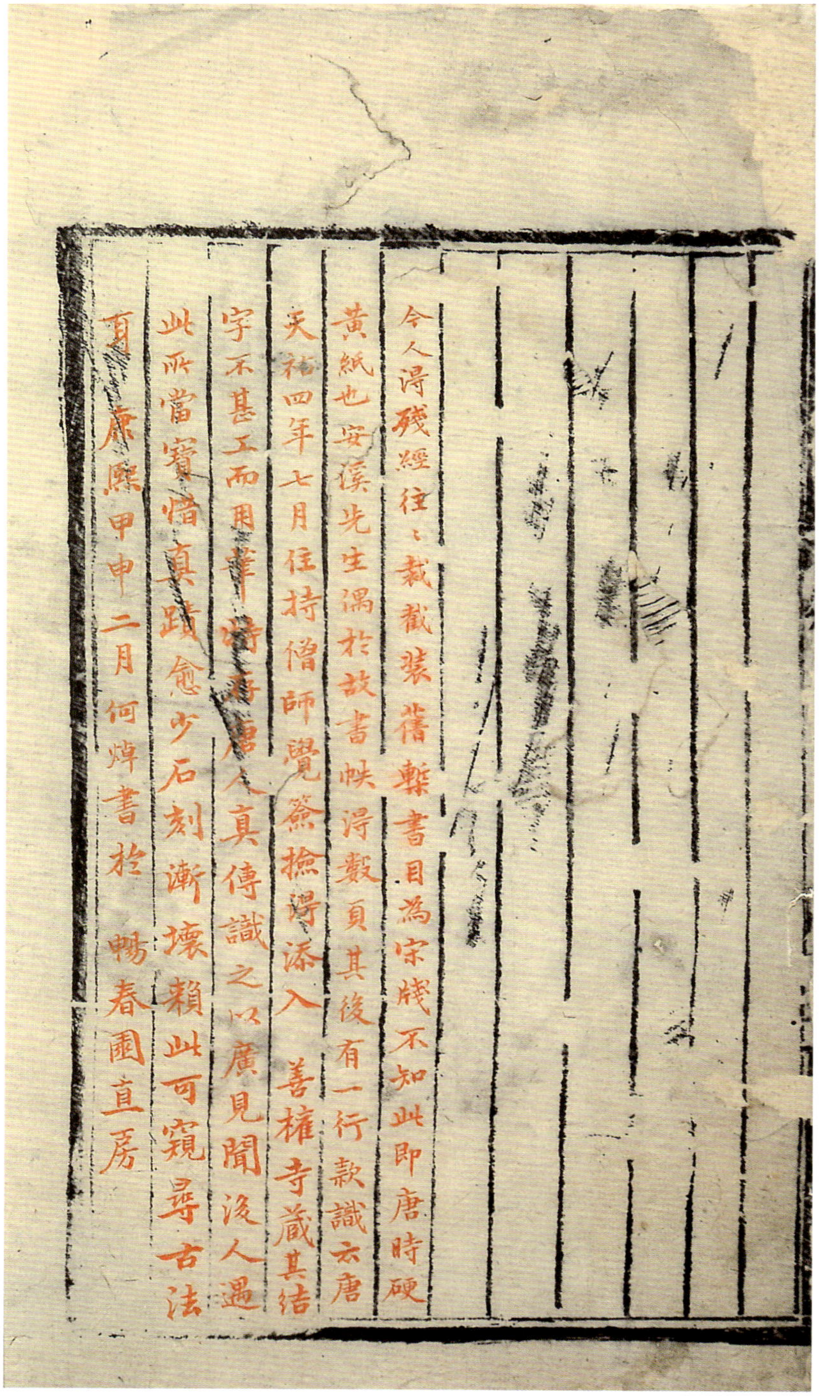

今人得殘經往往裁截裝潢輒書目爲宋牋不知此即唐時硬
黃紙也安溪先生偶於故書帙得數頁其後有一行款識云唐
天祐四年七月住持僧師覺忝撿得添入　善權寺藏其结
字不甚工而用筆猶存唐人真傳識之以廣見聞後人遇
此所當寶惜真跡愈少石刻漸壞賴此可窺尋古法
有康熙甲申二月何焯書於　暢春園直房

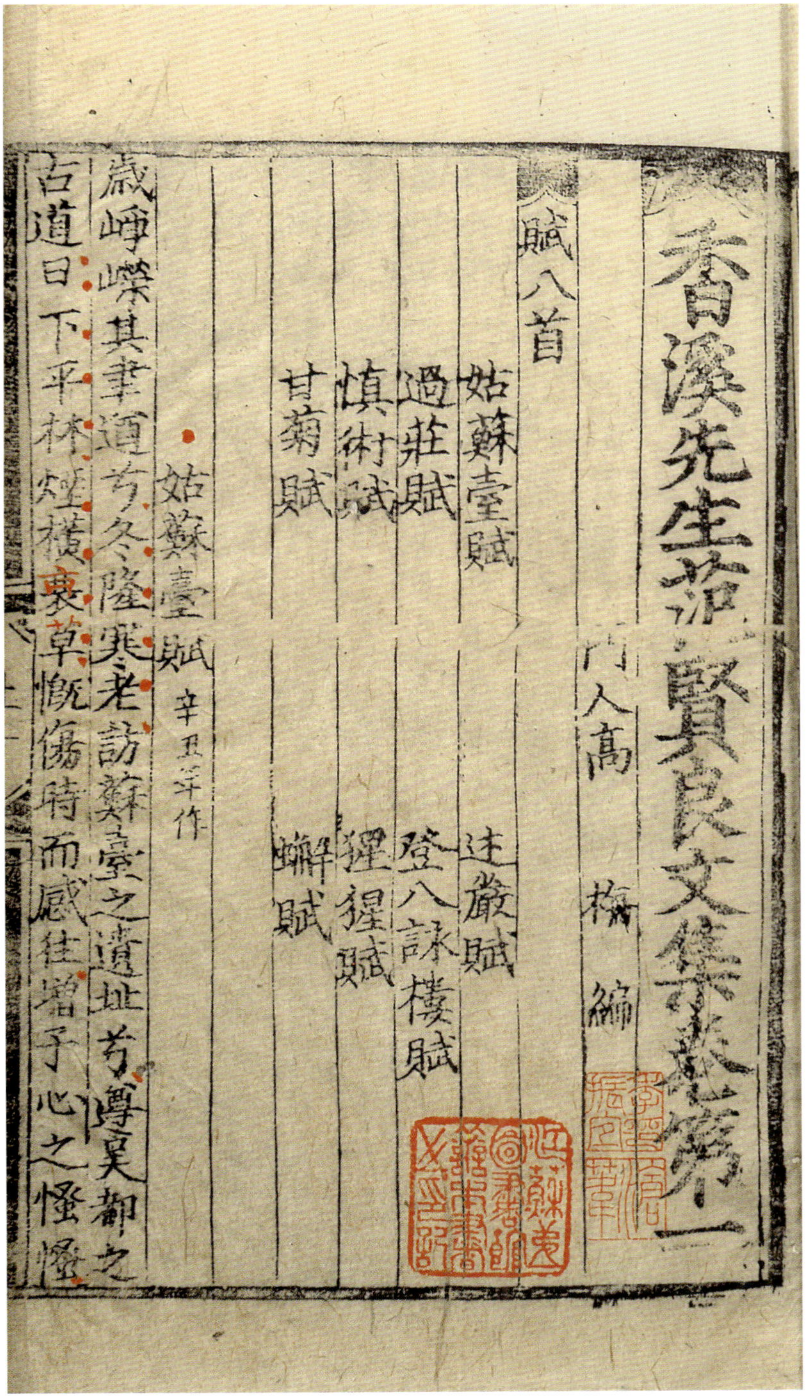

香溪先生范賢良文集卷第一

門人高楠編

賦八首

姑蘇臺賦 迂巖賦

過莊賦 登八詠樓賦

慎術賦 猩猩賦

甘菊賦 蠏賦

姑蘇臺賦 辛丑年作

歲崢嶸其聿遒兮冬隆寒老訪蘇臺之遺址兮眇吳都之古道日下平林煙橫衰草慨傷時而感往增予心之慅慅

香溪先生范賢良文集二十二卷　宋范浚撰

明成化十五年（1479）唐韶刻遞修本。丁丙跋。半葉12行，行22字，小字雙行，字無定數，黑口，左右雙邊，框高19.7厘米，寬13厘米。南京圖書館藏。國家名録號11880。

明清時期

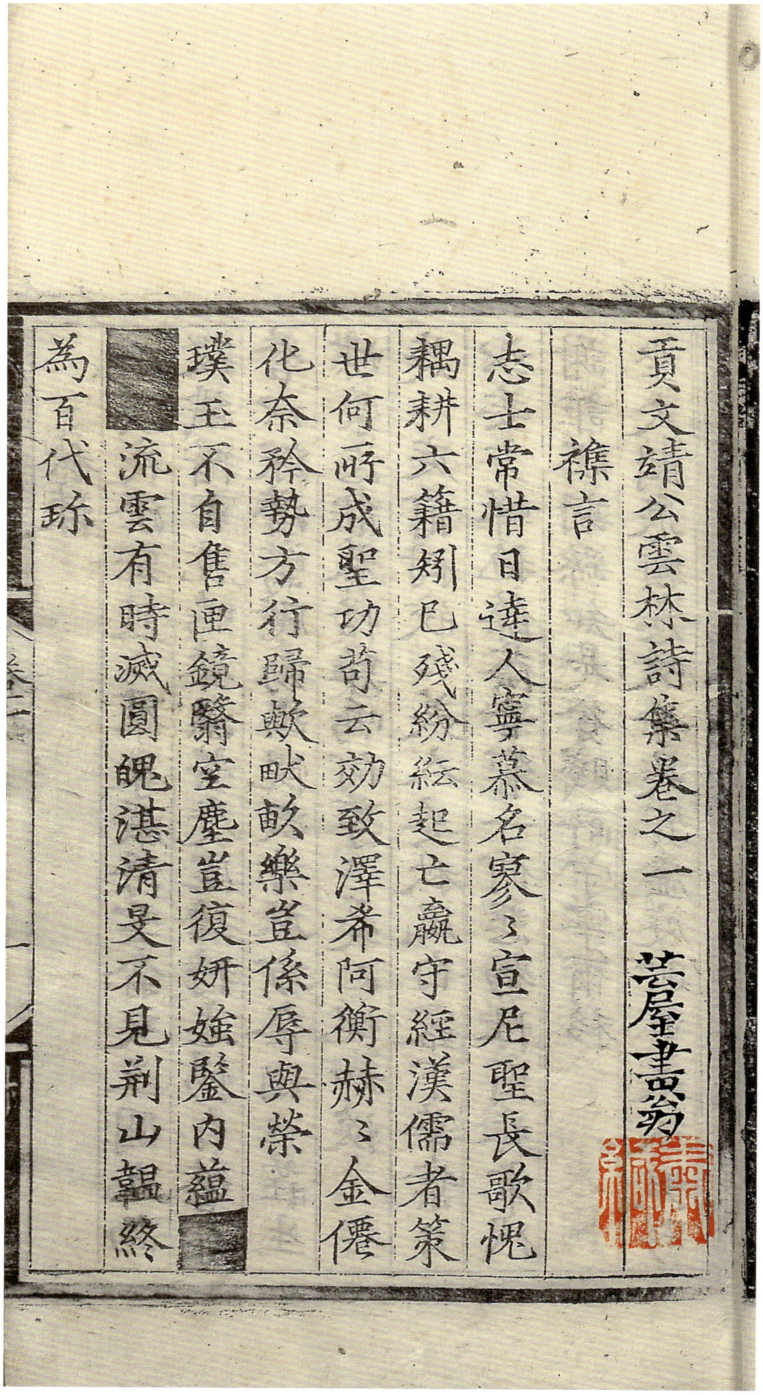

貢文靖公雲林詩集卷之一　芸屋書翁

襍言

志士常惜日達人寧慕名寥寥宣尼聖長歌愧耦耕六籍刴已残紛紜起亡嬴守經漢儒者策世何所成聖功苟云効致澤希阿衡赫赫金僊化奈矜勢方行歸畎畝樂豈係辱與榮
■璞玉不自售匣鏡翳室塵豈復妍媸鑒內蘊■流雲有時滅圓魄湛清旻不見荊山韞終為百代珎

貢文靖公雲林詩集六卷　元貢奎撰　附録一卷

明弘治三年（1490）范吉刻本。半葉9行，行18字，黑口，四周雙邊，框高18.2厘米，寬12.5厘米。南京圖書館藏。國家名録號11907。

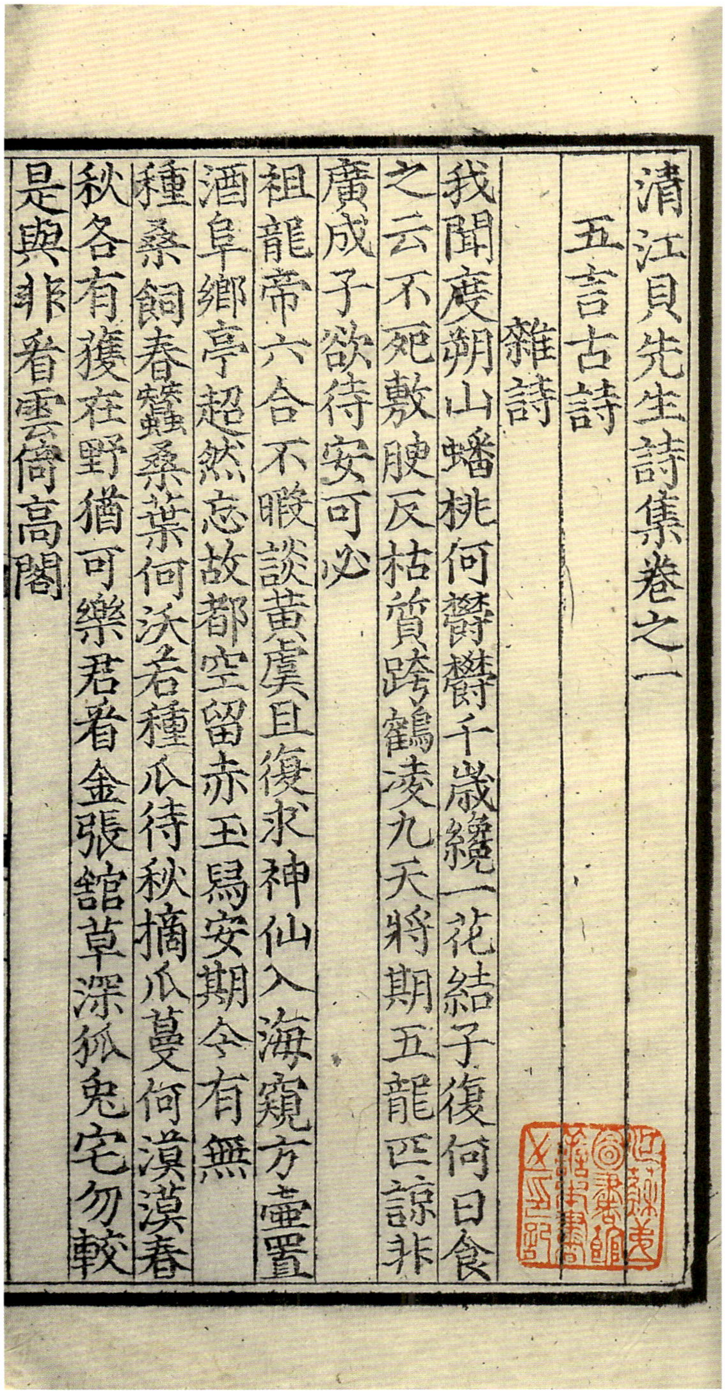
清江貝先生詩集卷之一

五言古詩

雜詩

我聞度朔山蟠桃何欝欝千歲纔一花結子復何日食之云不死敷腴反枯質跨鶴凌九天將期五龍匹諒非廣成子欲待安可必

祖龍帝六合不暇談黃虞且復求神仙入海窺方壺置酒阜鄉亭超然忘故都空留赤玉舄安期令有無

種桑飼春蠶桑葉何沃若種瓜待秋摘瓜蔓何漠漠春秋各有獲在野猶可樂君看金張館草深狐兎宅勿較是與非看雲倚高閣

清江貝先生詩集十卷　明貝瓊撰

明洪武刻本。丁丙跋。半葉 11 行，行 21 字，黑口，四周雙邊，框高 22 厘米，寬 13.3 厘米。南京圖書館藏。國家名録號 11919。

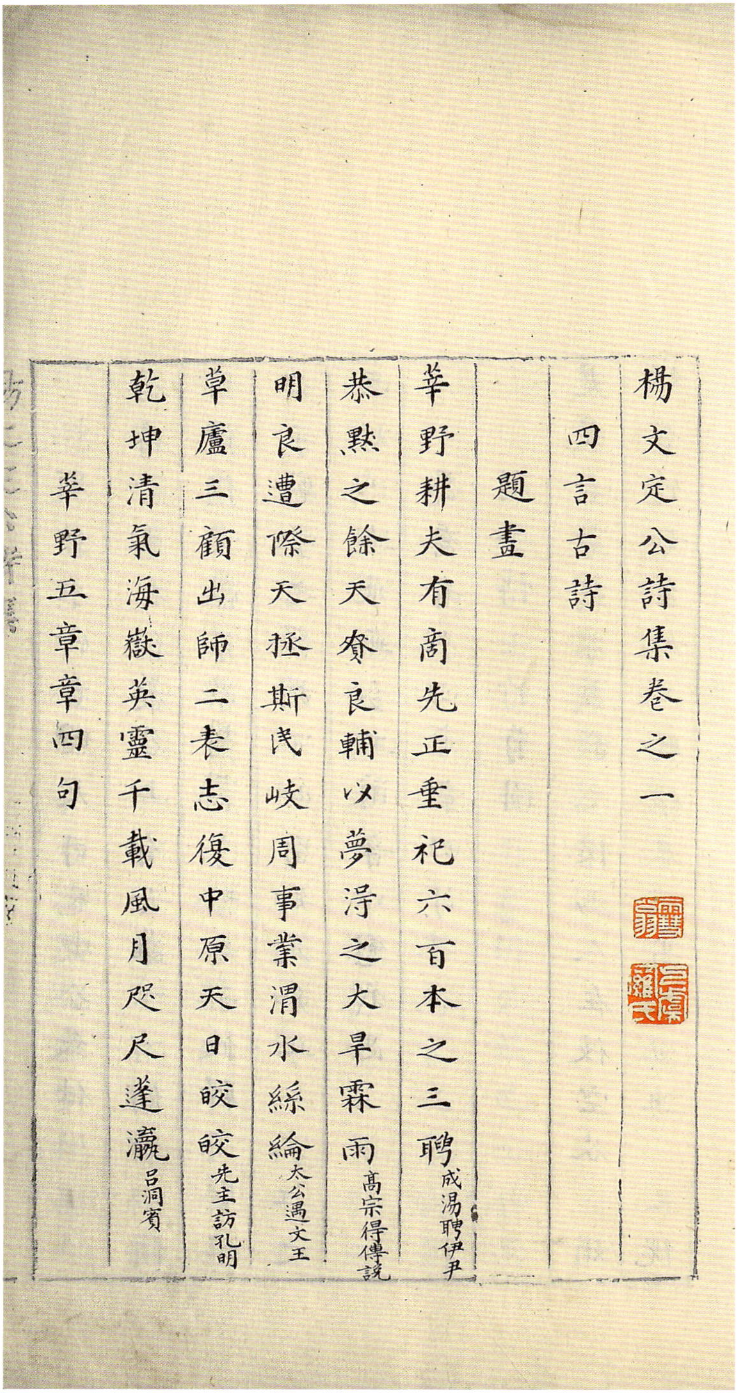
楊文定公詩集卷之一

四言古詩

題畫

莘野耕夫有商先正垂祀六百本之三聘成湯聘伊尹

恭默之餘天賚良輔以夢浮之大旱霖雨高宗得傳說

明良遭際天拯斯民岐周事業渭水絲綸太公遇文王

草廬三顧出師二表志復中原天日皎皎先主訪孔明

乾坤清氣海嶽英靈千載風月咫尺蓬瀛呂洞賓

莘野五章章四句

楊文定公詩集七卷　明楊溥撰

明抄本。羅繼祖跋。半葉9行，行18字，白口，四周單邊，框高21.5厘米，寬15.7厘米。南京圖書館藏。國家名録號11923。

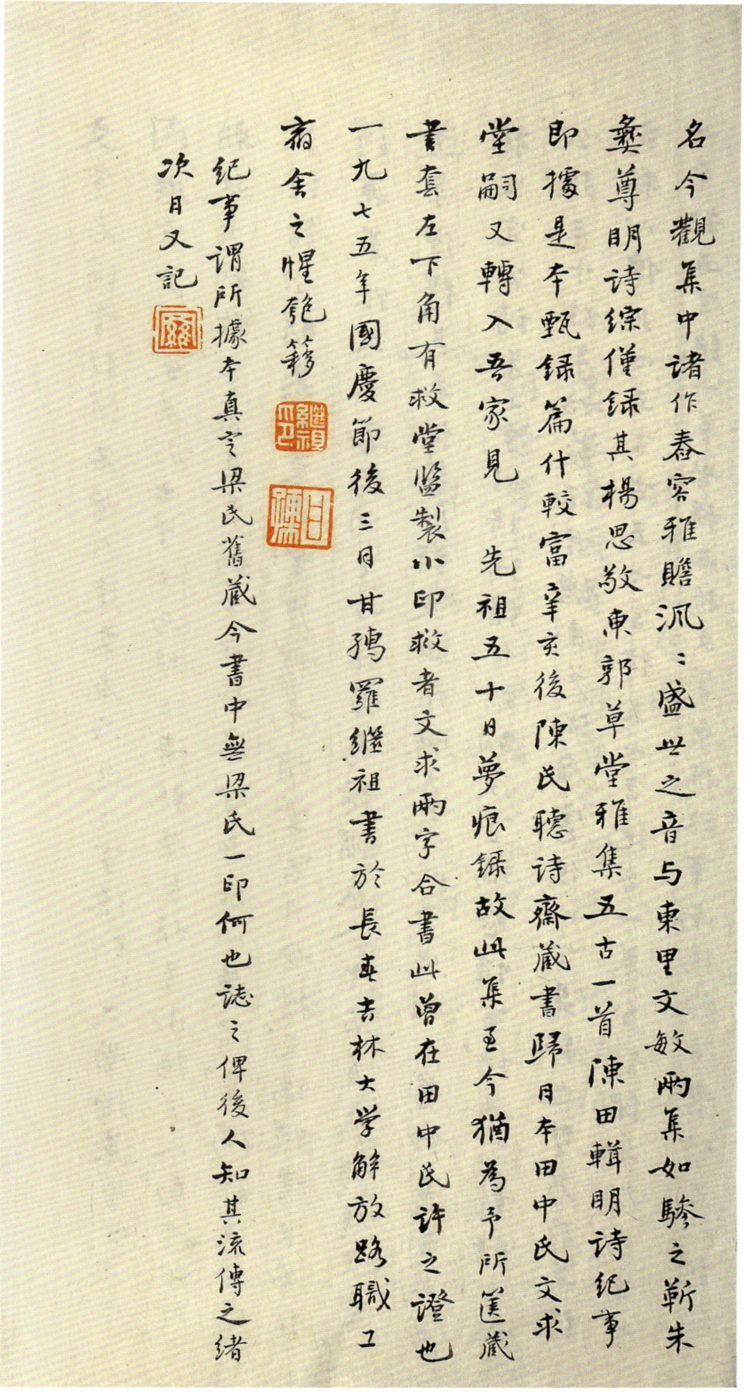

名今觀集中諸作春容雅贍渢渢盛世之音与東里文敏兩集如驂之靳朱彝尊明詩綜僅錄其楊思敬東郭草堂雅集五古一首陳田輯明詩紀事即據是本甄錄篇什較富辛亥後陳氏聽詩齋藏書歸日本田中氏文求堂嗣又轉入吾家見 先祖五十日夢痕錄故此集至今猶為予所篋藏書套左下角有救堂監製小印救者文求兩字合書此曾在田中氏許之證也

一九七五年國慶節後三日甘孺羅繼祖書於長春吉林大学解放路職工宿舍之惺飽簃

紀事謂所據本真定梁氏舊藏今書中無梁氏一印何也誌之俾後人知其流傳之緒 次月又記

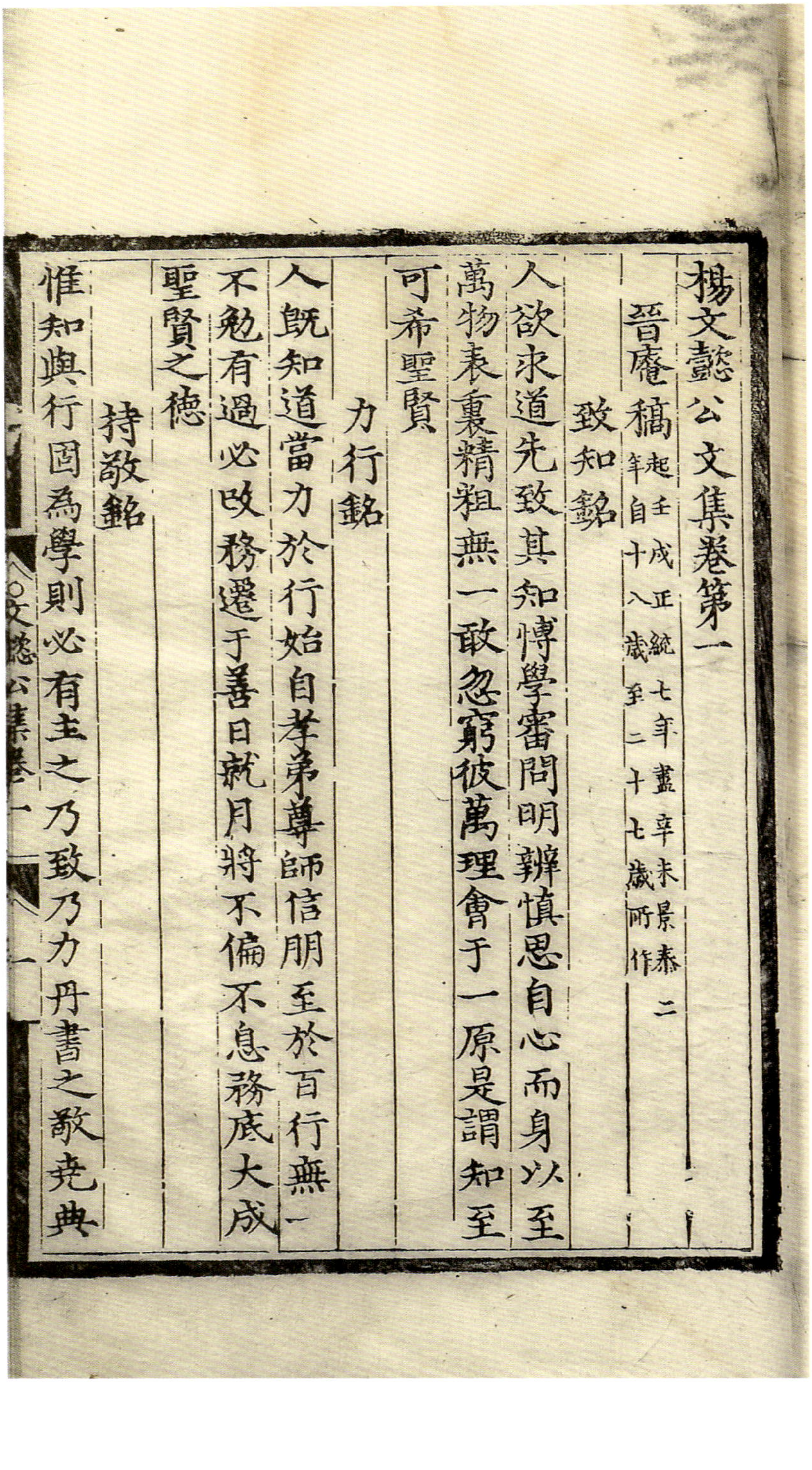
楊文懿公文集卷第一

晉菴稿 起壬戌正統七年盡辛未景泰二年自十八歲至二十七歲所作

致知銘

人欲求道先致其知慱學審問明辨慎思自心而身以至萬物表裏精粗無一敢忽窮彼萬理會于一原是謂知至可希聖賢

力行銘

人既知道當力於行始自孝弟尊師信朋至於百行無一不勉有過必改務遷于善日就月將不偏不息務底大成聖賢之德

持敬銘

惟知與行固為學則必有主之乃致乃力丹書之敬尭典

楊文懿公文集三十卷　明楊守陳撰

明弘治十二年（1499）楊茂仁刻本。黄丕烈跋。半葉12行，行22字，小字雙行，字數同，黑口，四周雙邊，框高19.5厘米，寬13.6厘米。南京圖書館藏。國家名録號11929。

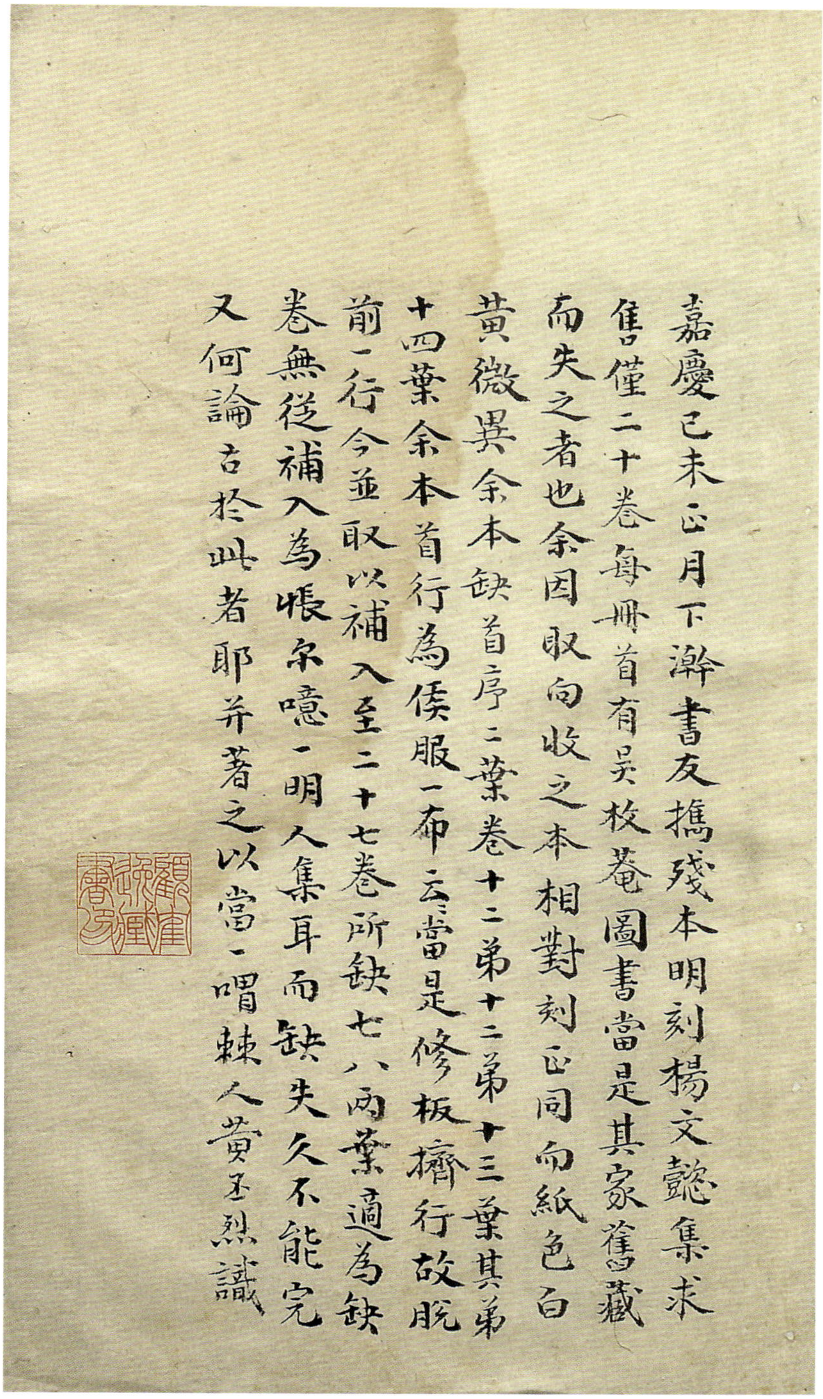
嘉慶己未正月下澣書友攜殘本明刻楊文懿集求
售僅二十卷每冊首有吳枚菴圖書當是其家舊藏
而失之者也余因取向收之本相對刻正同而紙色白
黄微異余本缺首序二葉卷十二第十二第十三葉其第
十四葉余本首行為俟服一布云云當是修板擠行故脫
前一行今並取以補入至二十七卷所缺七八兩葉適為缺
卷無從補入為悵耳噫一明人集耳而缺失久不能完
又何論古於此者耶并著之以當一喟棘人黄丕烈識

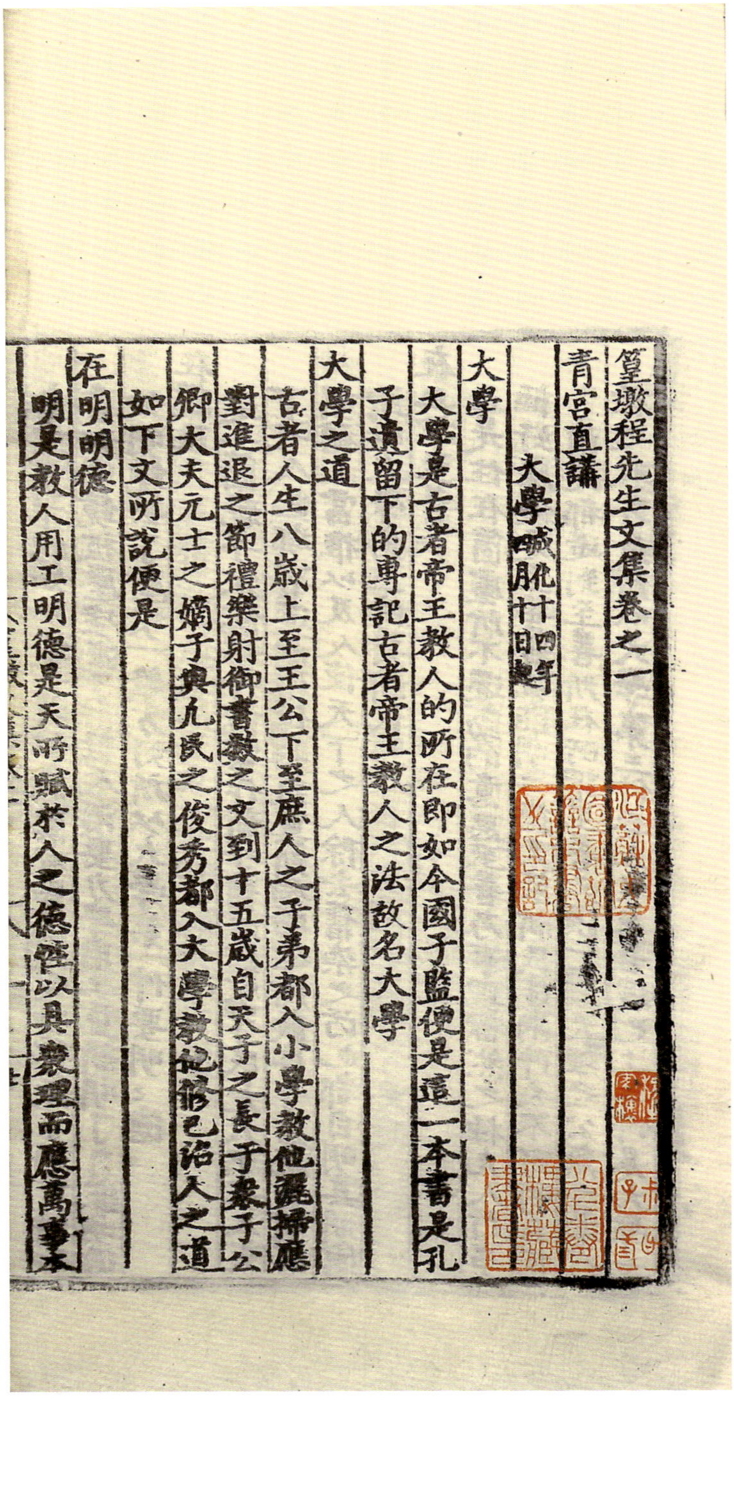

篁墩程先生文集卷之一

青宫直講

大學 成化十四年□月十日進

大學

大學是古者帝王教人的所在即如今國子監便是這一本書是孔子遺留下的專記古者帝王教人之法故名大學

大學之道

古者人生八歲上至王公下至庶人之子弟都入小學教他灑掃應對進退之節禮樂射御書數之文到十五歲自天子之長子衆子公卿大夫元士之嫡子與凡民之俊秀都入大學教他修己治人之道如下文所説便是

在明明德

明是教人用工明德是天所賦於人之德虚以具衆理而應萬事本

篁墩程先生文集九十三卷　拾遺一卷　明程敏政撰

明正德二年（1507）何歆刻本。丁丙跋。半葉13行，行27字，小字雙行，字數同，白口，左右雙邊或四周單邊，框高19.1厘米，寬13.1厘米。南京圖書館藏。國家名録號11931。

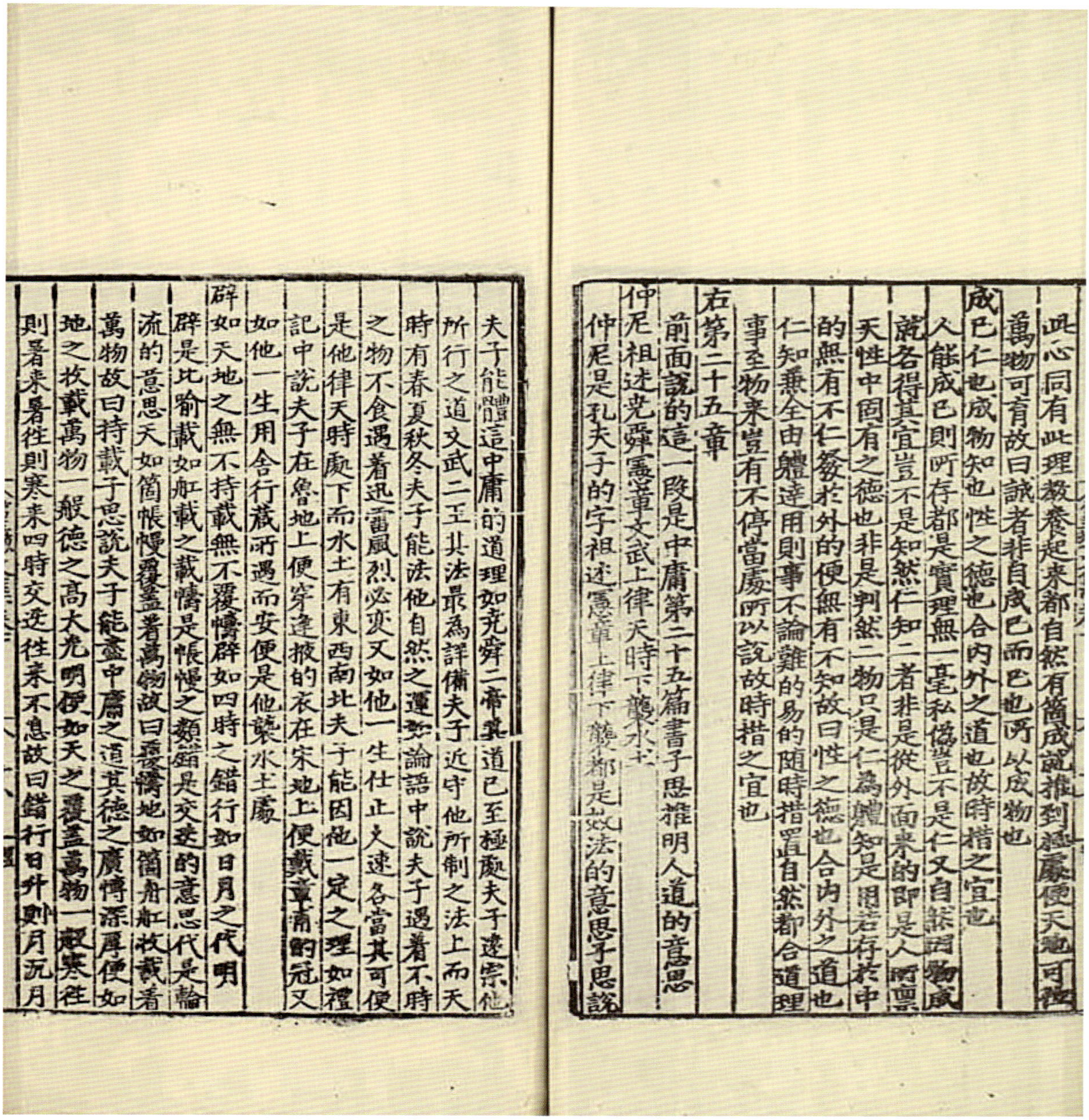
此心同有此理教養起来都自然有箇成就推到極處便天地可位
萬物可育故曰誠者非自成己而已也所以成物也
成己仁也成物知也性之德也合內外之道也故時措之宜也
人能成己則所存都是實理無一毫私僞豈不是仁又自然因物成
就各得其宜豈不是知然仁知二者非是從外面来的即是人所稟
天性中固有之德也非是判然二物只是仁為體知是用若存於中
的無有不仁發於外的便無有不知故曰性之德也合內外之道也
仁知兼全由體達用則事不論難的易的隨時措置自然都合道理
事至物来豈有不停當處所以說故時措之宜也
右第二十五章
前面說的這一段是中庸第二十五篇書子思推明人道的意思
仲尼祖述堯舜憲章文武上律天時下襲水土
仲尼是孔夫子的字祖述憲章上律下襲都是效法的意思子思說
夫子能體這中庸的道理如堯舜二帝其道已至極處夫子遠宗他
所行之道文武二王其法最為詳備夫子近守他所制之法上而天
時有春夏秋冬夫子能法他自然之運如論語中說夫子遇着不時
之物不食遇着迅雷風烈必變又如他一生仕止久速各當其可便
是他律天時處下而水土有東西南北夫子能因他一定之理如禮
記中說夫子在魯地上便穿逢掖的衣在宋地上便戴章甫的冠又
如他一生用舍行藏所遇而安便是他襲水土處
辟如天地之無不持載無不覆幬辟如四時之錯行如日月之代明
辟是比喻載如舡載之載幬是帳幔之類錯是交迭的意思代是輪
流的意思天如箇帳幔覆盖着萬物故曰覆幬地如箇舟舡收載着
萬物故曰持載子思說夫子能盡中庸之道其德之廣博深厚便如
地之收載萬物一般德之高大光明便如天之覆盖萬物一般寒往
則暑来暑往則寒来四時交迭往来不息故曰錯行日升則月沉月

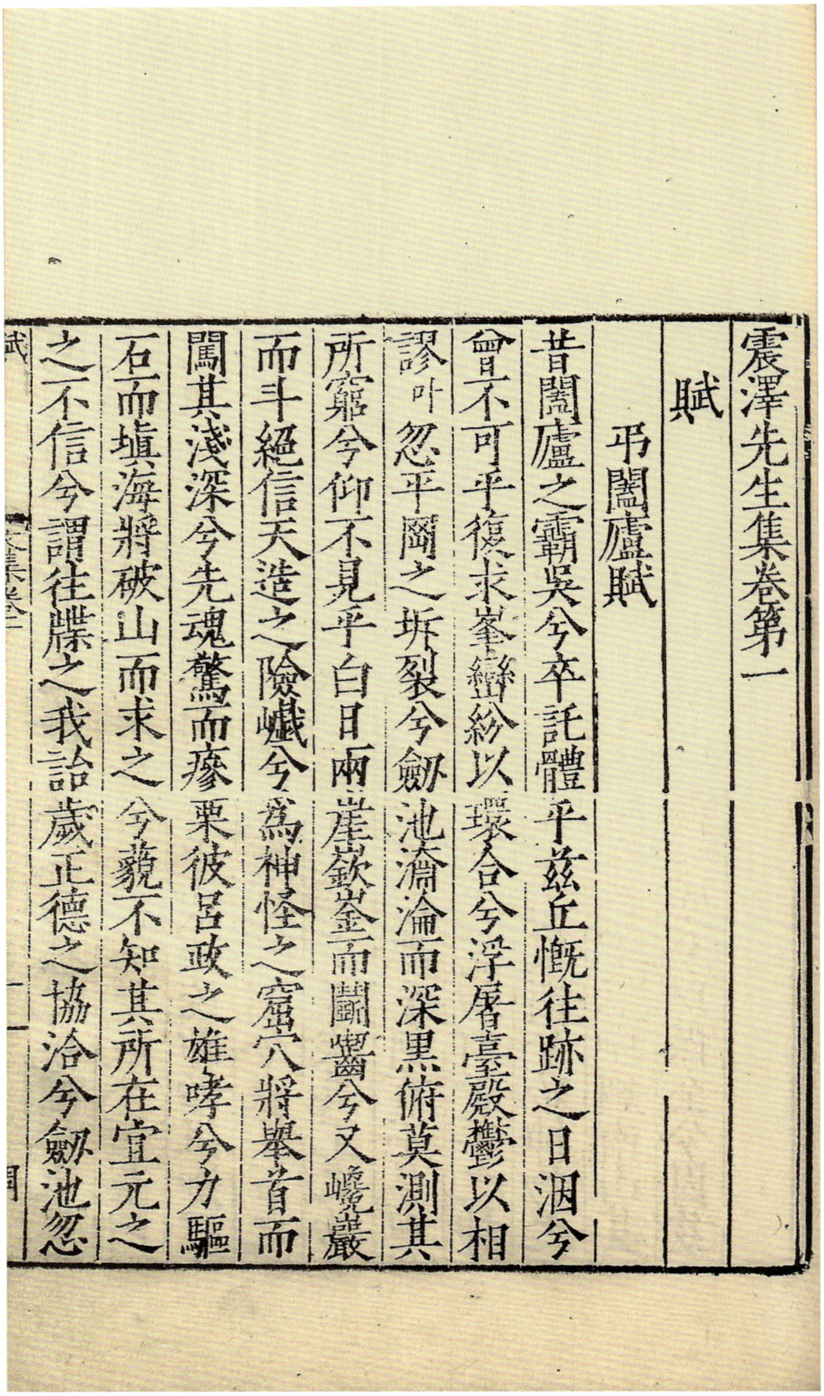

震澤先生集三十六卷　明王鏊撰

明嘉靖刻本。半葉 11 行，行 20 字，白口，左右雙邊，框高 17.5 厘米，寬 14.5 厘米。南京圖書館藏。國家名録號 11934。

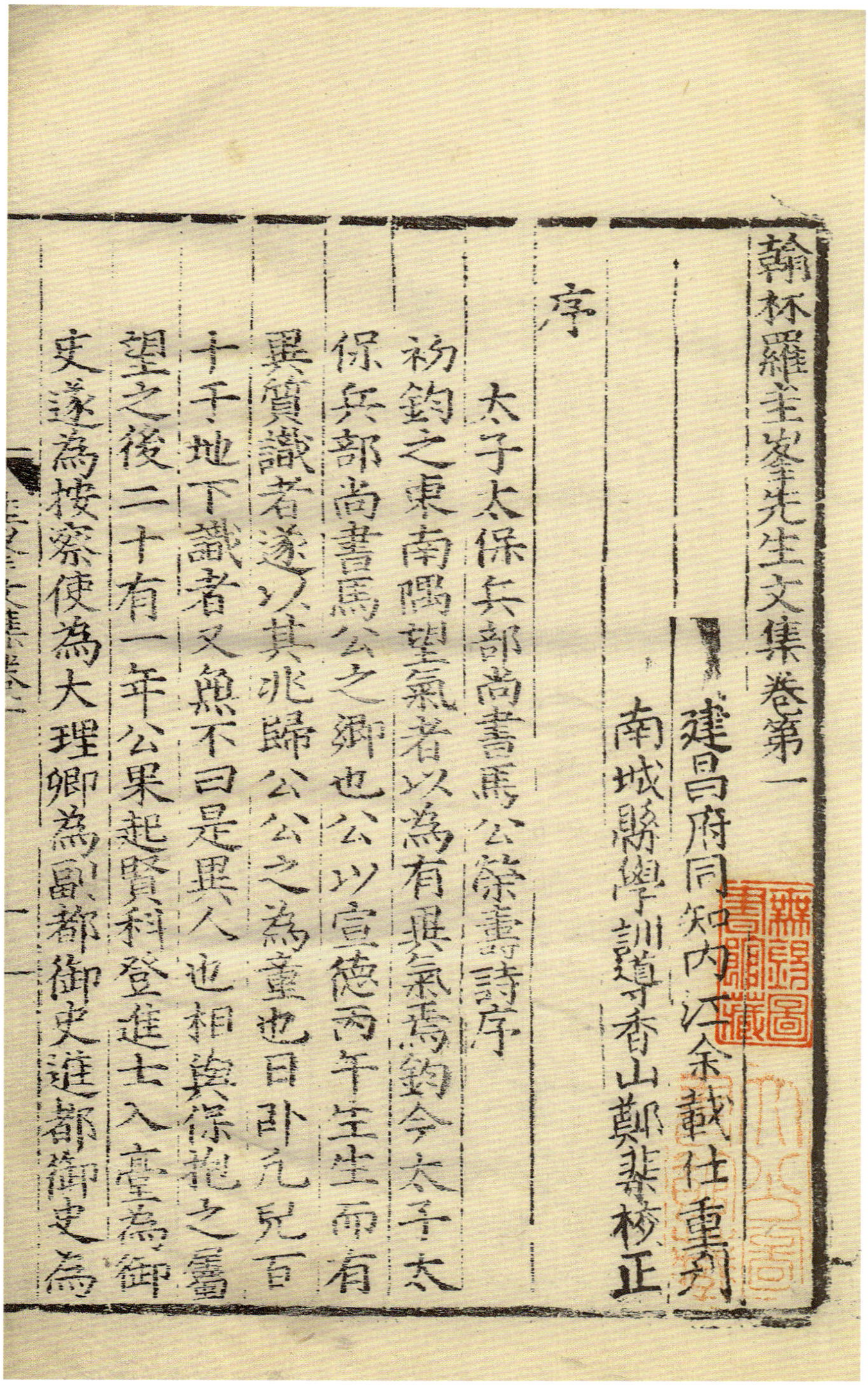

翰林羅圭峯先生文集卷第一
建昌府同知内江余載仕重刊
南城縣學訓導香山鄭棐校正
序
太子太保兵部尚書馬公榮壽詩序
祐鈞之東南隅望氣者以為有異氣焉鈞今太子太
保兵部尚書馬公之鄉也公以宣德丙午生生而有
異質識者遂以其兆歸公公之為童也日卧几兒百
十千地下識者又煞不曰是異人也相與保抱之靈
望之後二十有一年公果起賢科登進士入臺為御
史遂為按察使為大理卿為副都御史進都御史為

翰林羅圭峰先生文集十八卷　明羅玘撰

明嘉靖五年（1526）陳洪謨、余載仕刻本。半葉11行，行22字，白口，四周單邊，框高20.5厘米，寬14.7厘米。無錫市圖書館。國家名録號11939。

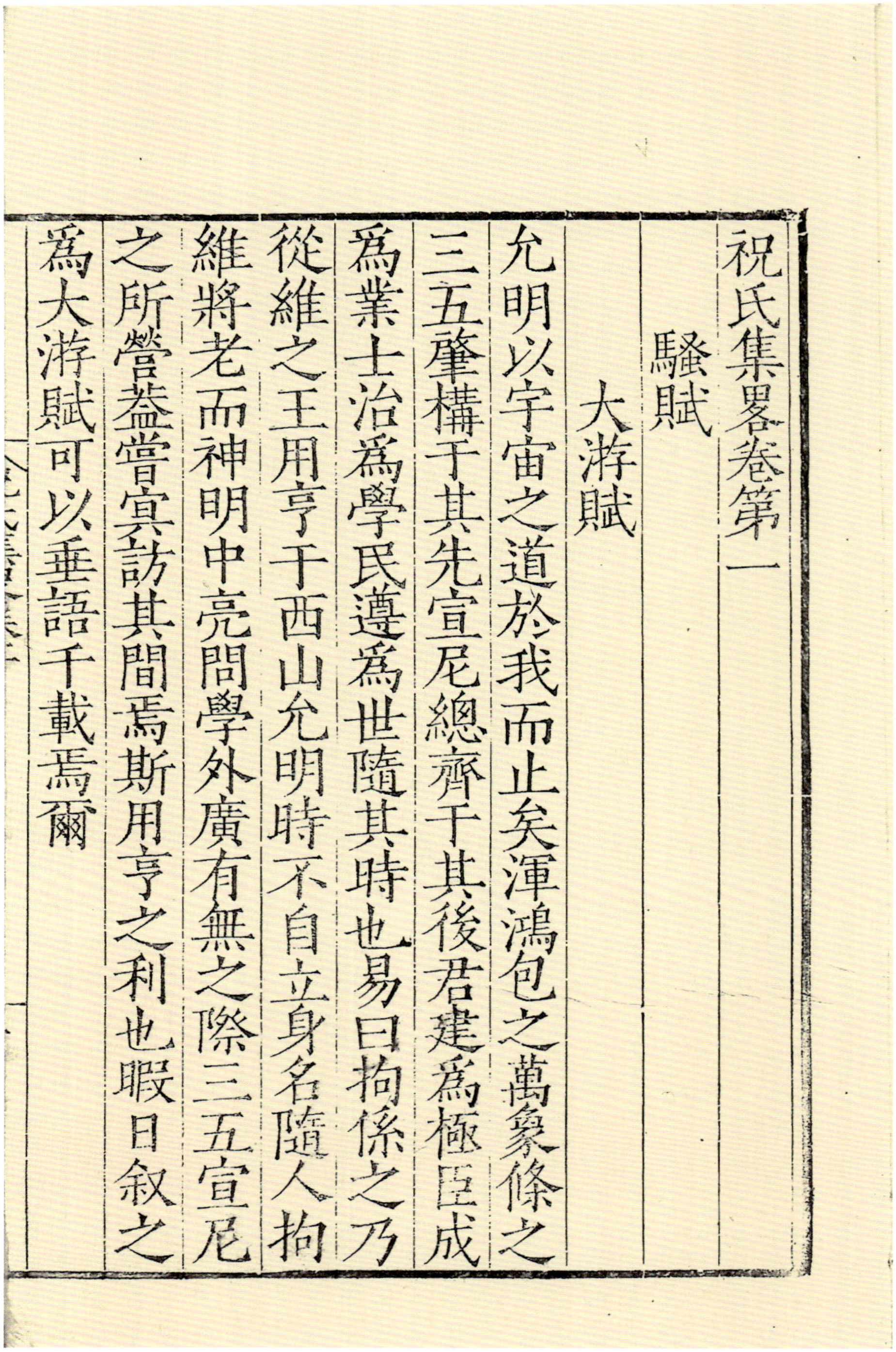
祝氏集畧卷第一
騷賦
大游賦
允明以宇宙之道於我而止矣渾鴻包之萬象條之
三五肇構于其先宣尼總齊于其後君建爲極臣成
爲業士治爲學民遵爲世隨其時也易曰拘係之乃
從維之王用亨于西山允明時不自立身名隨人拘
維將老而神明中亮問學外廣有無之際三五宣尼
之所營葢嘗㝠訪其間焉斯用亨之利也暇日叙之
爲大游賦可以垂語千載焉爾

祝氏集略三十卷　明祝允明撰

明嘉靖三十七年（1558）張景賢刻本。半葉10行，行20字，小字雙行，字數同，白口，左右雙邊，框高19.1厘米，寬14厘米。南京圖書館藏。國家名録號11944。

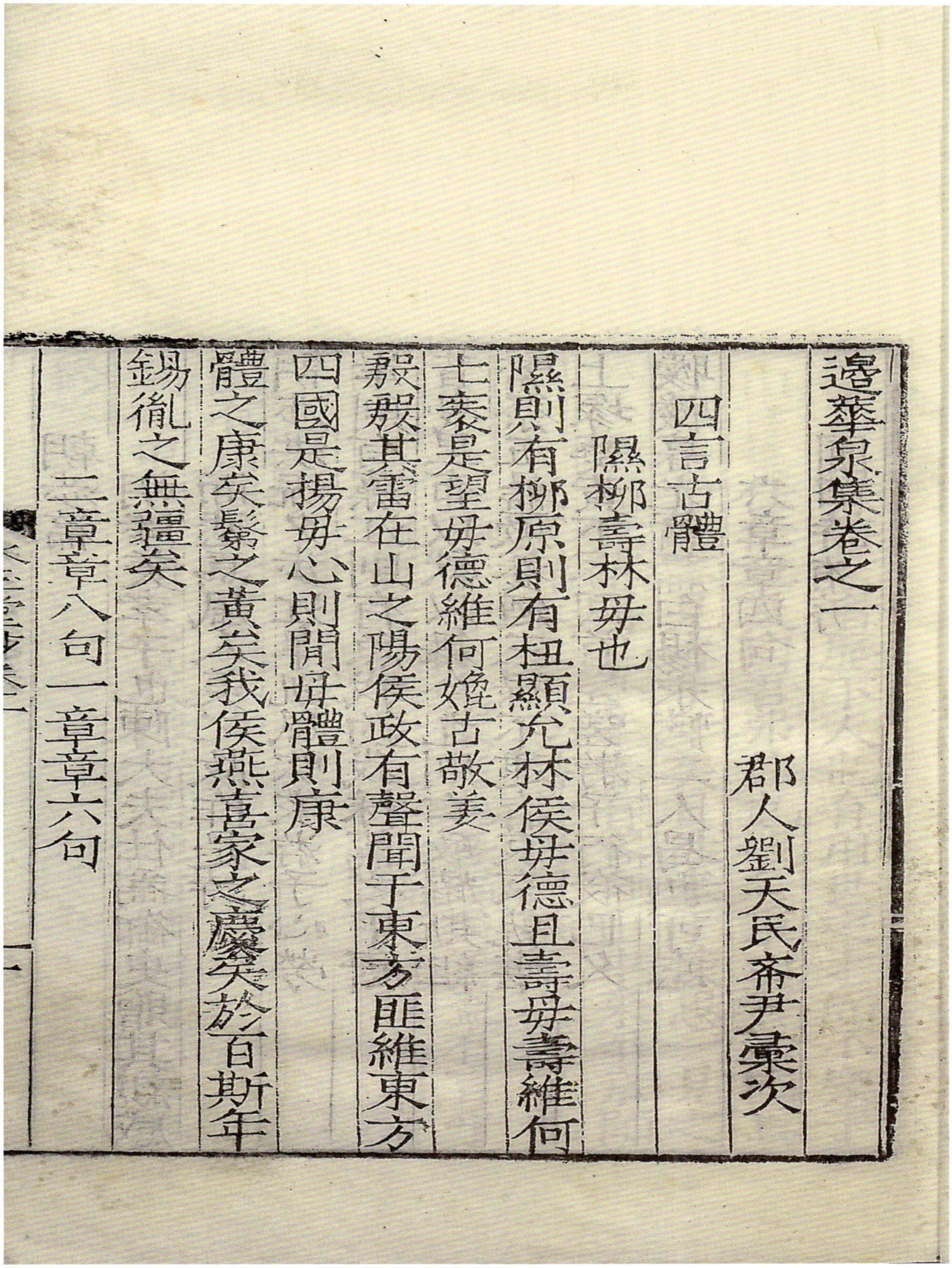

邊華泉集卷之一

郡人劉天民希尹彙次

四言古體

隰柳壽林母也

隰則有柳原則有杻顯允林侯母德且壽母壽維何
七袠是望母德維何媲古敬姜
殷殷其雷在山之陽侯政有聲聞于東方匪維東方
四國是揚母心則閒母體則康
體之康矣鬒之黃矣我侯燕喜家之慶矣於百斯年
錫侐之無疆矣

二章章八句一章章六句

邊華泉集八卷　明邊貢撰　明劉天民輯

明嘉靖十七年（1538）司馬魯瞻刻本。半葉11行，行20字，小字雙行，行22字，白口，左右雙邊，框高17.2厘米，寬14.1厘米。南京圖書館藏。國家名録號11952。

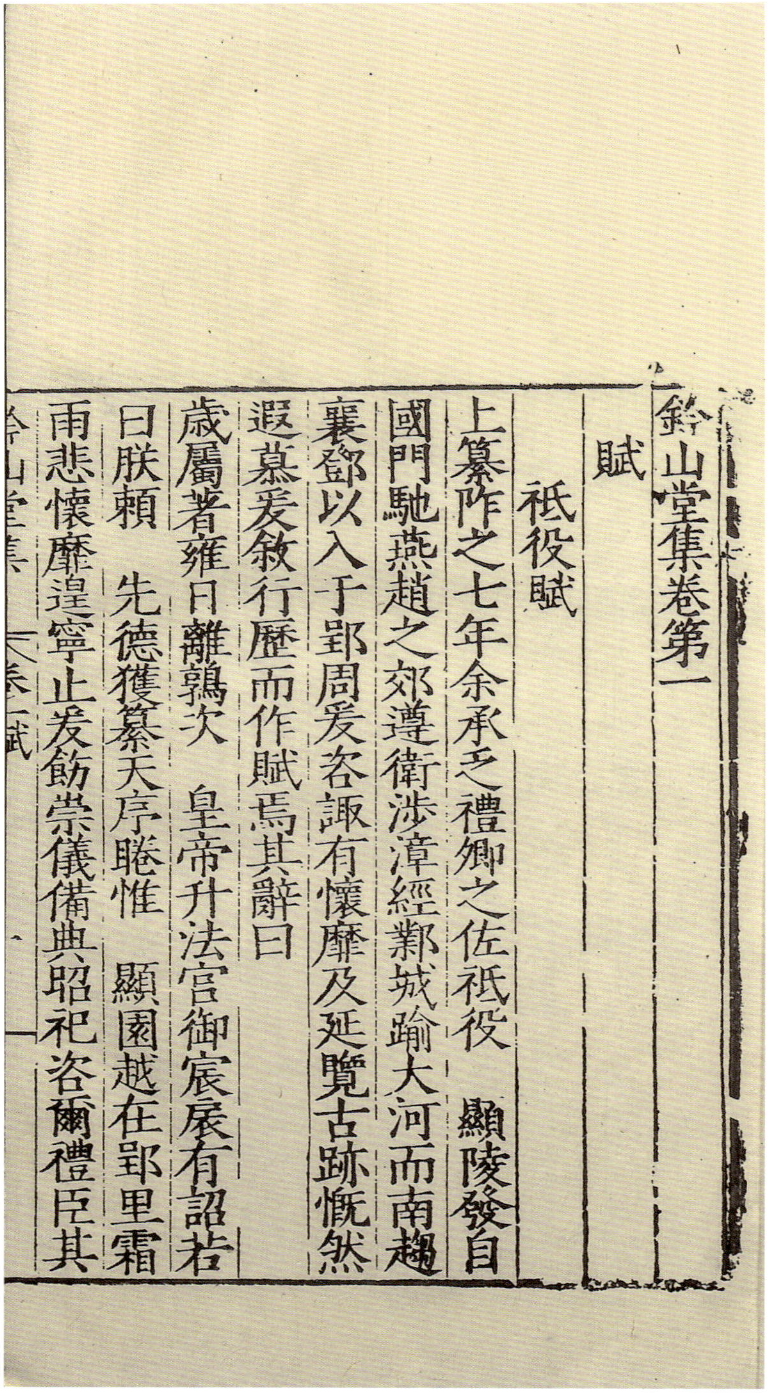

鈐山堂集卷第一

賦

祇役賦

上纂祚之七年余承乏禮卿之佐祇役　顯陵發自
國門馳燕趙之郊遵衛涉漳經鄴城踰大河而南趨
襄鄧以入于郢周爰咨諏有懷靡及延覽古跡慨然
遐慕爰敘行歷而作賦焉其辭曰
歲屬著雍日離鶉次　皇帝升法宫御宸扆有詔若
曰朕賴　先德獲纂天序聡惟　顯園越在郢里霜
雨悲懷靡遑寧止爰飭崇儀備典昭祀咨爾禮臣其

鈐山堂集　卷一賦　一

鈐山堂集四十卷　明嚴嵩撰　附録一卷

明嘉靖刻本。半葉10行，行20字，小字雙行，字數同，白口，左右雙邊，框高18.4厘米，寬14.6厘米。南京圖書館藏。國家名録號11959。

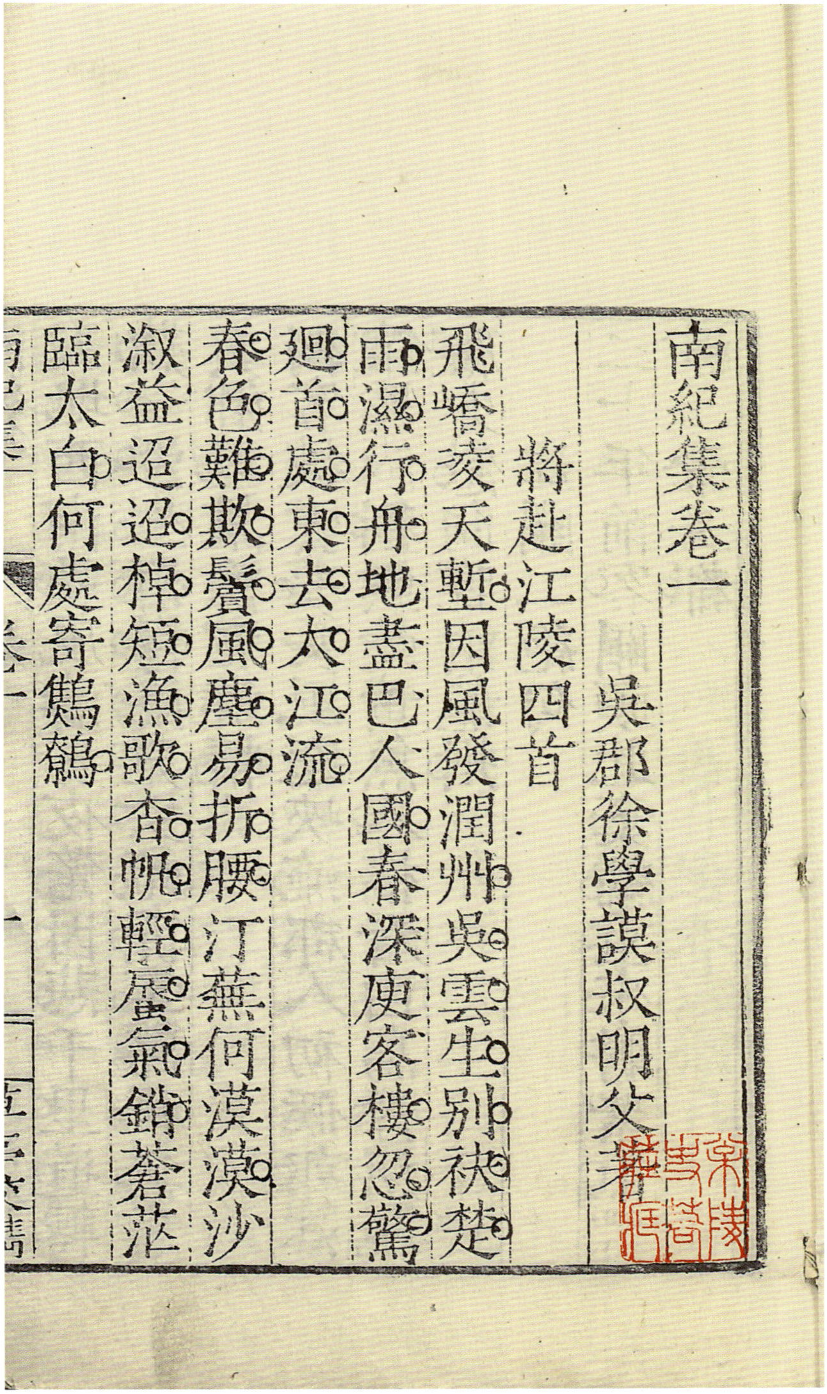
南紀集卷一

吳郡徐學謨叔明父著

將赴江陵四首

飛嶠凌天塹因風發潤州吳雲生別袂楚雨濕行舟地盡巴人國春深庾客樓忽驚廻首處東去大江流

春色難欺鬢風塵易折腰汀蕪何漠漠沙溆益迢迢棹短漁歌杳帆輕蜃氣銷蒼茫臨太白何處寄鷦鷯

南紀集二卷　明徐學謨撰

明嘉靖四十一年（1562）刻本。半葉9行，行16字，白口，左右雙邊。南京圖書館藏。國家名録號11990。

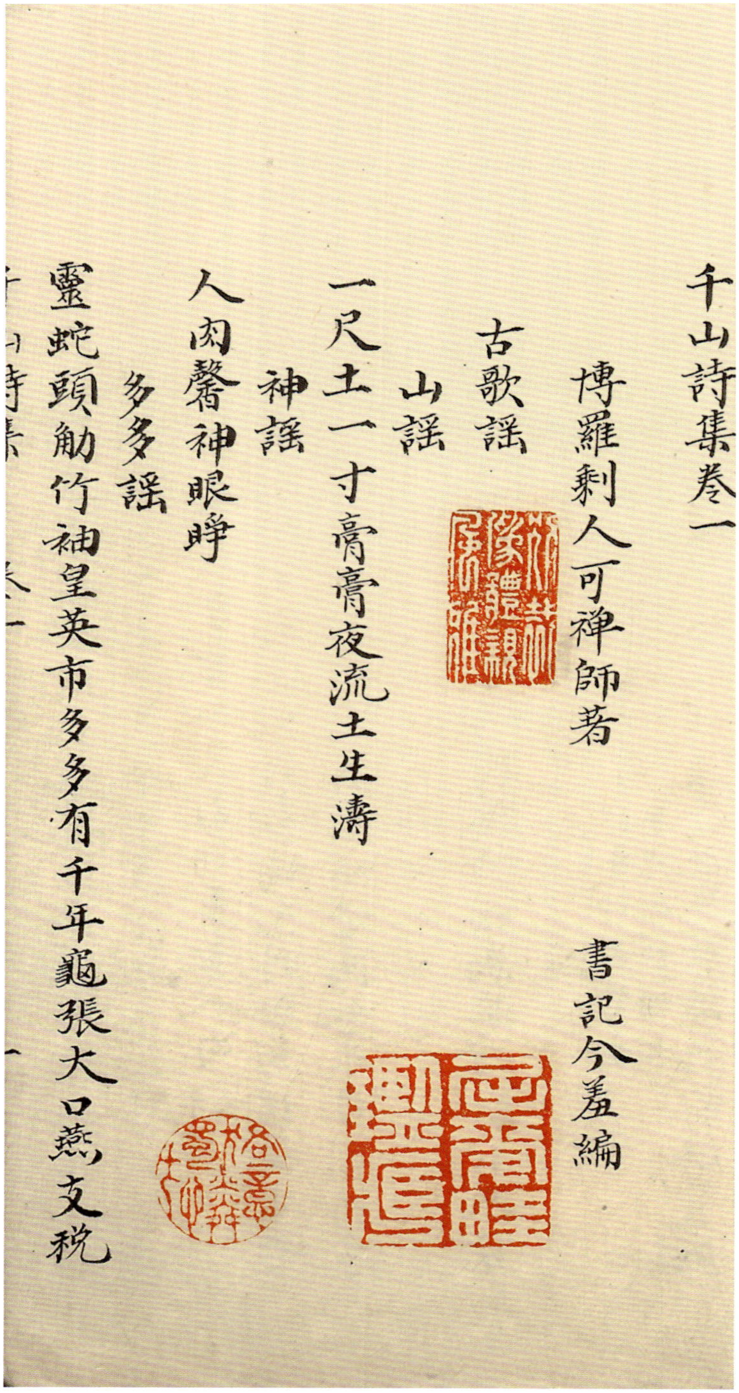
千山詩集卷一
博羅剩人可禅師著　書記今羞編
古歌謡
山謡
一尺土一寸膏膏夜流土生濤
神謡
人肉馨神眼睜
多多謡
靈蛇頭觔竹袖皇英市多多有千年龜張大口燕文稅

千山詩集二十卷首一卷　補遺一卷　明釋函可撰

清抄本。半葉10行，行21字，小字雙行，字數同。南京圖書館藏。國家名録號12000。

明清時期

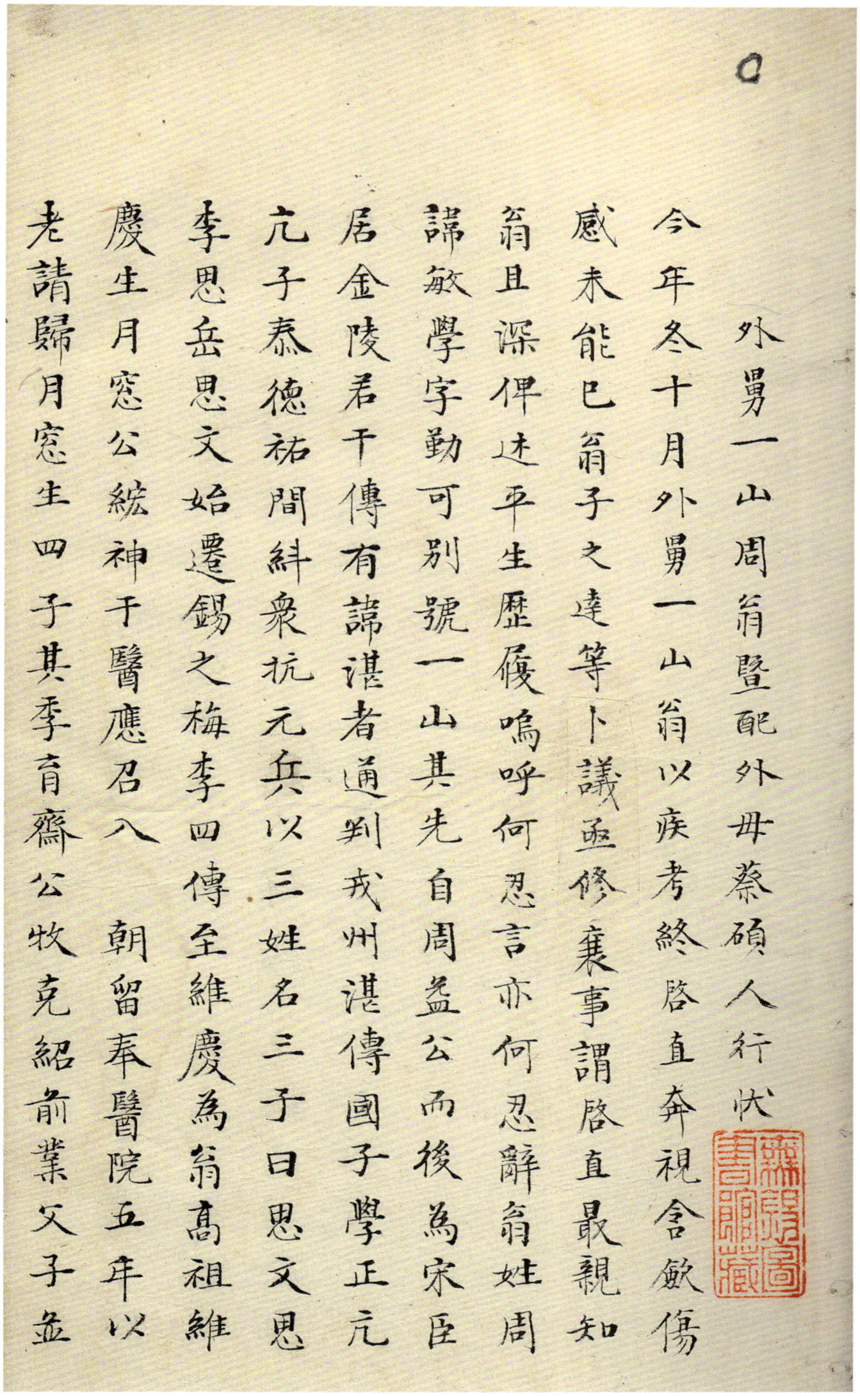

外舅一山周翁暨配外母蔡碩人行狀

今年冬十月外舅一山翁以疾考終啓直奔視含斂傷慼未能已翁子之逵等卜議亟修襄事謂啓直最親知翁且深俾述平生歷履嗚呼何忍言亦何忍辭翁姓周諱敏學字勤可別號一山其先自周益公而後爲宋臣居金陵若干傳有諱湛者通判戎州湛傳國子學正元亢子泰德祐間糾衆抗元兵以三姓名三子曰思文思李思岳思文始遷錫之梅李四傳至維慶爲翁高祖維慶生月窓公紘神于醫應召入 朝留奉醫院五年以老請歸月窓生四子其季育齋公牧克紹前業父子並

華啓直詩文集不分卷　明華啓直撰

稿本。華上衢批，黄彭年、楊壽枏跋。半葉10行，行21字。無錫市圖書館藏。國家名録號12001。

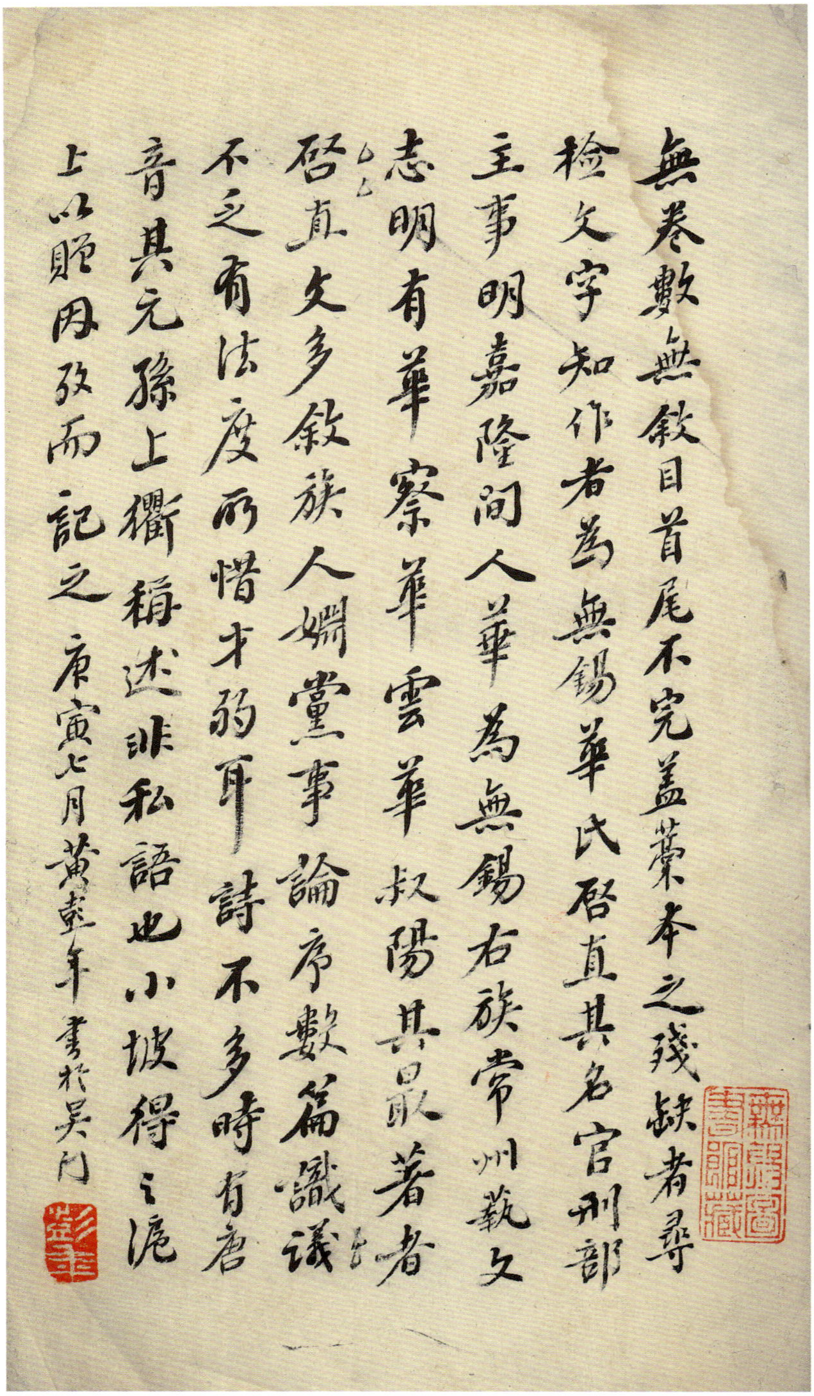
無卷數無欵目首尾不完蓋藁本之殘缺者尋
檢文字知作者為無錫華氏啓直其名官刑部
主事明嘉隆間人華為無錫右族常州藝文
志明有華察華雲華叔陽其最著者
啓直文多敘族人姻黨事論序數篇識議
不乏有法度所惜才弱耳詩不多時有唐
音其元孫上衢稱述非私語也小坡得之淀
上以貽因跋而記之 庚寅七月黃丕烈書於吳門

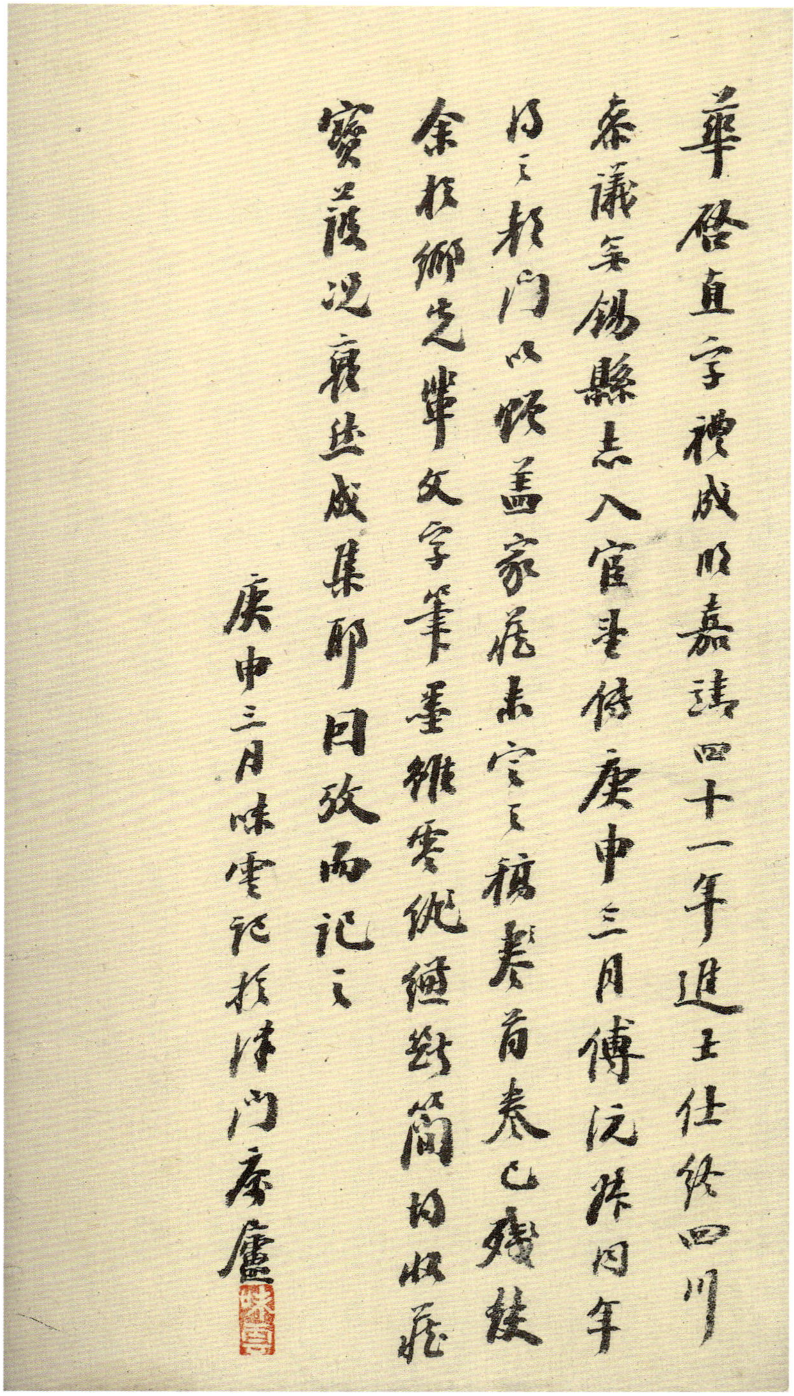

華啓直字禮成明嘉靖四十一年進士仕終四川參議無錫縣志入宦望傳庚申三月傅沅叔同年丈於都門以所著家藏未定之稿卷首葉已殘缺余於鄉先輩文字筆墨雖零縑斷簡均收藏寶之護況裒然成集耶因欣而記之

庚申三月味雲記於津門寄廬

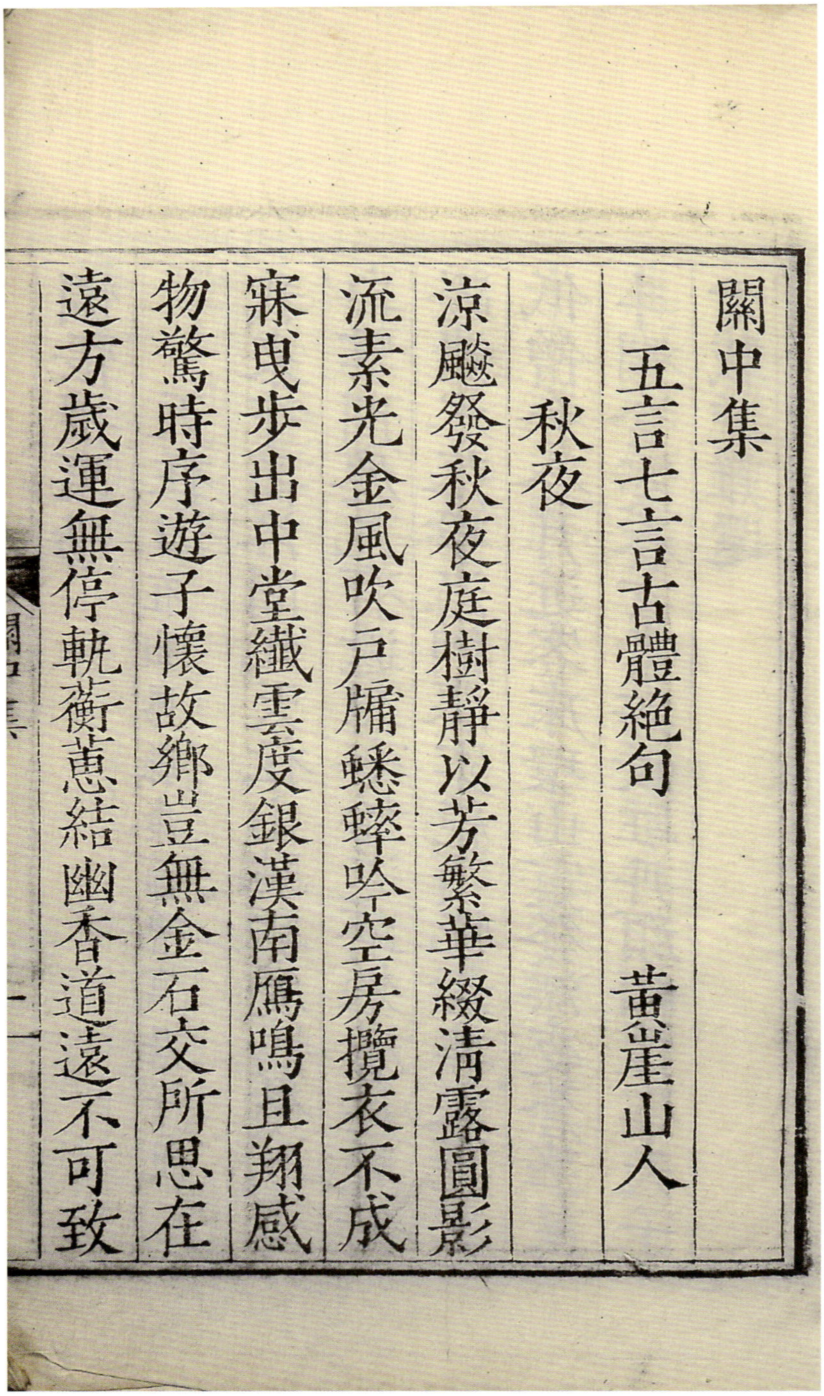

關中集

五言七言古體絶句　黄崖山人

秋夜

涼飇發秋夜庭樹静以芳繁華綴清露圓影
流素光金風吹户牖蟋蟀吟空房攬衣不成
寐曳步出中堂纖雲度銀漢南鴈鳴且翔感
物驚時序遊子懷故鄉豈無金石交所思在
遠方歲運無停軌蘅蕙結幽香道遠不可致

關中集一卷　明李延康撰

明嘉靖三十七年（1558）李乾齋刻本。半葉8行，行17字，白口，四周雙邊，框高19.5厘米，寬14.5厘米。南京圖書館藏。國家名録號12002。

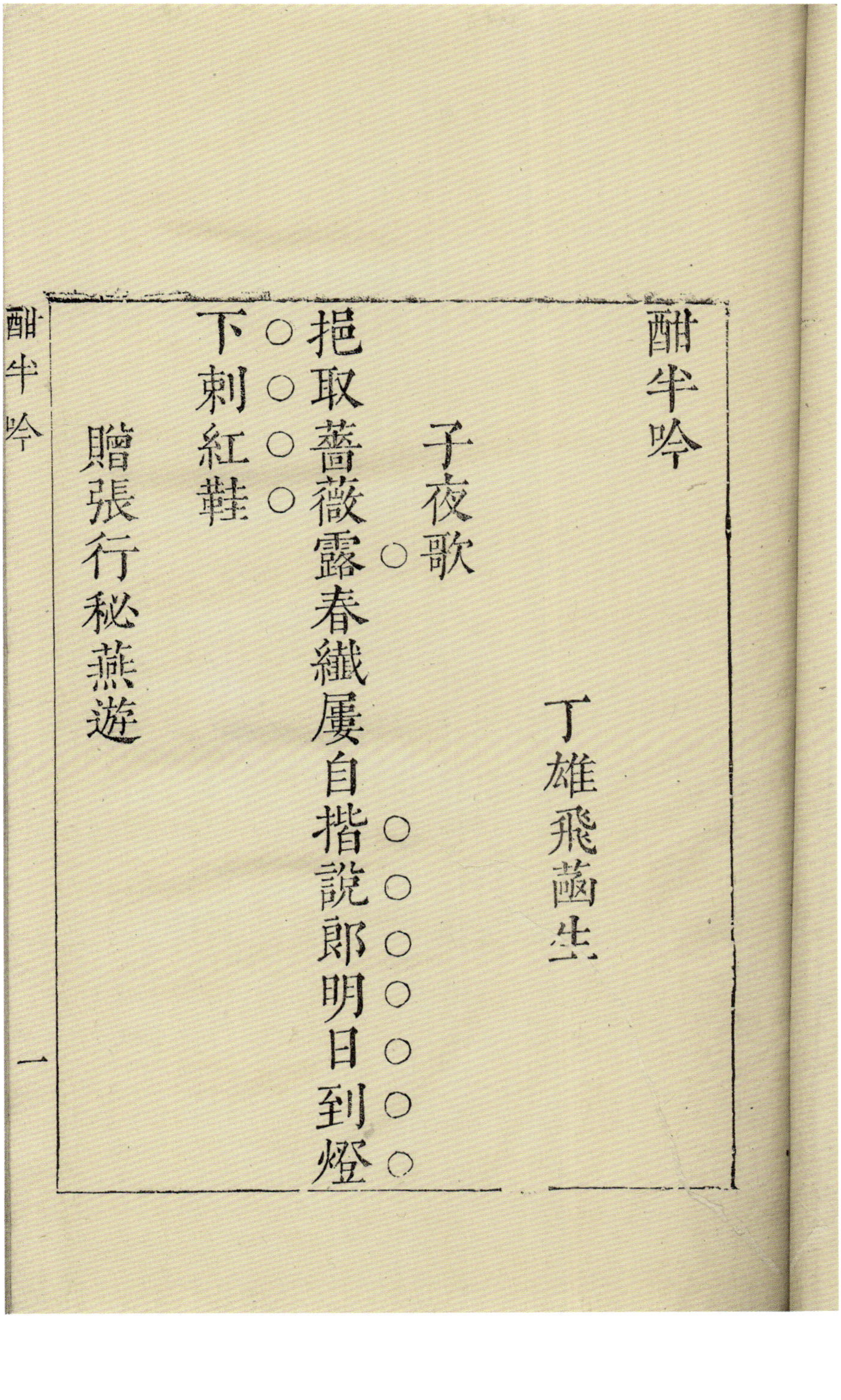

酣半吟

丁雄飛菡生

子夜歌

挹取薔薇露春纖屢自指說郎明日到燈下刺紅鞋

贈張行秘燕遊

酣半吟 一

酣半吟一卷　清丁雄飛撰

明末刻本。半葉6行，行16字。白口，四周單邊，框高17.3厘米，寬13.4厘米。無錫市圖書館藏。國家名録號12003。

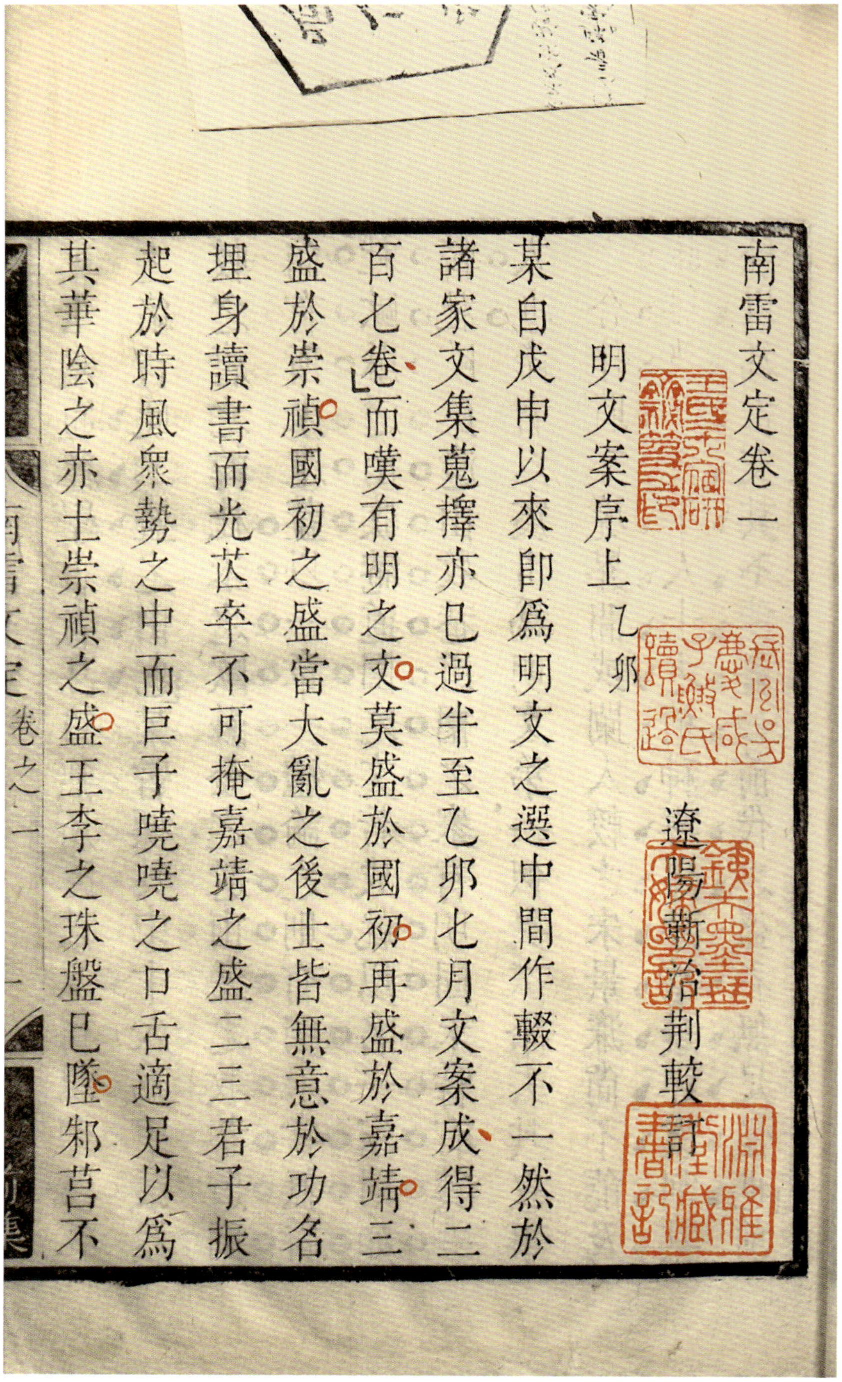
南雷文定卷一
明文案序上 乙卯
遼陽靳治荆較訂
某自戊申以來即爲明文之選中間作輟不一然於
諸家文集蒐擇亦已過半至乙卯七月文案成得二
百七卷而嘆有明之文莫盛於國初再盛於嘉靖三
盛於崇禎國初之盛當大亂之後士皆無意於功名
埋身讀書而光芒卒不可掩嘉靖之盛二三君子振
起於時風衆勢之中而巨子嘵嘵之口舌適足以爲
其華陰之赤土崇禎之盛王李之珠盤已墜邾莒不

南雷文定十一卷　後集四卷　清黄宗羲撰　附録一卷

清康熙二十七年（1688）靳治荆刻本。王芑孫批並跋。半葉10行，行20字，黑口，四周單邊，框高19.3厘米，寬14.1厘米。南京圖書館藏。國家名録號12004。

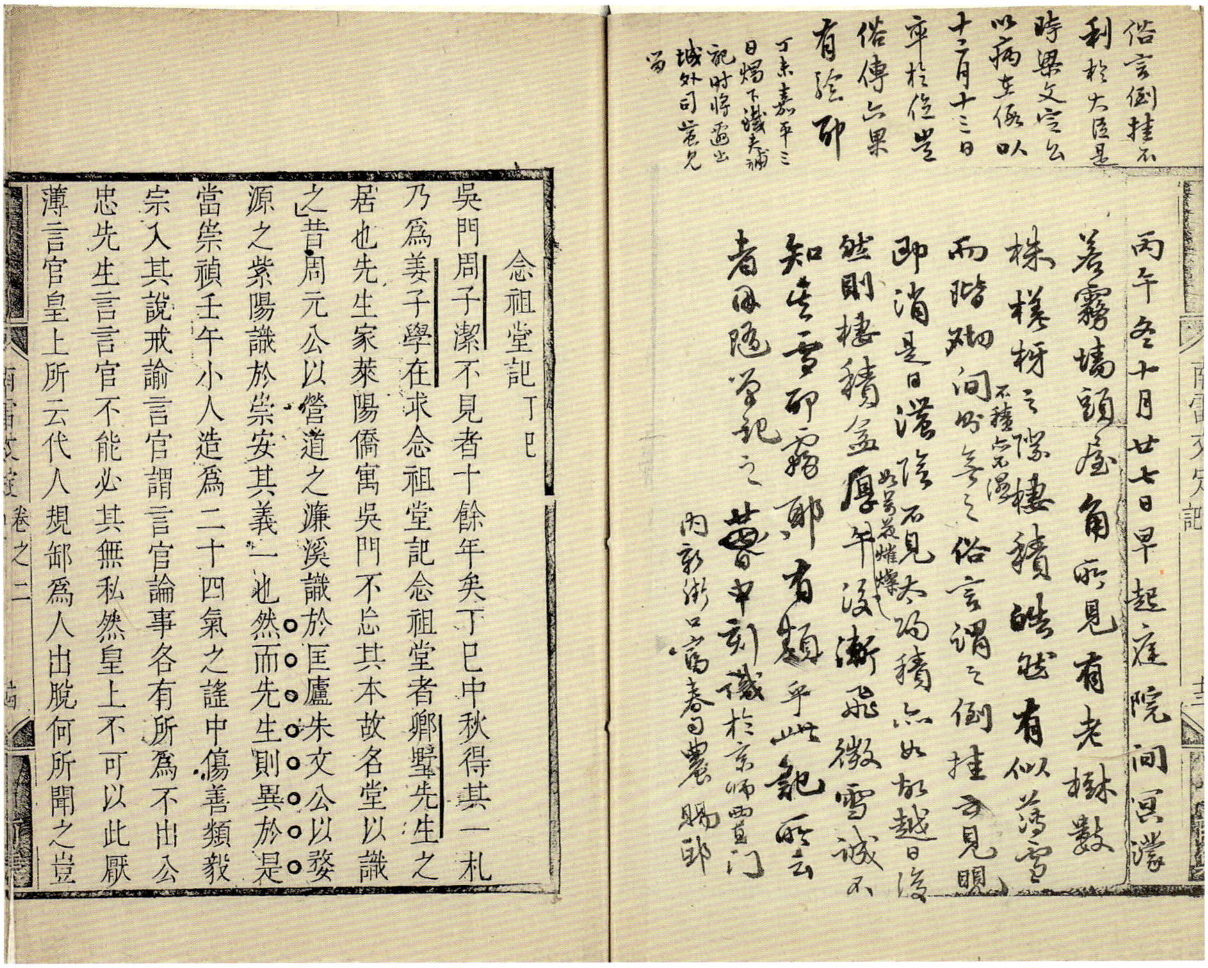

丙午冬十月廿七日早起庭院间冥濛
若雾墙头屋角所见有老树数
株槎枒之际楼积皓然有似落雪
而階砌间则无之不積亦不濕俗言谓之倒挂可见明
即消是日濛阴不见太阳積亦如故越日後
然则楼積益厚如晶花燦爛午後渐飞微雪诚不
知是雪耶雾耶有類乎此龍所云
者因随笔记之　黄中刻識於京师西直门
内新街口寓　春日農　賜郎

俗言倒挂不利於大臣是
時梁文定公以病告假以
十二月十三日卒於位豈
俗傳亦果有驗耶
丁未嘉平三日燭下識夫補
記时將遷出城外司農兄
留

念祖堂記丁巳

吳門周子潔不見者十餘年矣丁巳中秋得其一札乃爲姜子學在求念祖堂記念祖堂者鄉塋先生之居也先生家萊陽僑寓吳門不忘其本故名堂以識之昔周元公以營道之濂溪識於匡廬朱文公以婺源之紫陽識於崇安其義一也然而先生則異於是當崇禎壬午小人造爲二十四氣之謠中傷善類轂宗入其說戒諭言官謂言官論事各有所爲不出公忠先生言官不能必其無私然皇上不可以此厭薄言官皇上所云代人規卸爲人出脫何所聞之豈

南雷文定　卷之二

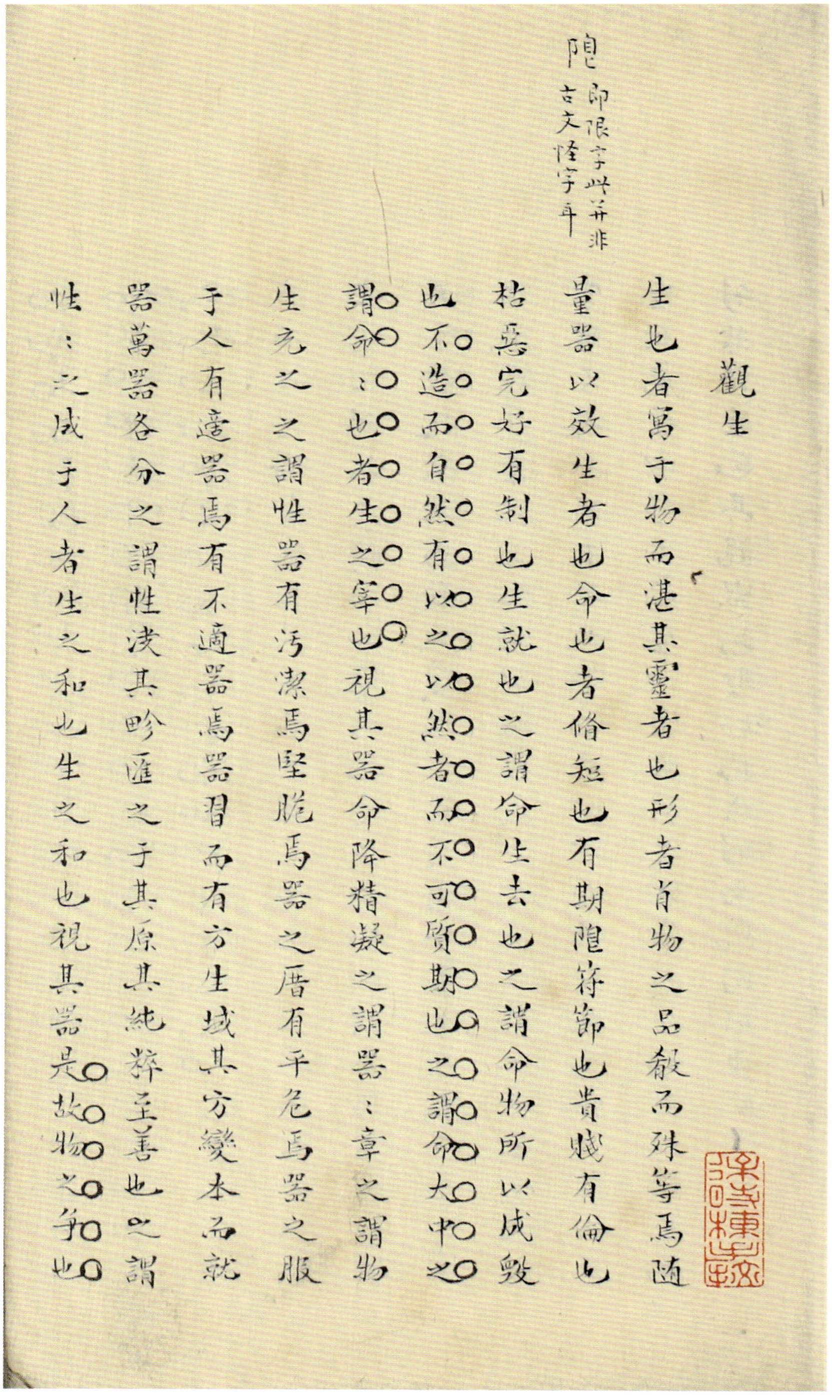
隄 卽限字此并非古文怪字耳

觀生

生也者寓于物而湛其靈者也形者肖物之品毅而殊等焉隨量器以效生者也命也者脩短也有期限符節也貴賤有倫也枯惡完好有制也生就也之謂命生去也之謂命物所以成毀也不造而自然有以之以然者而不可質期也之謂命大中之謂命：也者生之宰也視其器命降精凝之謂器：章之謂物生充之之謂性器有污潔焉堅脆焉器之厝有平危焉器之服于人有適器焉有不適器焉器習而有方生域其方變本而就器萬器各分之謂性淺其畛匯之于其原其純粹至善也之謂性：之成于人者生之和也生之和也視其器是故物之爭也

臺山文集不分卷　清羅有高撰

清抄本。徐時棟校並跋。半葉 10 行，行 24 字。南京大學圖書館藏。國家名録號 12016。

杜工部集卷第一

開元間留東都所作

　遊龍門奉先寺

已從招提遊　更宿招提境　陰壑生虛籟　月林散清影

天闕象緯逼　雲臥衣裳冷　欲覺聞晨鐘　令人發深省

　贈李白

二年客東都　所歷厭機巧　野人對羶腥　蔬食常不飽

豈無青精飯　使我顏色好　苦乏大藥資　山林跡如掃

李侯金閨彥　脫身事幽討　亦有梁宋遊　方期拾瑤草

齊趙梁宋之間所作

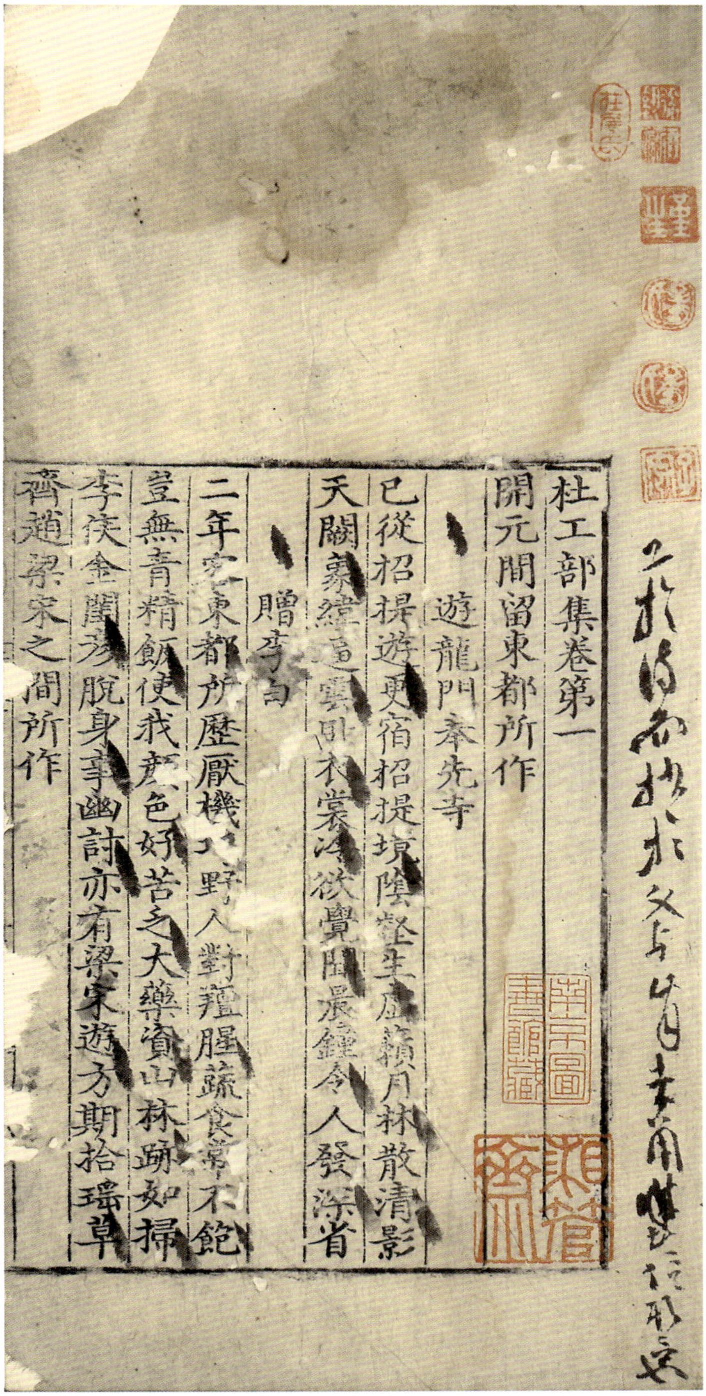

李杜全集八十四卷　明鮑松編

　　明正德八年（1513）自刻本。徐渭批。存三十四卷（李翰林集一至十三；杜工部集一至八、二十一至三十，文集二卷，年譜一卷）。半葉10行，行20字，白口，四周單邊，框高18.3厘米，寬13.5厘米。南京圖書館藏。國家名錄號12029。

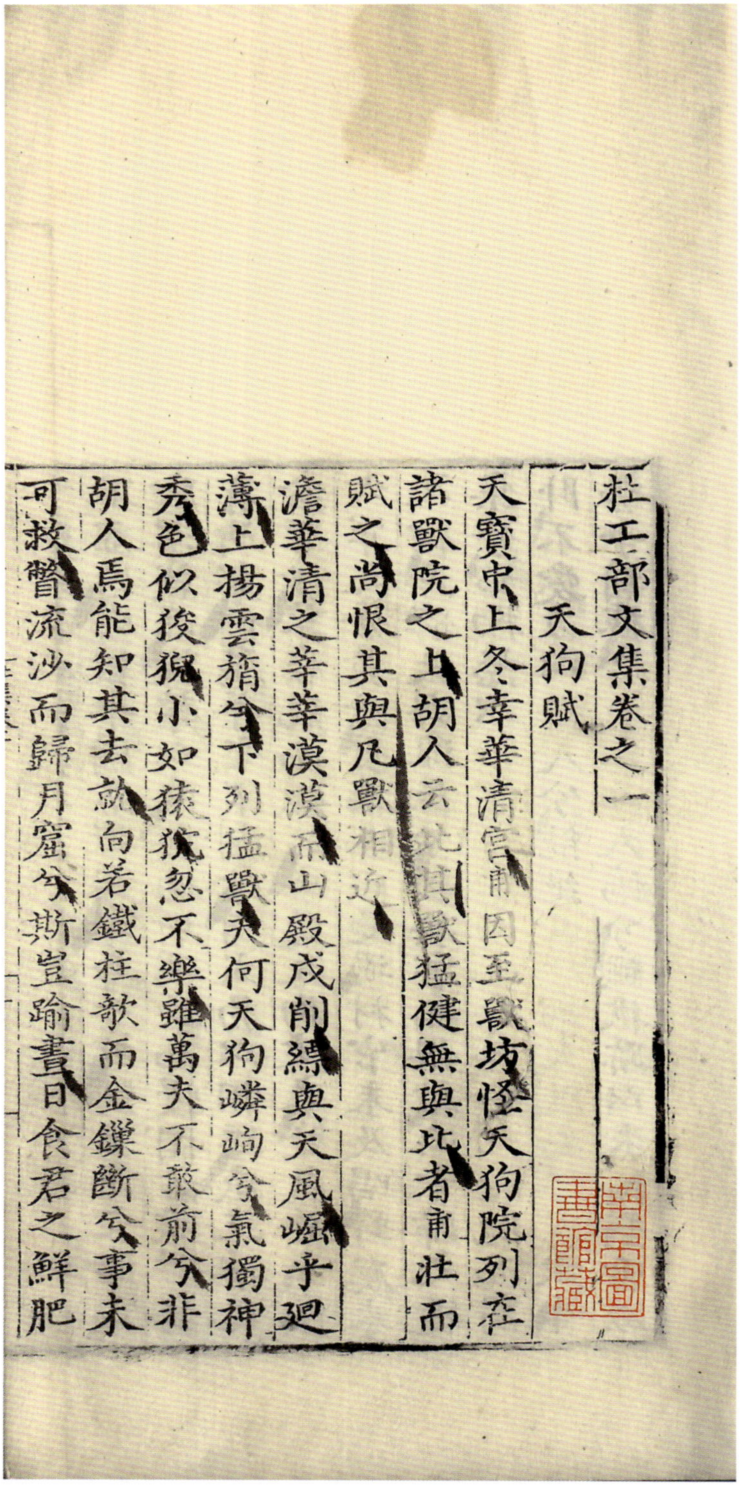

杜工部文集卷之一

天狗賦

天寶中上冬幸華清宮甫因至獸坊怪天狗院列在諸獸院之上胡人云此其獸猛健無與比者甫壯而賦之尚恨其與凡獸相近

澹華清之莘莘漠漠而山殿戌削縹與天風崛乎迴薄上揚雲旓兮下列猛獸夫何天狗嶙峋兮氣獨神秀色似狻猊小如猿狖忽不樂雖萬夫不敢前兮非胡人焉能知其去就向若鐵柱欹而金鏁斷兮事未可救瞥流沙而歸月窟兮斯豈踰晝日食君之鮮肥

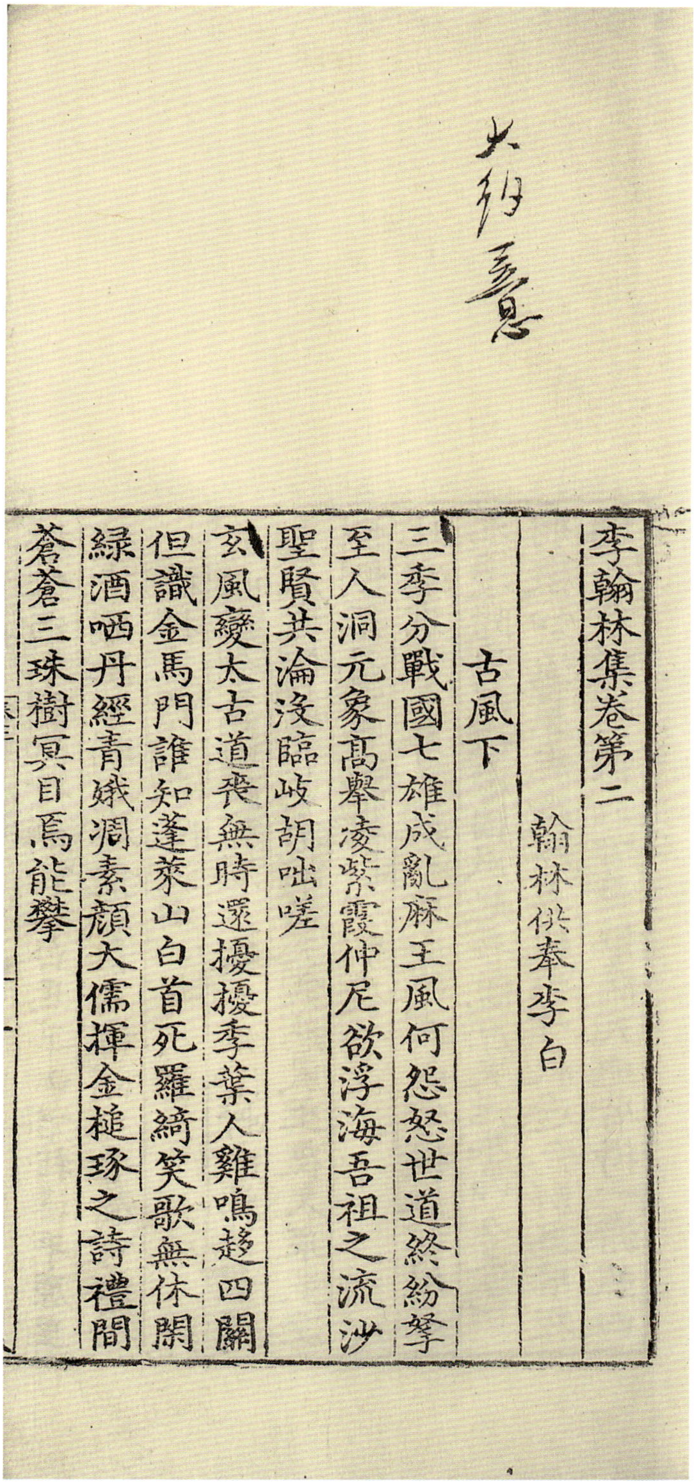
李翰林集卷第二

翰林供奉李白

古風下

三季分戰國七雄成亂麻王風何怨怒世道終紛拏至人洞元象高舉凌紫霞仲尼欲浮海吾祖之流沙聖賢共淪沒臨岐胡咄嗟

玄風變太古道喪無時還擾擾季葉人雞鳴趍四關但識金馬門誰知蓬萊山白首死羅綺笑歌無休閑緑酒哂丹經青娥凋素顔大儒揮金椎琢之詩禮間蒼蒼三珠樹冥目焉能攀

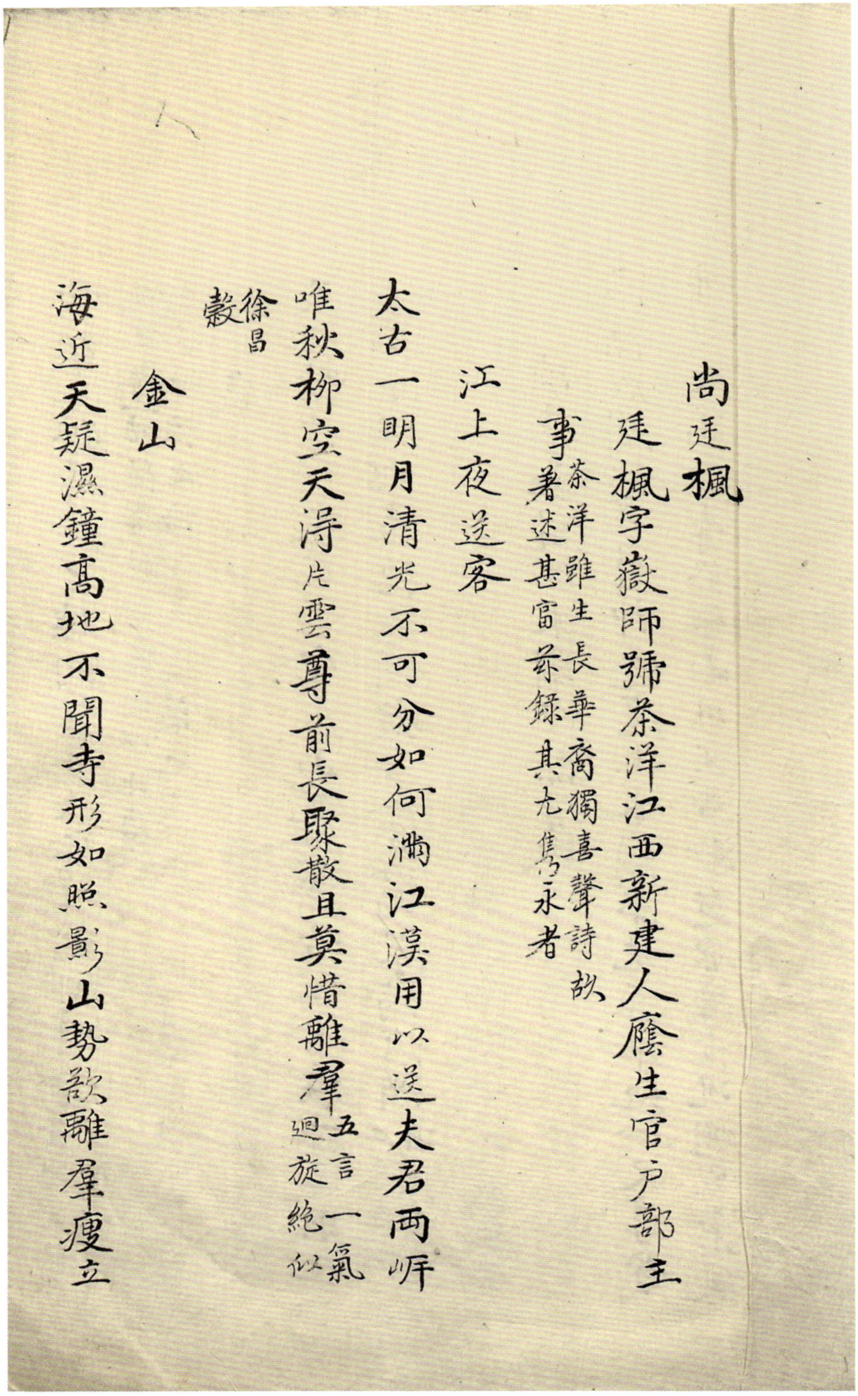

尚廷楓

廷楓字嶽師號荼洋江西新建人蔭生官戶部主事荼洋雖生長華裔獨喜聲詩故著述甚富茲錄其尤雋永者

江上夜送客

太古一明月清光不可分如何満江漢用以送夫君兩岍唯秋柳空天浔片雲尊前長聚散且莫惜離羣五言一氣迴旋絕似徐昌穀

金山

海近天疑濕鐘高地不聞寺形如照影山勢欲離羣瘦立

巾箱集四卷　清吴騫輯

稿本。南京圖書館藏。國家名録號 12030。

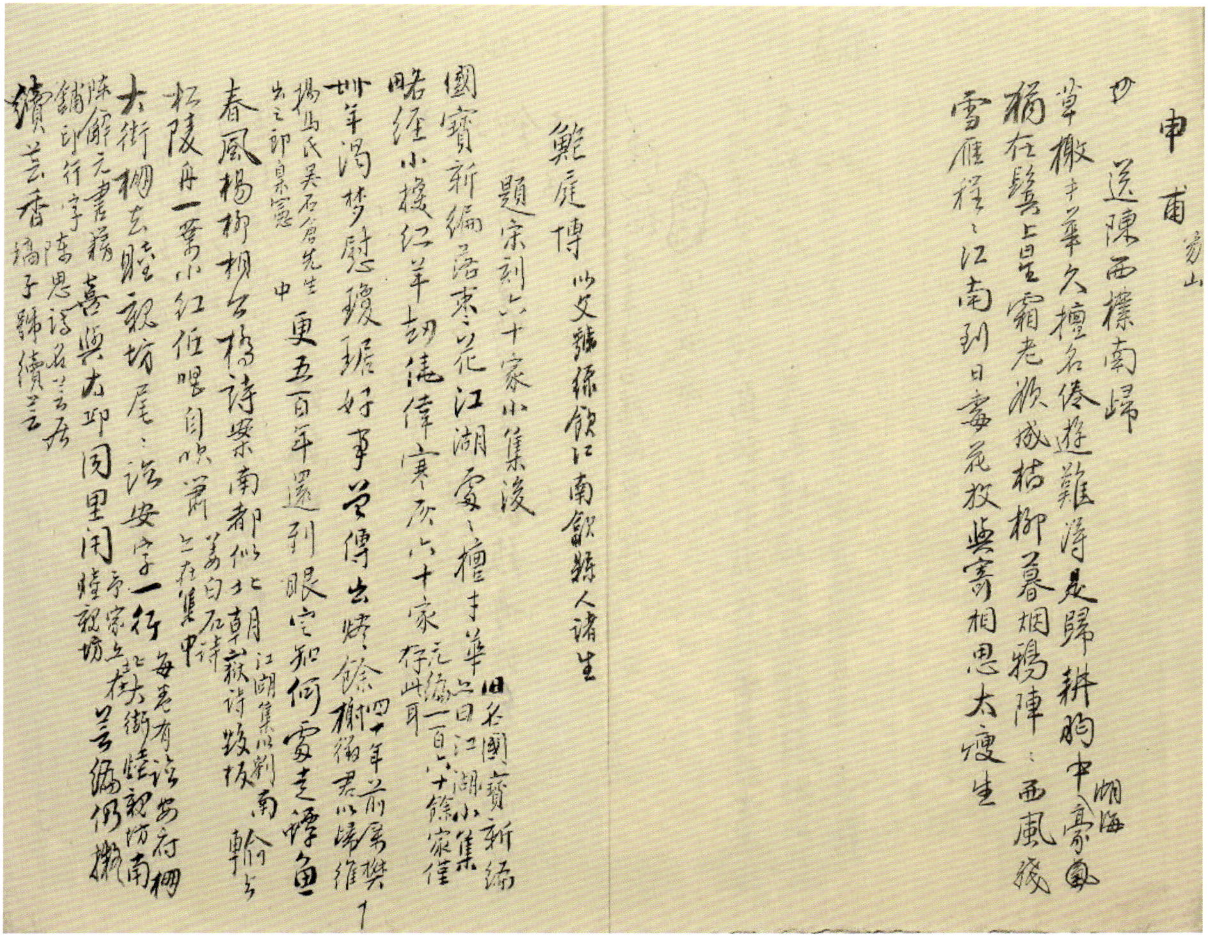
申甫 蕭山

妙 送陳西樵南歸

草檄中華久擅名，倦遊難得是歸耕。胸中湖海豪氣猶在，鬢上星霜老漸成。枯柳暮烟鴉陣陣，西風殘雪雁程程。江南到日梅花放，與寄相思太瘦生。

鮑廷博 以文 號綠飲 江南歙縣人 諸生

題宋刻六十家小集後

國寶新編落棗花，江湖處處擅才華。旧名國寶新編，亦曰江湖小集
略經小棧紅羊劫，倖有寒灰六十家。元編一百六十餘家，僅存此耳
卅年渴夢慰瓊琚，好事爭傳出燼餘。四十年前曾樊榭徵君以揚維揚馬氏、吳石倉先生出之郎皋窓中
更五百年還到眼，定知何處走蟫魚。
春風楊柳柳南橋，詩案南都似北朝。江湖集以劉南軒詩鼓核
松陵舟一葉小紅低唱自吹簫。姜白石詩亦在集中
大街棚北睦親坊，屋屋詩安字一行。每卷有詩安府棚北大街睦親坊南陳解元書籍鋪印行字
喜與太邱同里閈，芸編仍繼續芸香。陳宅亦宗之 陳思詩名芸居 摛子歸續芸

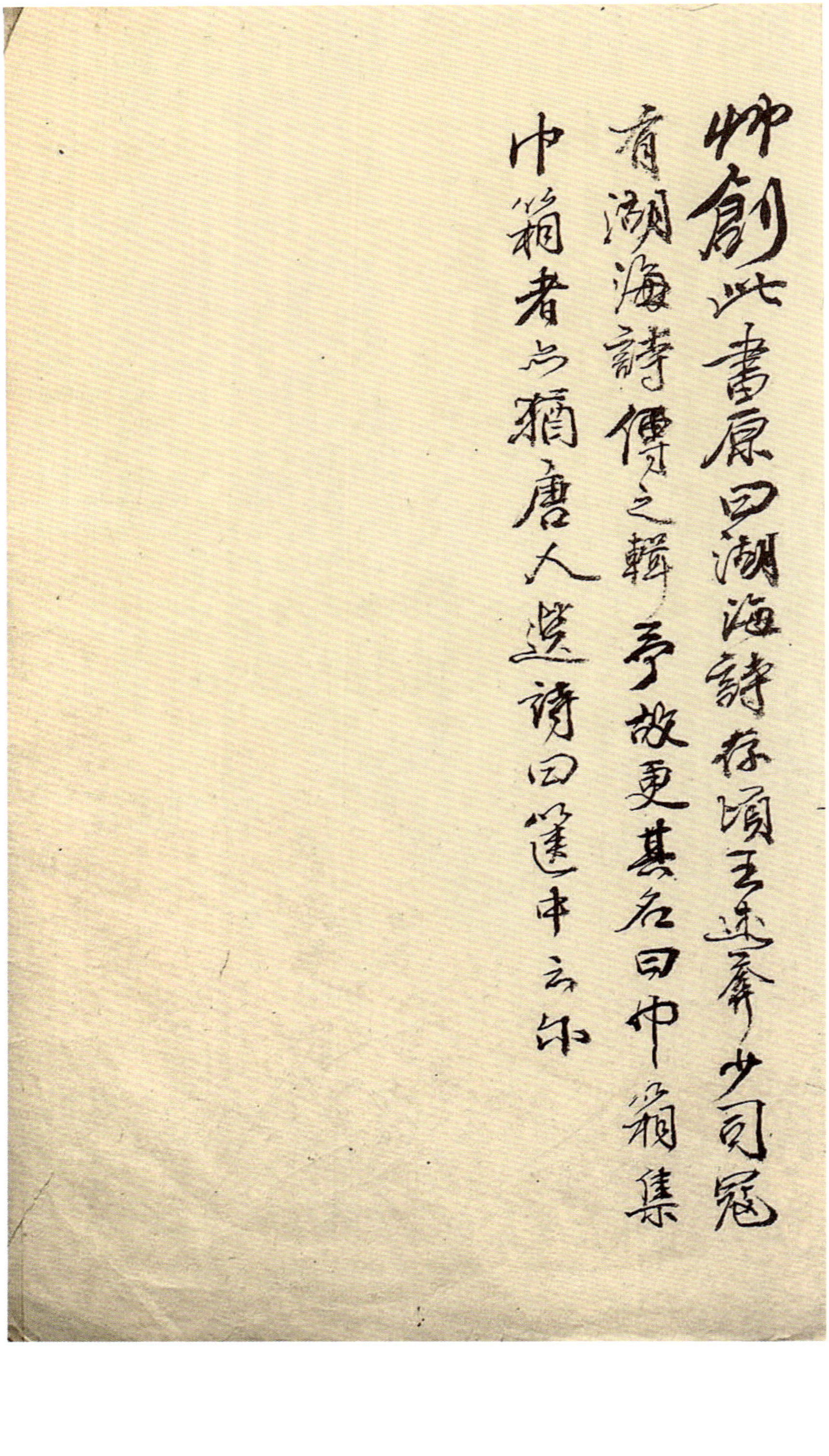
艸創此書原曰湖海詩存頃王述菴少司寇
有湖海詩傳之輯予故更其名曰巾箱集
巾箱者亦猶唐人選詩曰篋中云爾

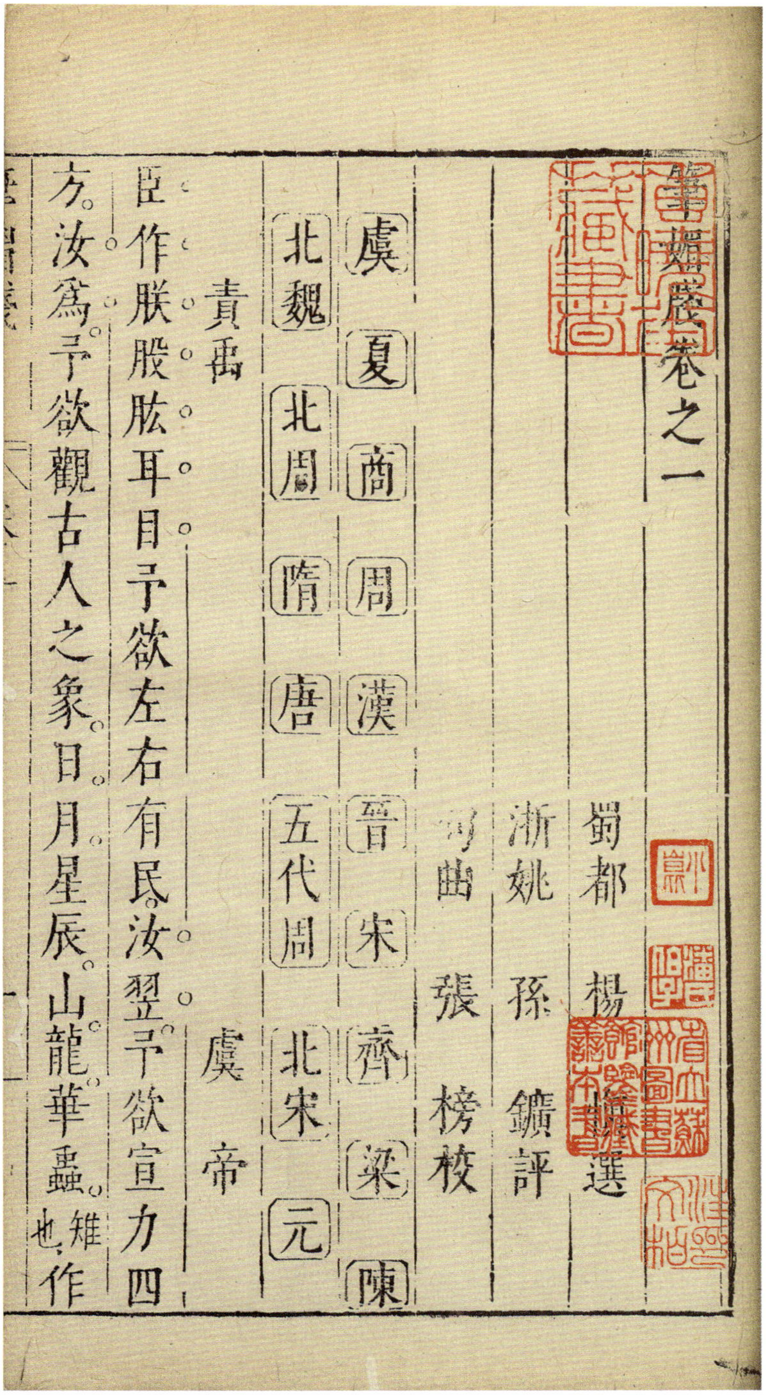
筆媚箋卷之一

蜀都 楊慎 選

浙姚 孫鑛 評

河曲 張榜 校

虞 夏 商 周 漢 晉 宋 齊 梁 陳

北魏 北周 隋 唐 五代周 北宋 元

責禹 虞帝

臣作朕股肱耳目。予欲左右有民。汝翼。予欲宣力四

方。汝爲。予欲觀古人之象。日月星辰。山龍華蟲。雉也作

筆媚箋十二卷　明楊慎輯　明孫鑛評

明崇禎刻本。半葉 9 行，行 20 字，白口，左右雙邊，框高 22.3 厘米，寬 13.1 厘米。蘇州圖書館藏。國家名録號 12043。

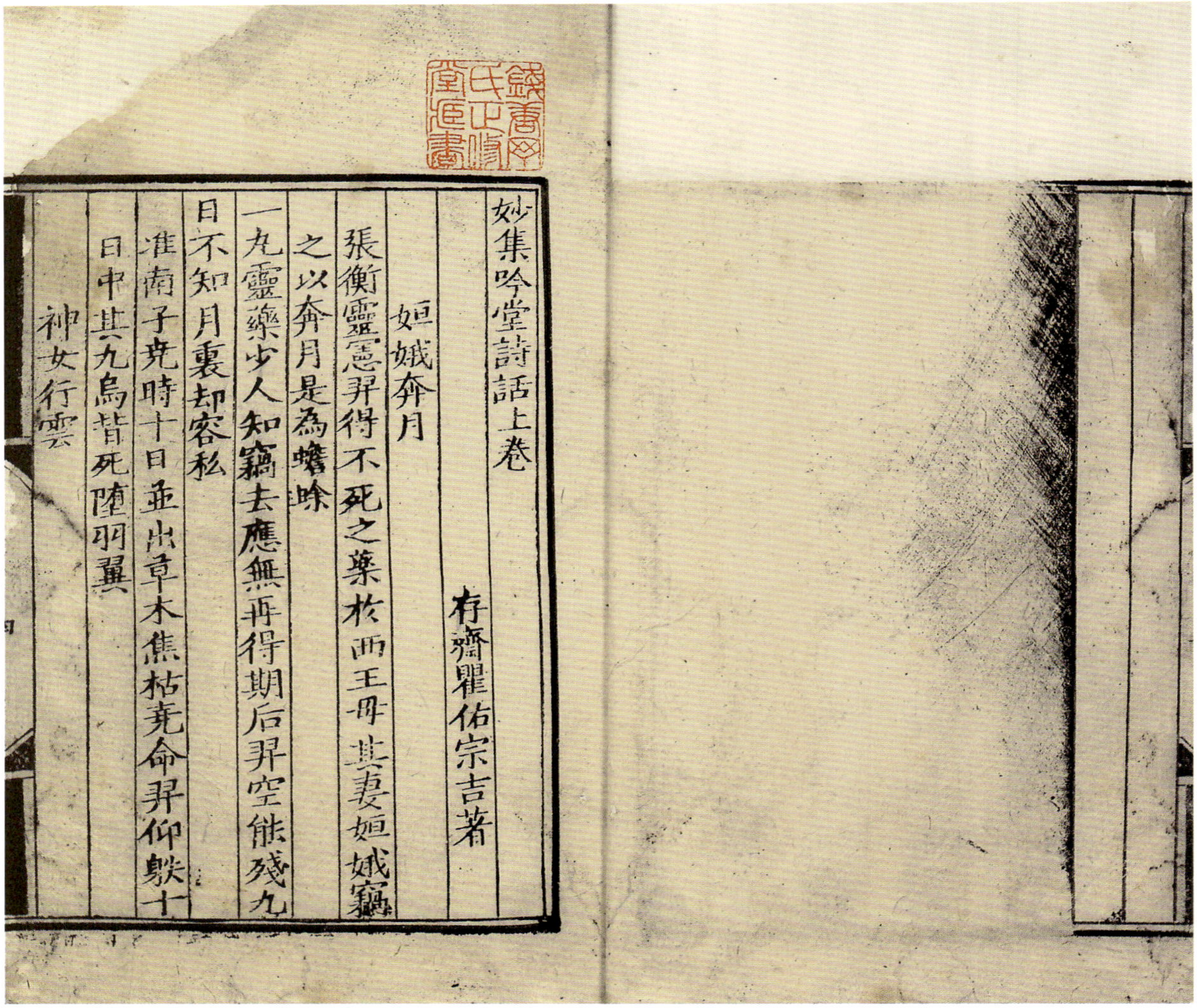

妙集吟堂詩話上卷

存齋瞿佑宗吉著

姮娥奔月

張衡靈憲羿得不死之藥於西王母其妻姮娥竊之以奔月是為蟾蜍

一丸靈藥少人知竊去應無再得期后羿空能殘九日不知月裏却容私

淮南子堯時十日並出草木焦枯堯命羿仰射十日中其九烏皆死墮羽翼

神女行雲

妙集吟堂詩話三卷　明瞿佑撰

明初刻本。半葉10行，行20字，黑口，四周雙邊，框高18.9厘米，寬13.3厘米。南京圖書館藏。國家名録號12068。

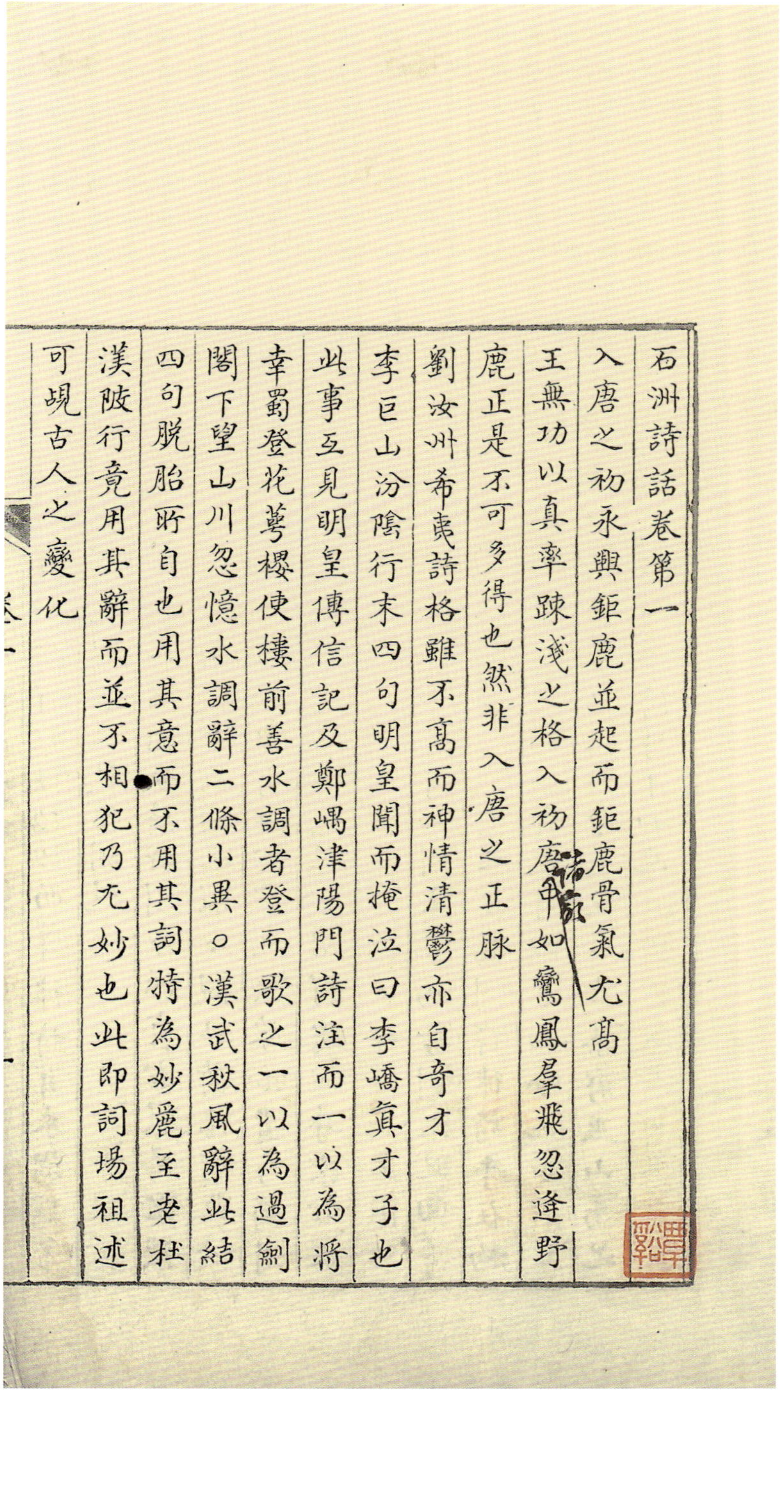

石洲詩話卷第一

入唐之初永興鉅鹿並起而鉅鹿骨氣尤高

王無功以真率踈淺之格入初唐諸家中如鸞鳳羣飛忽逢野鹿正是不可多得也然非入唐之正脉

劉汝州希夷詩格雖不高而神情清鬱亦自奇才

李巨山汾陰行末四句明皇聞而掩泣曰李嶠眞才子也此事互見明皇傳信記及鄭嵎津陽門詩注而一以為將幸蜀登花蕚樓使樓前善水調者登而歌之一以為過劍閣下望山川忽憶水調辭二條小異。漢武秋風辭此結四句脫胎所自也用其意而不用其詞特為妙麗至老杜渼陂行竟用其辭而並不相犯乃尤妙也此即詞場祖述可覘古人之變化

石洲詩話五卷　清翁方綱撰

稿本。翁方綱、葉繼雯跋。半葉 12 行，行 22 字，白口，左右雙邊，框高 19 厘米，寬 13.2 厘米。南京圖書館藏。國家名録號 12070。

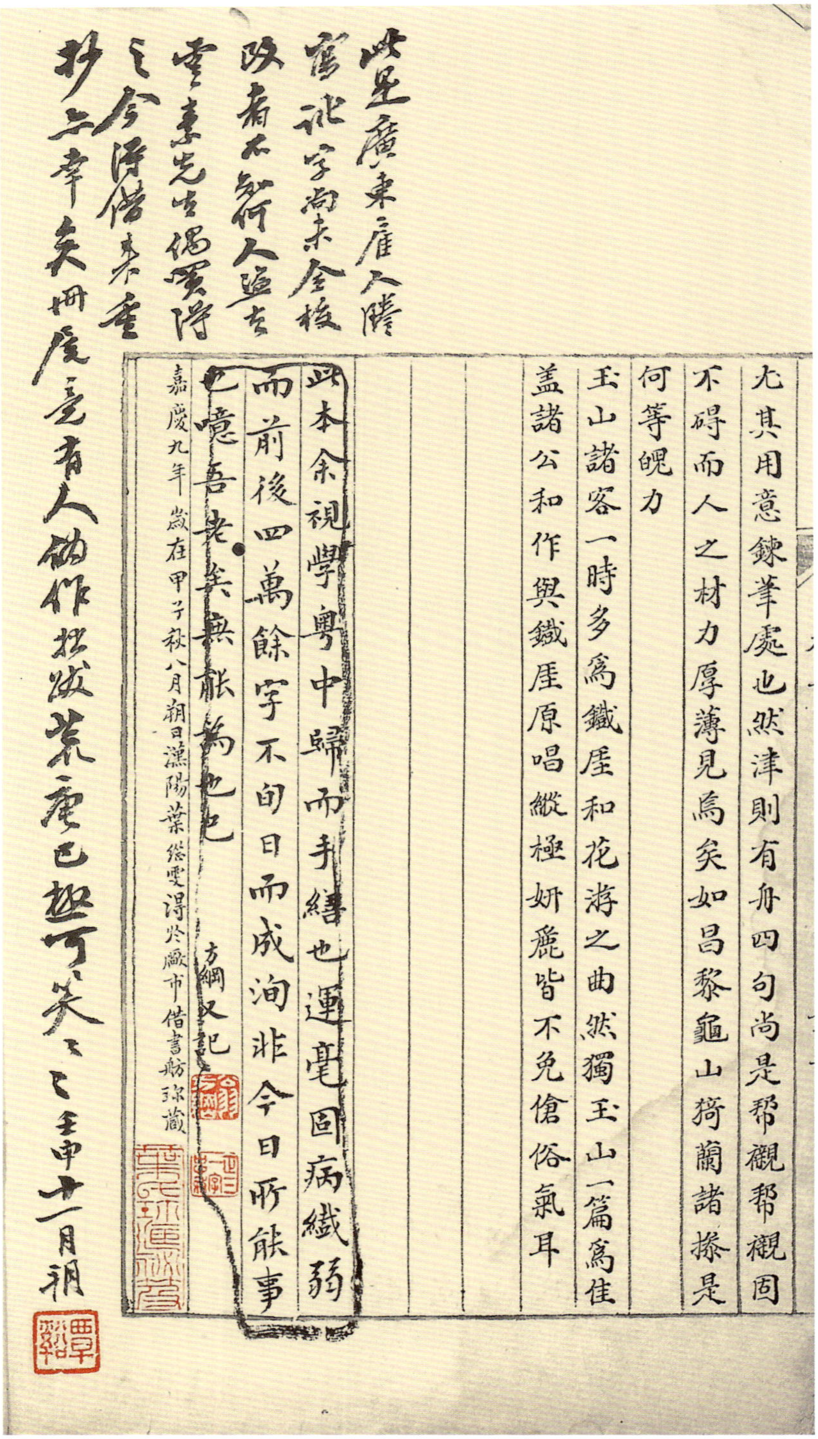

尤其用意鍊筆處也然津則有舟四句尚是帮襯帮襯固
不碍而人之材力厚薄見焉矣如昌黎龜山猗蘭諸操是
何等魄力
玉山諸客一時多爲鐵厓和花游之曲然獨玉山一篇爲佳
蓋諸公和作與鐵厓原唱纖極妍麗皆不免傖俗氣耳

此本余視學粵中歸而手繕也運毫固病纖弱而前後四萬餘字不旬日而成洵非今日所能事也噫吾老矣無能爲也已 方綱又記

嘉慶九年歲在甲子秋八月朔日漢陽葉繼雯得於廠市借書舫珍藏

此是廣東雇人謄寫北字尚未全校改者不能入選古雲素先生偶買得之今借來重抄六年矣冊度是有人物作校改是處已極可笑 壬申十一月朔

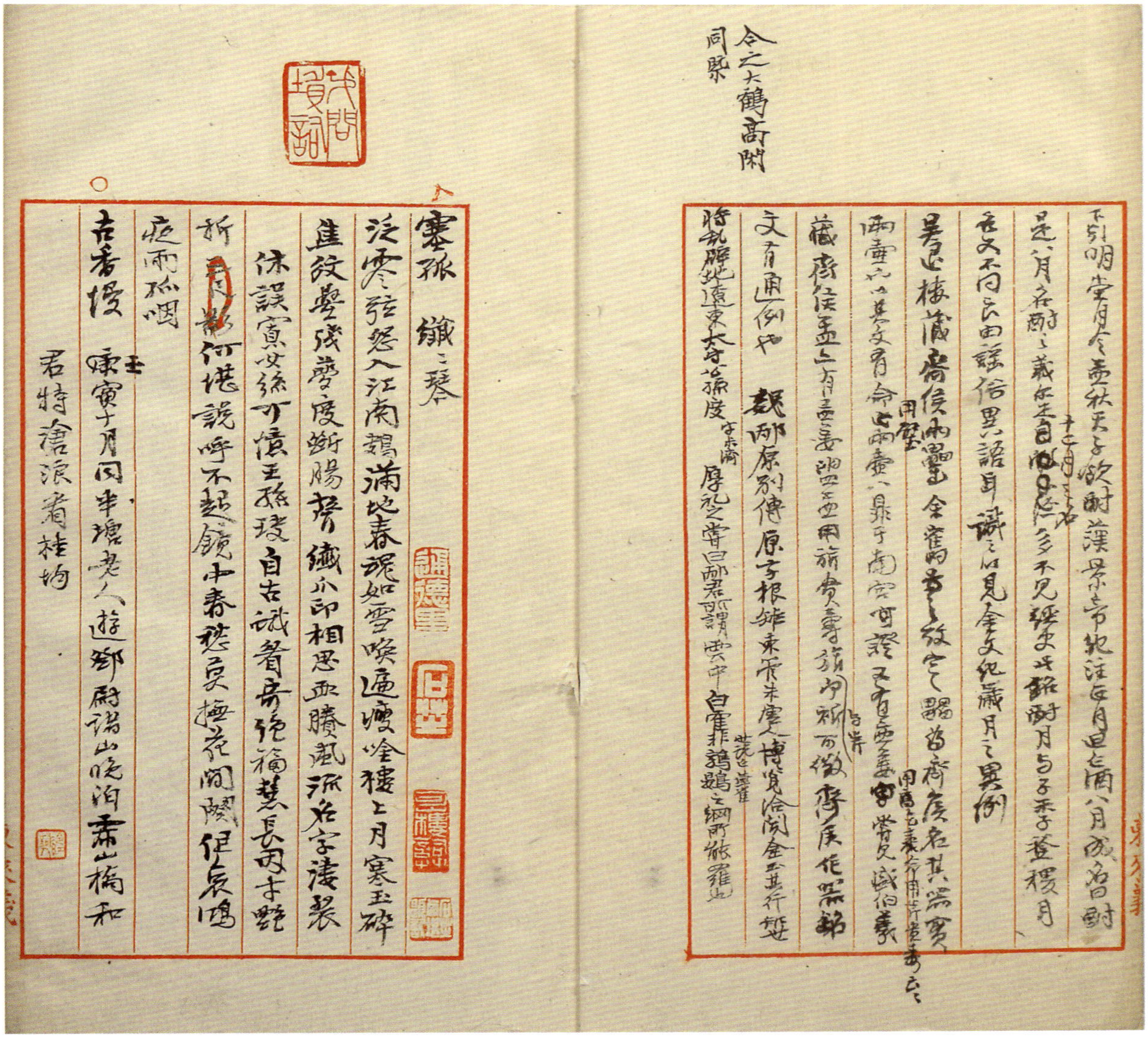

樵風樂府不分卷　清鄭文焯撰

稿本。半葉 8 行，字無定數，白口，四周單邊，框高 17 厘米，寬 10 厘米。南京圖書館藏。國家名録號 12077。

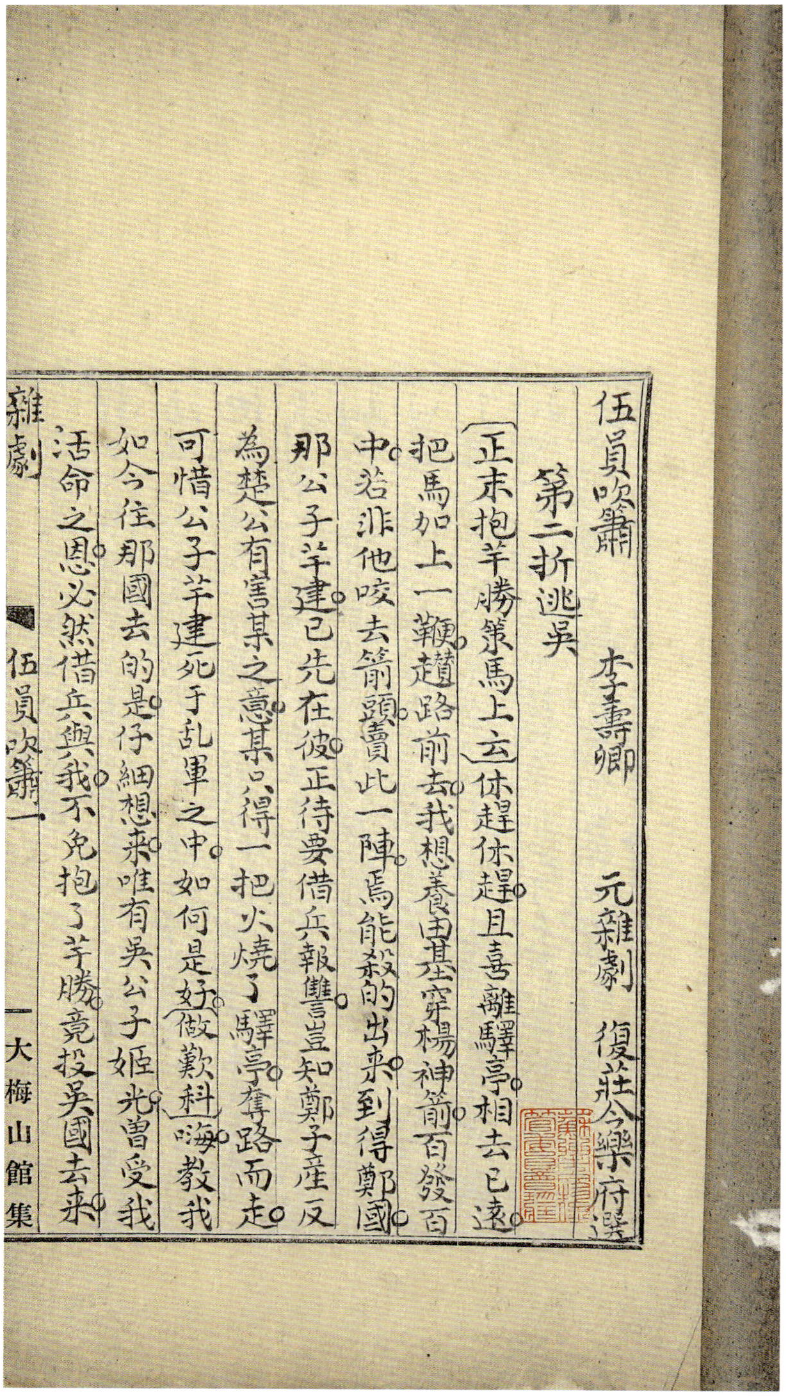

伍員吹簫　李壽卿　元雜劇　復莊今樂府選
第二折逃吳
（正末抱芊勝策馬上云）休趕休趕且喜離驛亭相去已遠
把馬加上一鞭趲路前去我想養由基穿楊神箭百發百
中若非他咬去箭頭費此一陣焉能殺的出來到得鄭國
那公子芊建已先在彼正待要借兵報讎豈知鄭子産反
為楚公有害某之意某只得一把火燒了驛亭奪路而走
可惜公子芊建死于乱軍之中如何是好（做歎科）晦教我
如今往那國去的是仔細想來唯有吳公子姬光曾受我
活命之恩必然借兵與我不免抱了芊勝竟投吳國去來
雜劇　伍員吹簫一　一　大梅山館集

復莊今樂府選□□種□□卷　清姚燮編

謄清稿本。存十九種十九卷（伍員吹簫一卷、虎頭牌一卷、陳州糶米一卷、合同文字一卷、來生債一卷、小尉遲一卷、凍蘇秦一卷、馬陵道一卷、殺狗勸夫一卷、争報恩一卷、鴛鴦被一卷、昊天塔一卷、隔江鬥智一卷、賺蒯通一卷、百花亭一卷、勘頭巾一卷、紅梨花一卷、李逵負荆一卷、竹塢聽琴一卷）。半葉 10 行，行 23 字，白口，四周雙邊，框高 18.2 厘米，寬 12.9 厘米。蘇州博物館藏。國家名録號 12088。

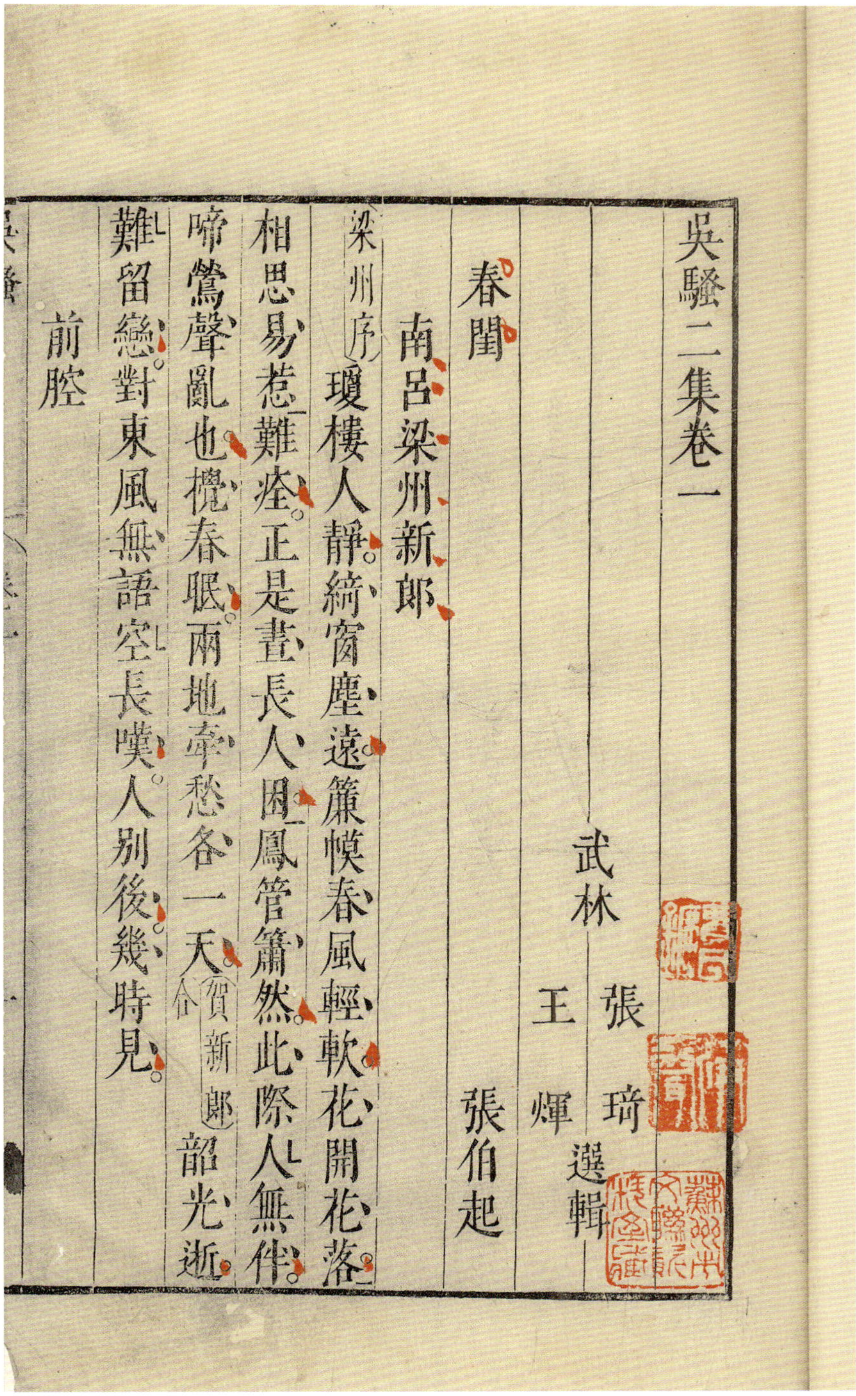

吴騷二集四卷　明張琦、王煇輯

明萬曆刻本。半葉10行，行21字，小字雙行，字數同，白口，四周單邊，框高20.1厘米，寬13.1厘米。蘇州圖書館藏。國家名録號12091。

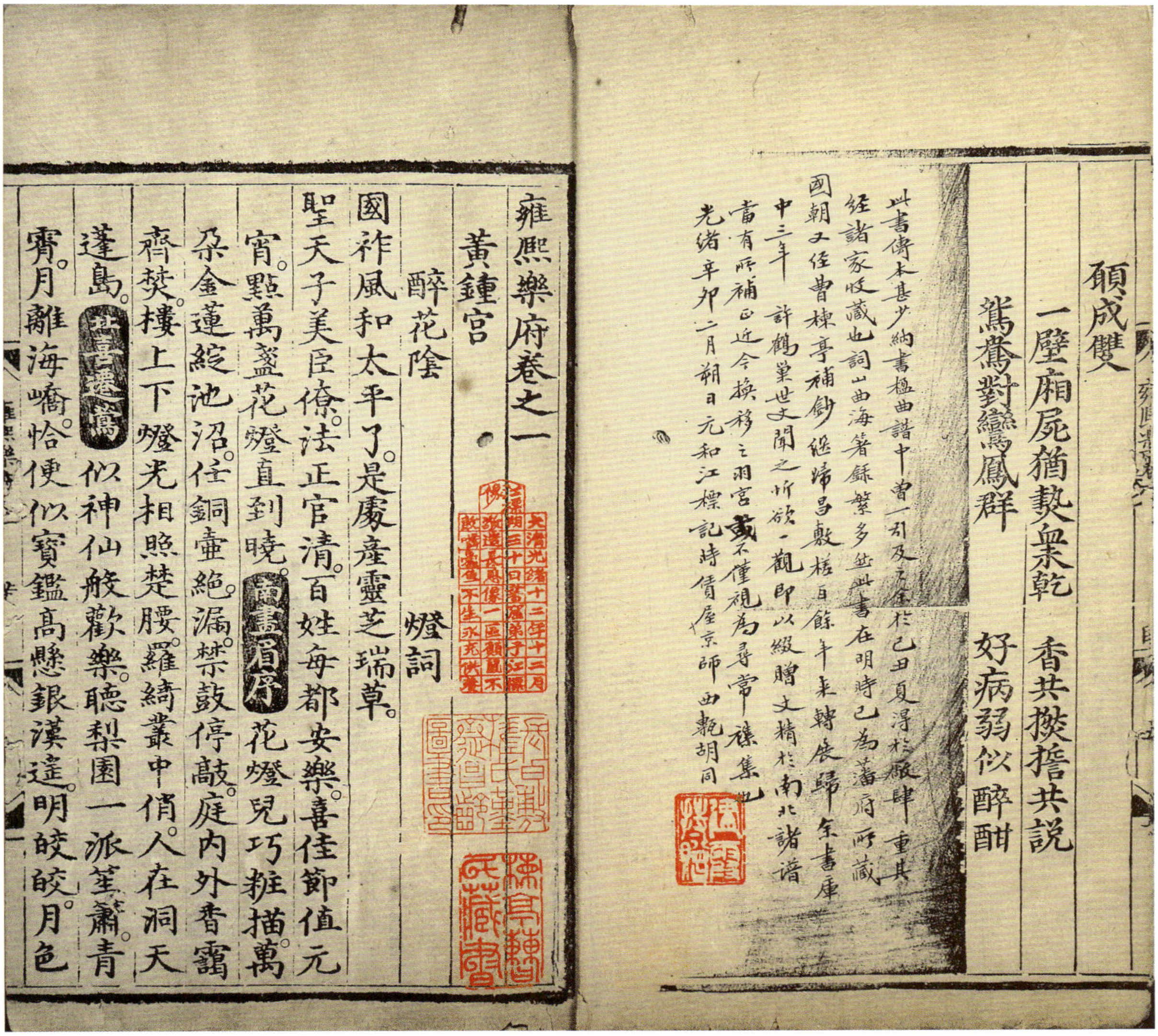

顧成雙

一壁廂屍猶熱臬乾　香共換擔共說
鴛鴦對鸞鳳群　好病弱似醉酣

此書傳本甚少綱書極曲譜中曾一引及名佳作於乙丑夏浮於廠肆重其
經諸家收藏山詞山曲海箬錄多姹此書在明時已為藩府所藏
國朝又佐曹棟亭補鈔絕歸昌敦楨目餘千來轉展歸余京書庫
中三年　許鶴巢世文閒之听欲一觀即以綴贈文精於南北諸譜
富有所補正近令換移之用宮　戴不僅視為尋常稀集也
光緒辛卯二月朔日元和江標記時僑屋京師西磚胡同

雍熙樂府卷之一

黃鍾宮
醉花陰
燈詞

國祚風和太平了。是處產靈芝瑞草。

聖天子美臣僚法正官清。百姓每都安樂喜佳節值元
宵。點萬盞花燈直到曉。

南畫眉序

花燈兒巧粧描萬
朵金蓮綻池沼住銅壺絕漏禁鼓停敲庭內外香靄
齋焚樓上下燈光相照楚腰羅綺叢中俏人在洞天
蓬島

社員進富

似神仙般歡樂聽梨園一派笙簫青
霄月離海嶠恰便似寶鑑高懸銀漢遶明皎皎月色

雍熙樂府二十卷　明郭勳輯

明嘉靖十年（1531）刻本（卷二、十、十二配清抄本）。江標跋。半葉 10 行，行 21 字，白口，四周雙邊，框高 20.6 厘米，寬 13.6 厘米。南京圖書館藏。國家名錄號 12093。

明清時期

墨池堂選帖五卷　明章藻摹刻

明萬曆三十至三十八年（1602–1610）刻石，明拓本。存四卷（一至四）。程明超題簽。江蘇省海安縣圖書館藏。國家名録號 12111。

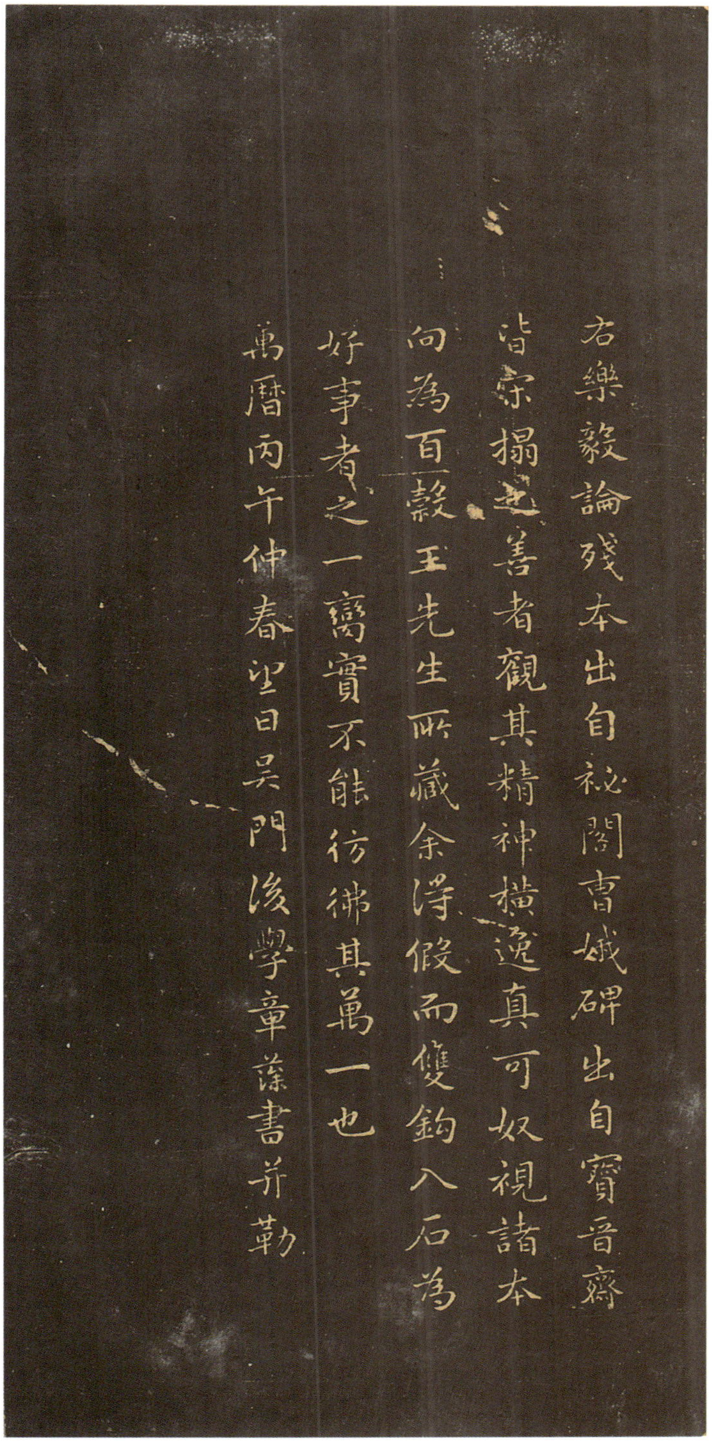
右樂毅論殘本出自祕閣曹娥碑出自寶晉齋
皆宋搨之善者觀其精神横逸真可奴視諸本
向為百穀王先生所藏余得假而雙鈎入石為
好事者之一臠實不能彷彿其萬一也
萬曆丙午仲春望日吴門後學章藻書并勒

明清時期

墨池堂選帖目録
一卷
王羲之 黄庭經 遺教經
東方朔畫像讚 樂毅論
曹娥碑 墓田丙舍帖 宣示表
王獻之 洛神賦止十三行
二卷
王羲之 快雪帖 袁生帖 瞻近帖
奉橘帖 平安帖 得告帖 阮生帖
鵝等帖 定武蘭亭
王徽之一帖 王操之一帖
王渙之一帖 王獻之五帖
索靖出師頌 智永臨右軍告墓文
三卷
虞世南千文真跡 汝南公主志銘
褚遂良蘭亭
柳公權一帖 無名氏晉朝謚 晴皇帖
李靖上西嶽書 歐陽詢化度寺碑
心經 薛稷一帖 顏真卿一帖
賀知章一帖 衛夫人飛白帖
徐浩寶林寺詩
四卷
蘇東坡烟江疊嶂歌 畫記 陶詩二首
黄山谷居首題句 米元章蕪湖學記
蔡襄三帖 薛紹彭一帖
五卷
趙子昂道德經 小蘭亭 陰符經
洛神賦行書

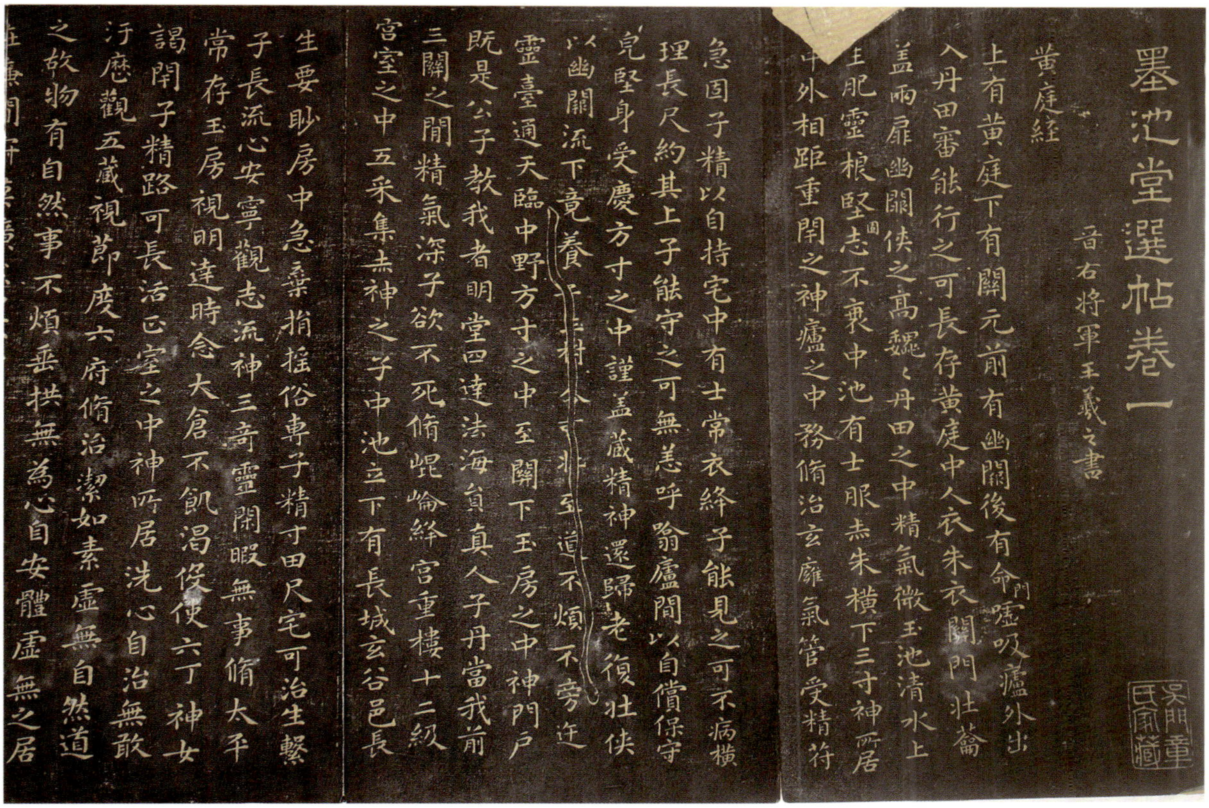
墨池堂選帖卷一
晉右將軍王羲之書
黃庭經
上有黃庭下有關元前有幽闕後有命門噓吸廬外出
入丹田審能行之可長存黃庭中人衣朱衣關門壯籥
蓋兩扉幽闕俠之高巍巍丹田之中精氣微玉池清水上
生肥靈根堅志固不衰中池有士服赤朱橫下三寸神所居
中外相距重閉之神廬之中務脩治玄雍氣管受精符
急固子精以自持宅中有士常衣絳子能見之可不病橫
理長尺約其上子能守之可無恙呼噏廬間以自償保守
完堅身受慶方寸之中謹蓋藏精神還歸老復壯俠
以幽闕流下竟養
至道不煩不旁迕
靈臺通天臨中野方寸之中至關下玉房之中神門戶
既是公子教我者明堂四達法海員真人子丹當我前
三關之間精氣深子欲不死脩崑崙絳宮重樓十二級
宮室之中五采集赤神之子中池立下有長城玄谷邑長
生要眇房中急棄捐摇俗專子精寸田尺宅可治生繫
子長流心安寧觀志流神三奇靈閑暇無事脩太平
常存玉房視明達時念大倉不飢渴役使六丁神女
謁閉子精路可長活正室之中神所居洗心自治無敢
汙歷觀五藏視節度六府脩治潔如素虛無自然道
之故物有自然事不煩垂拱無為心自安體虛無之居
吳門童氏家藏

古籍